어떻게 팔지 막막할 때 읽는 카피 책

Copywriting Made Simple:
How to write powerful and persuasive copy that sells
by Tom Albrighton
Originally Published by Matador,
an imprint of Troubador Publishing Ltd., Leicestershire.

어떻게 팔지 막막할 때 읽는 카피책

톰 올브라이튼 지음
정윤미 옮김

**기획자, 마케터,
광고인, 셀러라면
꼭 알아야 할
팔리는 글 작성법**

비즈니스북스

일러두기

1. 이 책에서는 광고를 접하는 대상을 '리더'reader라고 지칭합니다.
2. 원서의 표기 원칙에 따라 *이탤릭체*로 표시되어 있다면 실제 광고가 아니라 가상의 예시입니다.
3. 본문 속 영문 발음은 국립국어원의 외래어표기법을 따랐으며 외래어표기법에 규정되어 있지 않은 경우 미국식 영문 발음을 따랐습니다.

어떻게 팔지 막막할 때 읽는 카피 책

1판 1쇄 발행 2024년 5월 28일
1판 2쇄 발행 2024년 6월 13일

지은이 | 톰 올브라이트
옮긴이 | 정윤미
발행인 | 홍영태
편집인 | 김미란
발행처 | (주)비즈니스북스
등 록 | 제2000-000225호(2000년 2월 28일)
주 소 | 03991 서울시 마포구 월드컵북로6길 3 이노베이스빌딩 7층
전 화 | (02)338-9449
팩 스 | (02)338-6543
대표메일 | bb@businessbooks.co.kr
홈페이지 | http://www.businessbooks.co.kr
블로그 | http://blog.naver.com/biz_books
페이스북 | thebizbooks
ISBN 979-11-6254-374-0   03320

비즈니스북스는 독자 여러분의 소중한 아이디어와 원고 투고를 기다리고 있습니다.
원고가 있으신 분은 ms1@businessbooks.co.kr로 간단한 개요와 취지, 연락처 등을 보내 주세요.

마음을 움직이고
행동을 변화시키는 카피 쓰는 법

당신과 나 사이에 다리를 놓는 글쓰기, 카피라이팅

우리는 살다 보면 글을 써야 하는 여러 상황에 놓이곤 한다. 당신은 어쩌면 재밌는 이야기를 쓰고 싶다는 욕구를 가지고 있을 수도 있다. 굳이 이야기가 아니더라도 단순히 자기 생각을 글로 옮기고 싶을 수도 있고, 당신이 아는 지식을 사람들과 공유하고 싶을 지도 모른다. 혹은 그런 거창한 목표는 다 제쳐두고 글쓰기 자체에서 즐거움을 얻기도 한다.

모두 다 글쓰기의 이유로 손색이 없다. 하지만 '카피라이팅', 즉 카피를 쓴다는 것은 이와 좀 다른 문제다.

카피라이팅은 그 목적이 명백하게 정해져 있다. 실용적인 목적이 따로 있다는 뜻이다. 그리고 대부분의 경우 그 목적은 사람들이 이전과 다르게 생각하고, 느끼고, 행동하게 만드는 것이다.

카피라이팅은 일종의 다리를 놓는 행위다. 다리의 한쪽 끝에는 광고 카피를 읽는 '사람'(고객)이 있고 반대편 끝에는 카피라이디와 그가 판매해야 하는 '대상'이 있다. 카피라이터는 광고 카피를 읽은 사람이 그

고객　　　　　　　　　　　　　카피라이터

다리를 건너온다

→　카피라이팅은 상대방에게 다리를 건너오라고 설득하는 것과 같다.

다리를 건너와서 판매하려는 물건이나 서비스에 관심을 보이게 만들어야 한다. 사람들이 지금 당장 무슨 생각을 하는지, 어떤 감정을 느끼는지는 중요치 않다. 카피라이터는 그들의 생각과 감정을 바꿔서 다리를 건너오게, 즉 다르게 행동하게 만들어야 한다.

광고 카피는 주로 제품이나 서비스를 판매할 목적으로 작성된다. 따라서 다리를 건넌다는 것은 어떤 물건을 사거나 한번 써본다는 뜻이다. 물론 단순히 어떤 정보를 제공하거나 아이디어를 설명하거나 필요한 도움을 주기 위해 광고 카피를 만들 때도 있다. 후자의 경우에는 구입 행위가 아니라 상대방의 '마음을 얻는 데' 초점을 맞춰야 한다. 다시 말해 고객의 현금이 아니라 신규 고객의 관심 또는 기존 고객의 충성도를 얻는 방법을 고심해야 한다.

광고 카피는 광고 인쇄물, 방송, 온라인 광고, 세일즈 레터sales letter, 팸플릿, 웹사이트 등의 마케팅 자료에 사용된다. X(구 트위터)나 블로그 게시물, 웹사이트 업데이트 자료에 포함될 수도 있다. 보도 기사나 백서 또는 책자로 만들 수도 있으며 비디오 스크립트나 인포그래픽과 같은 형태로도 제작할 수 있다. 어떤 식으로든 기업을 홍보하거나 사업에 필요한 요소를 다루는 것이라면 모두 카피라이팅의 영역에 포함된다.

요즘처럼 기술이 크게 발전한 시대에는 사람들이 글자를 도무지 읽지 않는다는 생각이 들지도 모른다. 물론 다양한 매체가 생겨나면서 채널이 다변화된 것은 맞지만, 그래도 여전히 많은 부분이 텍스트 위주로 만들어져 있다. 그리고 사람들이 어디에서 어떤 방식으로 접하든 간에 마케팅 메시지는 일단 말로 표현해야 한다. 그러므로 예전이나 지금이나 카피라이터의 역할은 매우 중요하다.

단 3초 안에
고객의 눈을 붙잡아라

카피라이팅은 절대 쉬운 일이 아니다. 간단하면서도 강력한 힘이 있는 표현을 찾는 과정은 길고 지루하고 답답하기까지 하다. 그리고 적절한 표현을 적절한 방식이나 순서로 구성하는 일은 아무런 힌트 없이 십자말풀이를 하는 것에 비유할 수 있다. 설득력 넘치는 좋은 문구를 찾은 후에도 상품이나 서비스에 어울리는 개성을 불어넣어야 하는데, 이 또한 만만치 않은 작업이다.

설상가상으로 주변에는 카피라이터를 도와줄 사람이 하나도 없다. 고객들도 광고 카피를 애타게 기다리지 않는다. 사실 대다수 고객은 새로운 광고 카피가 나와도 본체만체한다. 광고 카피에 눈길을 주는 사람이 있더라도 몇 초 내에 그의 마음을 완전히 사로잡지 못하면 다른 곳으로 눈길을 돌려버릴 것이다. 게다가 오늘날 같은 인터넷 환경에서는 광고가 지루하거나 명확하지 않으면 사람들은 금세 다른 사이트로 넘어가고 만다. 요즘처럼 웹사이트가 넘쳐나는 세상에서 사람들을 광고에 집중시키기란 결코 쉽지 않다.

지하철은 어떨까? 사실 사람들은 지하철 광고보다 유튜브를 보느라 더 바쁘다. 회사에 출근하면 산더미처럼 쌓인 일에 치여서 정신이 하나도 없다. 따라서 당신이 광고하는 제품을 조사하는 것은 그저 귀찮은 일거리로 느껴질 수 있다. 사람들의 집에 광고 우편물을 보내는 방법은 어떨까? 문 앞에 떨어진 우편물을 집어드는 순간부터 몇 초 내에 그들의 마음을 사로잡지 못하면 그 우편물은 재활용함에 던져질 가능성이

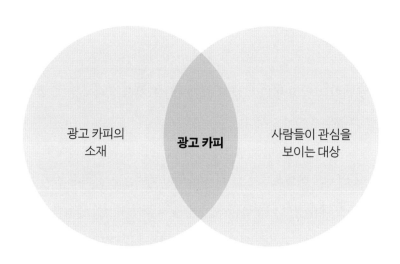

→   사람들은 자기가 관심을 갖는 것만 읽으며 때론 그게 광고일 때가 있다.

크다.

그렇다면 광고 카피는 사실상 무용지물이라는 뜻인가? 절대 그런 이야기가 아니다. 내 말은 광고를 보게 될 사람들의 입장을 잘 이해하고, 그들이 관심을 가질 만한 뭔가 흥미로운 내용을 제공하라는 얘기다. 그리고 그들도 우리와 같은 사람이라는 점을 항상 염두에 두라는 뜻이다.

전설적인 카피라이터 하워드 고시지Howard Gossage는 '사람들은 자기가 관심을 갖는 것만 읽는다. 때론 그게 광고일 때가 있다'[1]라는 유명한 말을 남겼다. 사람들이 흥미를 갖는 부분을 찾아내어 이를 공략함으로써 행동을 유발하는 것이 카피라이터의 임무다.

생각, 감정, 행동을 바꾸는
카피의 힘

카피라이팅은 절대 만만치 않은 작업이긴 하지만 동시에 큰 만족감을 느낄 수 있는 일이기도 하다.

카피라이터는 마케팅에 영혼을 불어넣는 아이디어를 만들어낸다. 브랜드에 대사를 만들어주고 그 대사를 어떤 방식으로 읊어야 할지도 알려준다. 그러한 광고 카피를 통해 수많은 사람이 자신이 좋아하는 브랜드와 마침내 연결 고리를 얻게 된다. 따라서 광고 카피는 그저 종이 위에 뿌려진 잉크 자국에 불과한 것이 아니다. 사람들의 생각, 감정, 행동을 바꿔놓는 힘을 가진 문장이다. 그러니 이 얼마나 멋진 일인가?

또한 카피라이터는 새로운 것을 많이 발견하게 해준다. 지금도 주위를 둘러보면 다양한 꿈과 희망이 카피라이터의 손을 거쳐서 더 구체화되거나 현실성이 높아진 것을 볼 수 있다. 카피라이터는 사람들이 쉽게 지나치기 쉬운 작은 디테일을 찾아내주며, 그런 디테일을 만드는 데 자기 인생을 바친 사람들을 만나게 해준다. 우리 주변에는 사람들의 관심을 얻고자 노력하며 그들의 이야기를 널리 알리려는 제품들이 아주 많이 있다. 카피라이터는 그러한 제품에 희망을 불어넣어 준다.

카피라이터에게는 무궁무진한 기회들이 열려 있다. 하루는 다이아몬드나 개 사료의 광고 카피를 만들다가 그다음 날에는 노트북이나 여행용 캐리어의 광고 카피를 고민하기도 한다. 어떤 광고는 세 단어로 된 태그라인으로도 충분하지만 또 다른 경우에는 300페이지 분량의 전자책을 단시간에 완성해야 한다. 어떤 날에는 동네 배관공에게 차 한잔을 권하며 대화해야 하고 그다음 날에는 다국적 대기업의 총수를 인터뷰하러 해외 출장을 가야 할지 모른다.

실력이 좋으면 카피라이터로 먹고살 수 있을 것이다. 사실 수많은 사람이 카피라이터가 되고 싶어 한다. 하지만 어느 날 갑자기 위대한 소설이 나오지 않듯, 카피라이터로 성공하기란 쉽지 않다. 전혀 들어본 적 없는 브랜드의 광고 카피를 만들어볼 기회조차 얻기 어려운 것이 현실이다. 하지만 새로운 것을 배우고 글을 쓰고 변화를 이끌어내는 일을 좋아하는 사람이라면, 카피라이터라는 직업이 매우 적성에 맞을 것이다.

그리고 일을 다 끝낸 후에는 누구나 인정할 만한 차이를 만들어냈다는 자부심을 맛보게 될 것이다. 클라이언트는 카피라이터의 도움을 받아야만 좋은 아이디어를 구상하고, 제품을 광고하여 고객의 눈길을 사로잡을 수 있다. 카피라이터가 만들어주는 짧은 광고 카피는 클라이언트가 진행하는 사업의 성공 여부를 좌우할 수 있다. 카피라이터는 그만큼 중요한 사람이다.

'팔리는' 카피
작성을 위한 3단계 방법

나는 이 책에서 카피라이팅의 핵심 요소를 간단명료하게 설명할 것이다. 당신이 전문 카피라이터가 아니고 광고 카피 작업을 많이 하지 않는 사람이라도 이 책에서 여러 도움을 얻을 수 있다. 구인광고, 구직 이력서, 업무 프레젠테이션도 모두 넓게 보면 카피라이팅의 영역에 해당하기 때문이다. 유명 브랜드의 경험 많은 전문가들이 사용한 똑같은 아이디어와 기법을 사용해 글 쓰는 방법을 알려줄 생각이다. 이 책은 다음과 같이 구성되었다.

제1부 '광고 카피 계획하기'에서는 제품과 베네핏benefit, 광고 대상을 분석하는 방법과 브리프brief에 이 모든 것을 어떻게 구체적으로 담아야 하는지 살펴볼 것이다. 그리고 제2부 '광고 카피 작성하기'로 넘어가서 헤드라인과 카피의 구조를 정한 다음 그에 따라 광고 카피를 작성해본다. 제3부에서는 이렇게 쓴 광고 카피를 좀 더 업그레이드하는 방법을 알아볼 것이다. 어떻게 해야 창의적이고 설득력이 있으며 사람들의 이목을 자극하는 광고 카피를 만들 수 있는지 살펴보고, 하나의 일정한 어조를 유지하는 방법과 글의 군더더기를 덜어내는 방법, 리더의 피드백에 반응하는 요령도 알아볼 것이다.

온라인 광고, 지면 광고, 영상 스크립트, 세일즈 레터, 이메일, 웹페이지 등 오늘날 다양한 광고 매체가 있지만 사실 기본적인 점은 크게 다르지 않다. 이런 광고 방식이 다 똑같다는 얘기가 아니라 어떤 광고에서든지 다 활용 가능한 광고 기법이 매우 많다는 뜻이다.

이 책에는 다양한 예시가 등장한다. 실제 브랜드 광고에서 그대로 가져온 것도 있고 내가 직접 만든 광고도 있다. 하지만 브랜드명이 아예 없거나 *이탤릭체*로 표시되어 있다면 그건 실제 광고가 아니라 가상의 예시라는 점을 밝힌다. 실제 사례에서는 기업의 종류나 규모를 다양하게 반영하고자 노력했다. 기업 대 소비자 광고는 물론이고 기업 대 기업B2B 광고의 예시도 다수 포함했다. 사실 기업 대 기업 광고는 밋밋하고 재미가 없다고 생각하여 현장에서 지나치게 경시되는 경향이 있다.

하지만 기업 광고 시장은 매우 방대하므로 이 분야의 기술을 잘 배우고자 노력해야 한다.

각 장의 끝부분에는 '팔리는 카피를 위한 실전 연습' 코너가 마련되어 있다. 광고 카피를 실제로 써보기보다는 주로 생각하는 연습을 위한 과제로 구성되어 있다. 관심이 있다면 직접 해보기 바란다.

마지막으로 카피라이팅 분야에서 이 책이 유일한 필독서라고 생각하지 않았으면 한다. 카피라이팅에 대해 다루는 도서는 굉장히 많으며 이 책을 첫 번째 필독서로 삼으면 된다. 카피라이팅에 대한 아이디어는 매우 다양하므로 한 권에 모두 담아낼 수 없다. 이 책은 나의 경험을 위주로 집필했으며 더 참고할 만한 책들은 각주에 소개해두었으니 읽어보기를 권한다. 각주에 소개된 사례와 참고할 만한 링크, 새로 추가하는 챕터도 있으니 확인해보기 바란다.

이 정도면 워밍업으로 충분한 것 같다. 광고 카피는 저절로 쓰여지지 않으니 이제부터 본격적인 작업을 시작해보자.

제1부 〰〰〰   **광고 카피 계획하기**
〰〰〰〰〰
〰〰〰〰〰

01 무엇을 팔 것인가
팔고자 하는 제품과 서비스 파악하기

02 무엇을 내세워 팔 것인가
지갑을 열고, 클릭을 하게 만드는 베네핏의 모든 것

03 누구를 겨냥해 팔 것인가
모두에게 필요한 제품은 없다

04 카피라이팅 작업의 시작, 브리프 작성
카피의 역할과 효과, 목표 정하기

제2부 ～～～～

광고 카피 작성하기

05 눈길을 사로잡는 한 문장이면 충분하다
광고의 시작과 끝, 강력한 헤드라인 만들기

06 홀린 듯 끝까지 읽게 되는 카피의 비밀
광고 카피 구조화하기

07 자연스럽게 원하는 행동을 하게 만드는 법
행동을 촉구하는 콜투액션 제시하기

제3부

광고 카피 업그레이드 하기

---

08 기억에 남는 광고는 어떻게 만들어지는가
탄성과 감동을 자아내는 20가지 카피라이팅의 기술

09 생각이 막다른 길에 다다랐을 때
아이디어 고갈을 해소하는 여섯 가지 방법

10 이 광고는 대화인가? 통보인가?
리더의 귀에 '들리게' 말하는 법

11 모든 초고는 쓰레기다
카피에 생명력을 더하는 퇴고 전략

12 절대 거절할 수 없는 제안을 하라
광고 카피의 설득력을 높여주는 여섯 가지 원칙

13 과학적으로 사람의 마음을 움직이는 법
카피의 효과를 극대화시키는 아홉 가지 심리 기술

제1부

광고 카피 계획하기

01

무엇을 팔 것인가

팔고자 하는 제품과 서비스 파악하기

카피라이팅의 본질은
'팔기 위한 것'

모든 카피라이팅 프로젝트는 판매하려는 '상품'에서 출발한다. 만약 당신이 기업을 위해 광고 카피를 작성한다면 아래 네 가지 경우 중 하나에 해당하게 된다.

- 오렌지 음료나 전자레인지와 같은 기업 대 소비자 상품
- 자동차보험이나 창문 청소와 같은 기업 대 소비자 서비스

- 복사기, 지게차와 같은 기업 대 기업 상품
- 회계, 마케팅과 같은 기업 대 기업 서비스

앞으로 기업 대 소비자는 'B2C', 기업 대 기업은 'B2B'로 표기하도록 하겠다.

일을 하다 보면 자선단체에 기부금을 내는 것처럼 실제 구매가 아닌 '행동'을 홍보해야 할 때도 있다. 물론 이 경우에는 제품의 베네핏보다는 다른 사람을 돕는 일이라는 점을 강조해야 하지만 그럴 때도 이 책에서 알려주는 많은 기법을 적용할 수 있다.

그리고 상품이 아니라 '아이디어'나 '기회'를 판매해야 할 때도 있다. 예를 들어 정보 보안에 관한 전자책을 집필하거나 정보 보안을 더 중요하게 생각하도록 기업 운영진을 설득해야 할지 모른다. 모집 공고를 내고 사람들이 지원서를 제출하도록 설득해야 할 때도 있다. 물건을 파는 행위는 아니지만 그래도 광고 카피로 그들의 '마음을 움직여야' 한다.

마지막으로 단순히 정보를 제공할 목적으로 광고 카피를 만들어야 할 때도 있다. 이를테면 임대료 보조금 신청을 독려하는 지방 당국의 안내장이나 덩굴식물을 가지치기하는 블로그 글을 쓰는 경우, 광고 카피가 바로 하나의 상품이 된다. 광고 카피를 얼마나 명확하고 유용하게 만드느냐에 따라 성공 여부가 결정된다.

이제부터는 설명의 편의성을 위해 광고 카피를 작성하는 목적이 무엇이든 간에 이 모두를 '제품'이라고 부를 것이다. 광고 대상과 목적에 대한 기본적인 개념을 짚어보았으니 본격적으로 광고 카피를 계획해보도록 하자.

아는 만큼 보이고
아는 만큼 팔 수 있다

어떤 제품을 대상으로 하든 간에, 카피를 쓰려면 해당 제품을 철저히 파악하는 작업부터 시작해야 한다. 이를 위해 다음과 같은 점을 생각해볼 수 있다.

- 무슨 제품인가?
- 제품의 용도는 무엇인가? 그 제품은 어떻게 작동하는가? 제품을 사용하면 어떤 문제를 해결할 수 있는가?(이 점은 다음 장에서 베네핏에 대해 살펴볼 때 더욱 자세히 다룰 것이다.)
- 누가, 언제, 어떻게 사용하는가? 직장이나 집 또는 다른 장소에서 사용할 때 불편함은 없는가?
- 특이사항이나 유일무이한 장점이 있는가? 이 제품의 대체품으로는 무엇이 있는가? 속도, 가격, 적용 범위 등에서 다른 제품보다 압도적으로 뛰어난가? 만약 그렇다면 이 제품의 우월성을 어떤 식으로 증명하거나 피력할 것인가?
- 사람들이 '특히' 이 제품을 사는 이유는 무엇인가? 달리 말해서 경쟁사 제품에서 찾아볼 수 없는 어떤 장점이나 특성이 있는가?
- 제품을 구매하려면 어떻게 해야 하는가? 제품을 사러 어디로 가야 하며, 어떤 과정을 거쳐야 하는가? 제품을 빠르고 쉽게 구매할 수 있는가? 아니면 구매 과정이 길고 복잡한가?
- 구매 여정buying journey이 존재하는가? 시원한 탄산음료처럼 즉흥

적으로 사게 되는 제품인가 아니면 냉장고처럼 잘 계획한 후에 구매하는 제품인가? 후자라면 사람들은 보통 구매 결정을 내리기 전에 어떤 사전 조사를 하는가?

- 시장에서 이 제품의 순위는 어떠한가? 기본, 우수, 프리미엄 상품 중 어디에 속하는가? 새로 나왔는가 아니면 이미 소비자에게 널리 알려진 제품인가? 주요 경쟁 제품으로는 어떤 것이 있는가?

- 이 제품이 다른 제품을 대체하는 효과가 있는가? 사람들이 이 제품을 구매할 경우, 더는 사지 않거나 사용하지 않게 되는 물건이 있는가? 사람들이 그런 변화를 거부할 만한 이유가 있는가?

- 사람들이 고려할 만한 대안이 있는가? 대안이 있다고 해서 그것이 반드시 경쟁 대상이 되지는 않는다. 그저 사람들이 지출 대상으로 삼을 만한 또 하나의 가능성일 뿐이다. 예를 들어 영화관은 식당과 경쟁 관계가 아니지만 사람들은 영화 관람과 외식 중 어느 것을 선택할지 고민할 때가 있다.

- 이미 할인판매 중이라면 사람들의 반응은 어떠한가? 판매량은 어떠한가? 언론 보도나 소비자들의 상품평은 어떠한가? 판매원, 소매상, 프랜차이즈, 브로커 등 제품을 판매하는 사람들은 뭐라고 생각하는가?

- 서비스에 대한 광고라면 해당 서비스는 어떻게 제공되는가? 누구를 통해 서비스가 제공되고 그 사람은 어떤 기술을 가지고 있는가? 그의 배경이나 성품은 어떠한가? 이와 같은 특성이 고객에게 어떤 영향을 주는가? 고객이 서비스를 제어하거나 자신의 기호에 맞게 수정할 수 있는가? 해당 서비스는 전적으로 고객의

무슨
제품인가?

누가, 언제,
어떻게
사용하는가?

용도는 무엇인가?
이 제품은 어떻게
작동하는가?

제품을 구매
하려면 어떻게
해야 하는가?

사람들이
이 제품을 사는
이유는
무엇인가?

이 제품이
다른 제품을
대체하는 효과가
있는가?

→ 제품에 관해 생각해볼 점

필요에 맞춰져 있는가?

- 광고하려는 상품은 특정 브랜드나 제품군에 속해 있는가? 그렇
  다면 명시적 또는 암묵적으로 따라야 하는 규칙이 있는가? 브랜
  드의 포지션은 어떠한가?

- 기업의 역사와 문화가 제품에 어떤 영향을 미치는가? 의욕적인
  스타트업인가 아니면 이미 잘 알려진 기업인가? 시장에서는 해

당 기업을 어떻게 보고 있는가?

클라이언트를 직접 만나거나 여러 가지 수단으로 소통할 때 위 질문을 기본 자료로 사용해야 한다. 직접 만나서 이야기를 나눌 기회가 없어 서면으로 대신할 때도 마찬가지다. 놀랍게도 광고 카피를 의뢰한 사람이 이런 점에 대해 제대로 생각해본 적이 없다는 사실을 알게 될지도 모른다. 중요한 사항이 명확하게 정의되지 있지 않다면 절대 그냥 지나치지 말고 반드시 확인해야 한다. 그렇게 하지 않고서는 제품을 명확하게 대표하는 광고 카피를 만들 수 없다.

직접 만나고 경험하고 이야기를 나눠라

카피를 쓰려면 일단 클라이언트에게 상품에 대한 정보를 전부 요청해야 한다. 팸플릿, 웹페이지, 사내 프레젠테이션 자료 등 어느 것이든 마다하지 않아야 한다. 클라이언트가 따로 필기한 내용도 유용할 수 있다. 깔끔하게 정리하거나 멋진 설명을 첨부하지 않아도 괜찮다고 말해주어라. 간단하게 요점을 정리한 메모도 좋고 생각나는 대로 두서없이 쓴 글도 좋다고 하면 클라이언트의 부담이 줄어들 것이다. 카피라이터에게 필요한 것은 완성된 기사가 아니므로, 가공되지 않은 자료라면 무엇이든 확보해야 한다.

여건이 된다면 직접 상품을 사용해보기 바란다. 사실 별로 어려운 일도 아니다. 양말을 광고하려면 일단 양말을 신어봐야 하고, 초콜릿에 대한 카피를 만들려면 먼저 먹어봐야 한다. 하지만 서비스는 직접 경험하는 게 어려울 수 있는데 특히 전문 서비스나 고액의 서비스라면 더욱 그렇다. 그럴 때는 직접 사용해본 비슷한 서비스와 비교해보거나 실사용자에게 의견을 구하면 된다.

종종 클라이언트가 카피라이터를 회사로 초대할 때가 있다. 상품도 보여주고 관련 팀도 소개해주기 위해서다. 시간이나 이동 거리가 괜찮고 예산도 문제 없다면 반드시 클라이언트의 회사에 가보기 바란다. 큰 소득이 없다고 생각할지 모르지만 그 방문을 계기로 클라이언트와 돈독한 관계를 맺을 수 있고, 예상치 못한 특별한 정보를 얻을 가능성도 높다.

특히 전문 서비스를 제공하는 기업이라면 반드시 직접 눈으로 확인해야 한다. 이때 최종 클라이언트end client, 즉 클라이언트의 클라이언트는 해당 서비스를 '구매'하는 고객이다. 기업 문화는 바로 최종 클라이언트의 경험에 큰 영향을 준다. 기업을 직접 방문할 때는 이러한 베네핏을 잘 파악해야 한다.

클라이언트 인터뷰는 비교적 짧은 시간 내에 가치 있는 정보를 얻기에 좋은 방법이다. 특히 상대방이 노트 필기에 별로 열성적이지 않은 타입이라면 인터뷰가 도움이 된다. 직접 얼굴을 보고 인터뷰하는 것이 가장 좋지만 여의치 않다면 통화를 하거나 화상 회의도 좋은 방법이다. 통화나 화상 회의는 내용을 저장해둘 수 있으므로 따로 필기하지 않고 편안하게 대화에 집중할 수 있다.

클라이언트와 대화를 나누다 보면 종종 문서에서는 절대 쓰지 않을 단순하고 직관적인 표현을 듣게 되기도 하는데, 바로 그런 표현이 제품의 핵심 베네핏을 나타내는 경우가 많다. 물론 그 표현 그대로를 사용해서는 안 되고 카피라이팅의 구조에 맞게 수정을 해야 한다.

앞서 설명한 목록의 상단에 있는 질문처럼 단순하고 기본적인 질문을 해도 되는지 망설이지 말아라. 카피라이터는 똑똑한 이미지를 사수할 필요가 없으며, 제품 정보를 가능한 한 많이 얻기만 하면 된다. 클라이언트와 자신이 일종의 역할 놀이를 한다고 상상하면 편하다. 물론 카피라이터의 역할은 상품에 대해 아무것도 모르는 신규 고객이다. 의외로 이 방법은 매우 유용한 결과를 가져오기도 하는데, 클라이언트의 대답에서 생각지 못한 힌트를 많이 얻어낼 수 있기 때문이다.

필요한 정보를 다 손에 넣었는데도 적당한 카피가 떠오르지 않을 때가 더 많다. 그럴 때는 '빈칸 채우기' 방법을 시도해보라. 생각나는 대로 문장을 만든 다음 클라이언트의 도움이 필요한 부분을 따로 표시해보는 것이다. 이렇게 하면 프로젝트가 중단되는 불상사를 막을 수 있고 클라이언트도 버려질 내용을 일일이 말하는 수고를 덜 수 있다.

지식의 저주에 빠지지 않는 법

카피라이터라면 흔히 정보를 많이 확보할수록 자신에게 유리하다고 생각할 것이다. 하지만 반드시 그렇지만은 않다.

대부분의 카피라이터는 프로젝트를 시작하면서 해당 제품을 처음으로 접하게 된다. 일반 소비자가 당신이 만든 광고 카피를 처음 접하는 것과 같은 상황이다. 그 소비자의 관점으로 제품을 바라봐야 해당 제품의 특별한 점이나 매력을 발견할 수 있으며 때론 클라이언트가 중시하는 것보다 그 점이 더 중요한 경우도 있다.

그러나 제품에 대한 지식이 많아질수록 우리는 자신감이 생겨 '전문가'처럼 행동하게 되고, 그때부터는 일반인의 관점이 아닌 클라이언트의 관점에서 상황을 보게 된다. 그러다 보면 심리학자들이 말하는 '지식의 저주'the curse of knowledge에 쉽게 걸려들곤 한다. 이미 아는 것을 모른다고 가정하고 생각을 전개하는 일 자체가 아예 불가능해지는 것이다.[2] 같은 클라이언트와 너무 오랫동안 일하면 이런 문제가 종종 생긴다. 그래서 실제 어떤 대기업 브랜드는 창의적인 곳을 찾으려고 좀 심하다고 할 정도로 에이전시를 자주 바꾸기도 한다. 어떤 제품에 대한 전문가가 되는 동시에 아무것도 모르는 순진한 사람이 되기란 불가능한 일이다.

글로 된 자료가 있다면 유용해 보이는 정보를 읽어본다. 하지만 광고와 큰 관련성이 없는 내용은 편하게 넘겨도 좋다. 시간이 지나면 어떤 정보가 쓸 만한지 알아보는 안목이 생길 것이다. 인터뷰도 마찬가지다. 사람들은 두서없이 생각나는 대로 말할 때가 많다. 늘 잘 정리된 대답을 하는 사람은 많지 않다. 그러니 사람들이 중요하다고 강조한 모든 단어를 광고 카피에 집어넣으려고 애쓰지 마라.

어떤 카피라이터는 사전 조사에 많은 시간을 투자하기보다는 곧바로 카피라이팅 작업에 몰두하는 편이 낫다고 생각한다. 그 방법이 자신에게 맞다면, 광고 카피를 먼저 구상하고 필요에 따라 추후 더 많은 세부 사항을 조사해도 큰 상관은 없다.

많은 배경 정보를 검토해야 하는 가장 중요한 이유는 아무리 사소해

The Rolls-Royce Silver Cloud – $13,995

"At 60 miles an hour the loudest noise in this new Rolls-Royce comes from the electric clock"

What makes Rolls-Royce the best car in the world? "There is really no magic about it — it is merely patient attention to detail," says an eminent Rolls-Royce engineer.

1. "At 60 miles an hour the loudest noise comes from the electric clock," reports the Technical Editor of THE MOTOR. Three mufflers tune out sound frequencies—acoustically.

2. Every Rolls-Royce engine is run for seven hours at full throttle before installation, and each car is test-driven for hundreds of miles over varying road surfaces.

3. The Rolls-Royce is designed as an *owner-driven* car. It is eighteen inches shorter than the largest domestic cars.

4. The car has power steering, power brakes and automatic gear-shift. It is very easy to drive and to park. No chauffeur required.

5. The finished car spends a week in the final test-shop, being fine-tuned. Here it is subjected to 98 separate ordeals. For example, the engineers use a *stethoscope* to listen for axle-whine.

6. The Rolls-Royce is guaranteed for *three* years. With a new network of dealers and parts-depots from Coast to Coast, service is no problem.

7. The Rolls-Royce radiator has never changed, except that when Sir Henry Royce died in 1933 the monogram RR was changed from red to black.

8. The coachwork is given five coats of primer paint, and hand rubbed between each coat, before *nine* coats of finishing paint go on.

9. By moving a switch on the steering column, you can adjust the shock-absorbers to suit road conditions.

10. A picnic table, veneered in French walnut, slides out from under the dash. Two more swing out behind the front seats.

11. You can get such optional extras as an Espresso coffee-making machine, a dictating machine, a bed, hot and cold water for washing, an electric razor or a telephone.

12. There are three separate systems of power brakes, two hydraulic and one mechanical. Damage to one system will not affect the others. The Rolls-Royce is a very *safe* car—and also a *very lively* car. It cruises serenely at eighty-five. Top speed is in excess of 100 m.p.h.

13. The Bentley is made by Rolls-Royce. Except for the radiators, they are identical motor cars, manufactured by the same engineers in the same works. People who feel diffident about driving a Rolls-Royce can buy a Bentley.

PRICE. The Rolls-Royce illustrated in this advertisement—f.o.b. principal ports of entry— costs **$13,995.**

If you would like the rewarding experience of driving a Rolls-Royce or Bentley, write or telephone to one of the dealers listed on the opposite page.

Rolls-Royce Inc., 10 Rockefeller Plaza, New York 20, N. Y. Circle 5-1144.

March 1959

→ 데이비드 오길비가 만든 롤스로이스 광고. 작은 세부 사항 하나로 큰 반향을 일으켰다.
(벤틀리 모터스의 허가를 받아 게재함)

보이는 세부 사항이라도 그것이 도화선이 되어 좋은 광고 카피로 이어질 수 있기 때문이다. 일례로 데이비드 오길비David Ogilvy는 다음과 같은 롤스로이스 광고 카피로 큰 호응을 얻었다.

시속 100킬로미터로 달리는 신형 롤스로이스에서 들리는 가장 큰 소음은 전자시계 소리뿐이다.

오길비는 3주 동안 차에 대한 자료를 읽어본 후에야 위의 광고 카피를 생각해냈다고 한다. 그런 시간을 투자하지 않았다면 이런 아이디어를 얻지 못했을 것이다.

팔리는 카피를 위한 실전 연습

당신이 아는 것을 탐구하라

당신이 자주 사용하고 좋아하는 상품 하나를 정한다. 음식, 옷, 전자기기 등을 생각하면 좀 쉬울 것이다. 이제 그 상품에 대해 당신이 아는 점을 모두 정리해 보라. 제품의 역사는 어떻게 되는가? 재료는 무엇인가? 제작 과정이나 판매 장소, 구매 고객 등은 어떻게 되는가? 이 제품에 대해 더 알고 싶은 점은 무엇인가?

02

무엇을 내세워 팔 것인가

지갑을 열고, 클릭을 하게 만드는 베네핏의 모든 것

특징과 베네핏의 차이:
정보인가 아니면 혜택인가

친구와 함께 휴가를 간다고 생각해보자. 친구는 두바이에 있는 고급 호텔에 가고 싶어 하지만 나는 그냥 코츠월드의 조용한 시골집에서 쉬고 싶다. 어떻게 해야 친구를 설득할 수 있을까? 시골집에 가면 다음 페이지에 나온 표와 같이 좋은 점이 많다고 이야기해볼 수 있다.

첫 번째와 두 번째 장점의 차이는 무엇일까? 처음에 제시한 목록은 시골집의 '특징'을 나열한 것인데 반해, 두 번째 목록은 시골집의 '베네

첫 번째 장점 목록	두 번째 장점 목록
• 세번 밸리와 가깝다. • 수영장이 있다. • 길 건너편에 술집이 있다. • 침실이 두 개다.	• 아침에 고즈넉한 풍경을 보면서 여유롭게 차를 마실 수 있다. • 평소에 하는 운동을 휴가지에서도 계속할 수 있으며, 운동 후에 편히 쉴 시간이 많을 것이다. • 저녁에 술을 먹고 외식을 해도 10분이면 걸어서 숙소로 돌아올 수 있다. • 내가 코 고는 소리에 방해받지 않고 편하게 잘 수 있다.

핏'을 강조하고 있다. 첫 번째 목록의 특징 하나하나가 내 마음에는 꼭 들지만 친구가 시골로 휴가를 가는 것을 강력히 반대하고 있기 때문에 친구의 마음을 돌리려면 첫 번째 목록을 다른 방식으로 표현해야 한다. 다시 말해서 첫 번째 목록이 '시골집 자체에 대한 사실'이라면 두 번째 목록은 그 숙소를 찾는 사람이 '어떤 장점을 누릴 수 있는지' 알려준다.

이득이 없다면 고객은 눈길조차 주지 않는다

앞서 들어가며에서 소개했듯이 전설적인 카피라이터 하워드 고시지는 "사람들은 자기가 관심을 갖는 것만 읽는다. 때론 그게 광고일 때가 있다."라고 말했다.

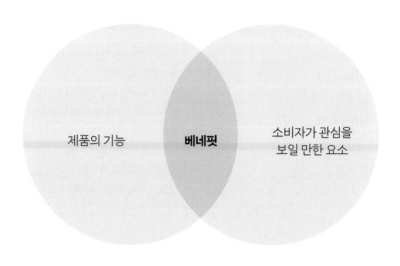

→ 베네핏: 제품에 대해 알려주고 싶은 점과 소비자의 이익이 겹치는 부분

사람들의 눈길을 사로잡는 광고 카피를 만드는 방법은 매우 다양하다. 그중 몇 가지는 이 책 후반부에서 따로 살펴볼 것이다. 여기서는 한 가지 중요한 점을 먼저 짚고 넘어가려 한다. 모든 사람은 자기 자신에게 관심이 있다. 따라서 사람들의 관심을 끄는 가장 간단한 방법은 고객에게 그들이 어떤 베네핏을 얻을 수 있는지 제시하는 것이다. 제품에 대해 알려주고 싶은 점과 소비자의 이익이 겹치는 부분을 들여다보면 베네핏을 찾을 수 있다.

베네핏은 효과적인 카피라이팅의 핵심과 같다. 카피라이터에게 가장 소중한 자원은 '소비자의 관심'이다. 아무것도 없이 시작하여 가리지 않고 손에 잡히는 대로 광고 카피를 만들려고 하다 보면 에너지만 낭비하고 상황은 더 나빠진다. 하지만 소비자에게 제대로 된 베네핏을 명확히 제시하면 그들을 확실히 사로잡을 수 있다. 반대로 광고 카피에서 말하는 베네핏을 소비자가 잘 이해하지 못하거나 어떻게 도움이 되는지 곧바로 파악하지 못하면 소비자는 금세 등을 돌릴 것이다.

광고 카피를 준비할 때 어느 베네핏을 부각시키고 그걸 어떤 순서로 제시할지 정하는 게 가장 중요하다. 인쇄 광고에서는 중요한 베네핏을 딱 하나만 내세워야 한다. 웹사이트에 상품을 설명할 때는 몇 가지 베네핏을 언급해도 되지만 단순히 나열만 할 것이 아니라 특정한 한두 가지 베네핏이 두드러져 보이게 해야 한다.

소시지가 아니라
'지글지글 익는 소리'를 팔아라

베네핏은 가치에 대한 약속이다. 광고를 본 사람이 제품을 구매하여 사용할 때 발생하는 긍정적 효과는 모두 베네핏에 해당한다고 볼 수 있다. 마케팅 업계에는 "소시지가 아니라 지글지글 익는 소리를 팔아야 한다."라는 말이 있다.[3] 매출에서 실제로 중요한 것은 제품 자체가 아니라 제품에 대한 '경험'이라는 뜻이다.

코츠월드의 시골집으로 휴가를 떠날 때 얻는 베네핏을 다시 생각해 보자. 상대방의 경험을 강조하는 표현들이 다채롭게 사용된 것을 볼 수 있다. 이처럼 광고 카피는 제품과 사용자의 관계를 보여주면서 제품을 사용자 생활의 일부로 스며들게 만들어야 한다.

카피라이터의 중요한 역할 중 하나는 특징을 '밖'으로, 즉 사용자의 눈에 잘 '드러나게' 해서 베네핏으로 변환하는 것이다. 사용자는 그 제품이 자신의 삶에서 어떻게 활용될지 쉽게 상상할 수 있어야 한다. 다음의 표를 통해 기업 대 소비자 제품의 주요 특징과 베네핏의 실제 예를 함께 살펴보자.

	특징	베네핏
자동차 부품 가게	매우 다양한 물품을 취급한다.	다른 가게를 둘러볼 필요가 없으므로 빠르고 편리하다.
겨울에 입을 코트	매우 부드럽고 보온성이 높은 내피	추운 날씨에 따뜻하게 입을 수 있다.
아침 식사용 시리얼	오트밀이 많이 들어 있고 당 지수가 높다.	오전 내내 든든한 느낌이 든다.

기업 대 기업 상품의 예시를 들자면 아래와 같다.

	특징	베네핏
신규 웹사이트	반응형 디자인	어떤 기기로 접속해도 웹사이트 모양이 깔끔하게 나온다.
사무실 청소 서비스	매일 밤 모든 책상을 깨끗하게 청소해준다.	업무 공간이 깔끔하게 유지되고 위생이 개선되며 방문객에게 좋은 인상을 줄 수 있다.
비밀번호 잠금	모든 직원에게 개인 코드를 발급해준다.	팀원들의 활동 및 근무 시간을 추적할 수 있다.

특징을 베네핏으로 바꾸는 한 가지 방법은 상대방의 입장에 서서 제품의 여러 가지 특징이 그들에게 어떤 베네핏으로 작용할지 생각해보는 것이다. 이를테면 '이 제품이 나에게 어떤 도움이 될까?', '나한테 이게 왜 필요하지?'와 같은 질문을 해보는 것이다. 매우 기본적인 질문이지만 그래서 더 간과하기가 쉽다. 좋은 광고 카피를 만들려면 이런 기본 사항을 확인하고 또 확인해야 한다.

손에 쥘 수 있는 혜택과 가슴이 웅장해지는 혜택

어떤 베네핏은 객관적이고 실용적이다. 제품의 주요 기능과 역할 및 속도, 편의성, 가성비 등 사람들이 직접 보고 만질 수 있는 '실질적'tangible 베네핏이라고 할 수 있다. 실질적 베네핏은 객관적이고 뚜렷한 사실로 구성되기에 사용자는 이를 토대로 여러 가지 제품을 비교·선택하거나, 구매 여부에 대한 논리적인 결정을 내릴 수 있다.

그리고 어떤 제품은 이를 구체적인 수치로 표현하기도 한다. 다음의 데톨Dettol 광고 카피를 참고해보라.

99.9퍼센트의 항균 효과

그런가 하며 주관적이고 감성적인 베네핏도 있다. 이런 것을 '추상적인'intangible 베네핏이라고 한다. 사용자의 외모를 개선시켜주거나 불안

을 해소하거나 똑똑하게 만들어주거나 세련된 패션으로 꾸며주어 사용
자의 기분을 좋게 만들어주는 것이다. 일례로 로레알L'Oreal에서는 자존
감이라는 추상적인 베네핏을 강조하기 위해 다음과 같은 광고 카피를
사용했다.

당신은 소중하니까요.

추상적인 베네핏은 어디까지나 사람들의 마음속에 있는 것이므로 별
로 중요하지 않다고 생각할지 모른다. 그러나 감정은 사람에게 큰 영향
을 주는 요소로서, 이성만큼 중요할 수도 있고 때론 이성보다 더 큰 영
향력을 행사하기도 한다.

실질적인 베네핏	추상적인 베네핏
• 이성에 호소한다. • 사람들의 생활에 실제로 발생한다. • 눈으로 보거나 직접 만질 수 있고 측정 가능하다.	• 감성에 호소한다. • 사람들의 마음이나 정신에 존재한다. • 눈으로 보거나 만지거나 측정할 수 없다.

실질적인 베네핏과 추상적인 베네핏의 몇 가지 예시를 소개하자면
다음 표와 같다.

제품	실질적인 베네핏	추상적인 베네핏
고급 손목시계	• 시간을 정확하게 알 수 있다. • 방수가 된다. • 자동이라 태엽을 감을 필요가 없다.	• 부의 상징이다. • 친구들의 부러움을 사게 된다. • 세련된 이미지를 가질 수 있다.
손 세정제	• 99.9퍼센트 항균 효과가 있다. • 누르기만 하면 거품이 나오므로 사용이 편리하다. • 기분 좋은 라벤더 향이 난다.	• 가족을 병균으로부터 안전하게 지킬 수 있다.
스마트폰	• 전화를 걸 수 있다. • 인터넷을 사용할 수 있다. • 다양한 종류의 앱을 사용할 수 있다.	• 언제든지 통화할 수 있으므로 든든하다. • 남들보다 앞서가는 듯한 느낌이 든다.
지능형 온·습도 감지기	• 적은 연료 사용으로 돈을 절약할 수 있다. • 환경 보호에 도움이 된다.	• 남들과 다르다는 자부심을 느낄 수 있다. • 집에 오는 손님들에게 자랑할 수 있다.
전기 드릴	• 간단한 수리 등을 빨리 처리할 수 있다. • 다양한 재질에 맞춰 여러 작업을 할 수 있다.	• 집 수리를 빠르고 손쉽게 할 수 있어서 자신감이 높아진다. • 우수한 도구를 갖추고 있다는 만족감이 크다.
ISA 예금 계좌	• 저축액에 대한 세금을 아낄 수 있다.	• 미래를 잘 대비하고 있다는 든든한 마음이 든다.
사무실 프린터 관리 시스템	• 종이와 토너를 절약할 수 있다. • 누가 무슨 자료를 인쇄하는지 감독할 수 있다.	• 비용 절감을 통해 상사에게 좋은 인상을 얻을 수 있다. • 기자재 사용 현황을 잘 파악할 수 있어서 안심이 된다.

실질적인 베네핏
(괄호로 표시된 부분)

추상적인 베네핏

시간 확인
(정확성)

부를
과시할 수 있음

수영장에서도
착용 가능
(방수 기능)

친구들의 부러움을
살 수 있음

번거롭지 않음
(자동)

매우 세련되고
고급스러운
이미지를
얻을 수 있음

→   고급 브랜드 시계를 살 때 얻을 수 있는 실질적인 베네핏과 추상적인 베네핏

일단 지르고
나중에 합리화하는 이유

대다수의 제품은 위에서 이야기한 두 가지 베네핏을 모두 갖추고 있다.
그러나 광고 카피에서 어느 쪽에 중점을 둘지는 프로젝트에 따라 달라
져야 한다. 예를 들어 사무용 기기를 판매하는 웹사이트라면 실질적인
베네핏에 치중하는 편이 낫다. B2B 제품을 구매하는 사람은 구체적인

베네핏을 매우 중시하기 때문이다. 보험의 경우, 사람들은 보험납입 시 어떤 가치를 얻을 수 있는지 매우 궁금해한다. 보험 비교 사이트가 그토록 인기가 많은 이유도 바로 여기에 있다.

그러나 사람들이 추상적인 베네핏에 따라 구매 여부를 결정해놓고 실질적인 베네핏을 내세워서 자신의 구매 결정을 합리화하는 경우도 있다. 이 책을 읽고 있는 사람이라면 누구나 전자기기나 신발 등으로 과소비를 하거나 충동구매를 한 경험이 있을 것이다. 그러면서 "나는 이게 정말 필요해서 산 거야."라고 합리화하지 않았는가? 아마 그것을 '사야 했던 이유'를 생각하려고 머리를 쥐어짜기까지 했을 것이다. 이런 걸 왜 샀냐고 핀잔을 주는 사람에게 그런 이유들을 대면서 자신을 변호했을지도 모른다.

하나의 베네핏에 추상적인 요소와 실질적인 요소가 공존할 때도 있다. 일례로 리들Lidl이라는 할인형 슈퍼마켓 체인의 경우, 가장 두드러지는 실질적인 베네핏은 우수한 가성비일 것이다. 하지만 사람들은 부자든 가난하든 관계없이 할인 물품을 찾아다니는 것이 검소한 생활방식이라고 '생각'하기 때문에 리들로 몰려든다. 사실 그중 다수는 다른 가게에서 쇼핑할 수 있는 경제력을 충분히 갖추고 있다.[4]

"그래서 그게 뭐요?"

가끔 카피라이터나 광고를 의뢰한 클라이언트는 제품에 대해 말하고 싶은 내용에 너무 집중한 나머지, 종종 그 내용이 제품의 베네핏인지 아닌지 판단하지 못하곤 한다. 그런 식으로 광고 카피를 작성하면 카피라이터 본인의 생각만 내세우게 되어 상대방은 결국 흥미를 잃고 하품을 하게 된다.

이런 결과를 피하려면 제품의 베네핏을 가지고 "그래서 그게 뭐요?"라고 묻는 테스트를 해야 한다. 어떤 특징이든 간에 이 질문을 계속하다 보면 명확한 베네핏, 즉 그 제품이 상대방의 생활을 더 좋게 만들어줄 가능성을 찾을 수 있다. 이 질문에 확실한 대답을 찾을 수 없다면 당신이 강조하려는 특징이 사실 상대방에게는 베네핏이 아닐 가능성이 높으며, 광고 카피에 사용하지 않는 편이 나을 것이다.

한 가지 예를 들어보자. "이 휴대폰은 위치추적 기능이 있습니다."라는 말에 상대방이 "그래서 그게 뭐요?"라고 응수한다. "그러니까 원하는 장소가 어디든 찾아갈 수 있다는 말이죠." 이번에도 "그래서 그게 뭐요?"라는 반응이 나올지 모른다. 그때는 "밤낮 관계없이 귀하의 자녀분이 어디 있는지 바로 알 수 있다는 뜻입니다."라고 대답할 수 있다. 제품이 아니라 상대방의 생활에 100퍼센트 초점을 맞춘 명확한 베네핏을 지적한 것이다.

'제품 고유의 강점'이라는 독특한 베네핏

어떤 제품은 세상 어디에서도 구할 수 없는 베네핏을 가지고 있다. 특허 기술, 보증, 비법 등이 관련되었거나 특정 기능을 가진 최초의 제품이라고 인정될 때 이러한 베네핏을 가질 수 있다. 마케팅 업계에서는 이러한 베네핏을 '제품 고유의 강점'Unique Selling Points(이하 USP)이라고 부른다.

USP가 성공적인 광고의 필수 요소는 아니다. 그래도 USP가 있다면 '최초', '유일한', '가장 저렴한', '널리 사랑받는', '가장 많이 팔리는', '최고'와 같은 단어를 광고 카피에 넣어서 더 많은 사람의 관심을 끌 수 있을 것이다. 일례로 버밍엄에 있는 중영반점Chung Ying Garden SNS에는 '종류가 가장 많은'이라는 USP가 등장한다.

→ 중영반점은 '종류가 가장 많은'이라는 USP를 사용한다.

우리 식당이 영국에서 딤섬 종류가 가장 많은 곳이라는 점을 아십니까?

'USP'에서 'S'의 중요성은 매우 크다. USP는 '매출'sell로 이어져야 의미가 있다. USP가 있으면 든든하고 자랑스럽기 때문에 기업은 자사 제품의 독특한 점을 매우 강조하는데, 때로는 그 독특함이 소비자나 고객에게는 아무런 도움이 되지 않을 때도 있다. 따라서 단지 독특하다는 이유만으로 광고 카피에 포함시켜서는 안 된다. 광고 카피에 포함하려면 분명한 베네핏이라고 인정할 만한 것이어야 한다.

'U'라는 글자도 의미하는 바가 크다. USP는 '독특한'unique 것이어야 한다. 'USP'라는 용어를 남발하거나 독특하지 않은 베네핏인데도 USP라고 포장하기 쉽다. 하지만 독특한 것과 그렇지 않은 것은 분명히 구분할 필요가 있다. 광고 카피에 근거 없는 표현을 사용해서는 안 되기 때문이다.

같은 상품이라도 사람마다 끌리는 지점은 다르다

같은 상품이라도 사람마다 각기 다른 베네핏을 제공할 수 있다. 그리고 구매자가 반드시 '사용자'라고 단정해서도 안 된다. 달리 말하면 구매자를 겨냥하여 광고 카피를 만들지만 구매자 외에도 실제 그 제품을 사용하여 편의를 얻는 사람이 더 있을 수도 있다. 또한 그와 같은 실사용자가 보이지 않게 구매 결정에 큰 영향을 줄 가능성도 있다.

교복을 한번 생각해보자. 부모에게는 가격과 내구성이 가장 중요하겠지만 학생은 편안함과 스타일을 더 중시한다. 따라서 부모와 학생 양측을 모두 만족시키는 교복이 가장 잘 팔릴 것이다. 부모가 꽤 질이 좋고 가격도 저렴한 카디건을 사주더라도 아이가 그것을 입지 않고 책가방에 쑤셔 넣어버린다면 아무런 의미가 없다.

B2B도 마찬가지다. 어떤 팀장이 팀원들과 다 함께 사용할 회계용 소

새로 나온 회계 소프트웨어

우리가 실수를 줄이는 데 도움이 될까?

사용법이 쉬울까?

돈을 들일 만한 가치가 있는 걸까?

팀장   팀원   재무 책임자

→ 같은 상품이라도 사용자가 달라지면 그에 맞게 다른 혜택을 강조해야 한다.

프트웨어를 새로 구매하려 한다고 생각해보자. 그 팀에게 최종 구매 결정권이 주어지지는 않았지만 구매 결정에 적잖은 영향을 미칠 수 있다. 우선 팀장은 업무 처리의 정확성 여부에 더 큰 관심을 보일 테고 팀원들은 각자의 업무 처리가 얼마나 더 쉬워지는지 궁금해할 것이다. 또한 팀원들은 각자의 필요만 생각하지만 팀장은 재무 책임자와 같은 사람에게 소프트웨어를 구입할 필요성을 납득시켜야 한다. 재무 책임자는 소프트웨어를 직접 사용하지 않는 데다 전반적인 기업 운영의 총비용을 조금이라도 줄이는 것을 가장 중시하기 때문이다.

이처럼 구체적인 상황은 모두 다르다. 때로는 관련된 사람들을 따로따로 고려해야 하며 (제6장에서 이에 대해 설명할 것이다) 때로는 광고 카피를 직접 보지 않는 사람에게도 제품의 베네핏이 작용한다는 사실을 고려해야 한다.

전문가와 얼리어답터를 공략하려면

사람들이 어떤 제품의 특징에 자연스럽게 관심을 가지는 경우라면 굳이 이를 베네핏으로 포장하려고 애쓸 필요는 없다. 일례로 새로 나온 기술에 관심이 많은 얼리어답터라든가 취미 활동에 열성적인 사람들에게는 제품의 특징이 곧바로 베네핏으로 여겨진다.

새로 출시되는 카메라의 광고 카피를 만든다고 가정해보자. 일반 사용자 또는 아직 카메라를 구매하지 않은 사람에게는 이 제품으로 연출할 수 있는 특별한 순간을 아주 생생하게 묘사해야 할 것이다. 그러나 사진 찍기를 매우 좋아하는 사람이거나 전문 사진작가에게는 별다른 말이 필요치 않다. 그들은 이번에 새로 나온 제품이 자신이 이미 사용 중인 제품에 비해 어떤 장점이 있는지 궁금해하는데, 그런 장점은 주로 기술적인 특징과 직결된다. 이 경우에는 신제품의 세부 사양을 제대로 소개하지 않는 것이야말로 심각한 실수다. 게다가 어떤 괴짜들은 기술적 요소를 비교·분석하여 자신의 구매 결정이 최선이었다는 결론을 얻는다. 그런 사람에게는 세부 사양과 같은 정보를 최대한 알려주는 것이 곧 추상적인 베네핏을 제공하는 일이다.

> ### 팔리는 카피를 위한 실전 연습
>
> **특징을 베네핏으로 변환하라**
>
> 집에서 사용 중인 제품 하나를 선택한 다음 그것의 특징 다섯 가지를 적어보라. 이제 그 다섯 가지 특징을 고객에게 줄 수 있는 베네핏으로 바꿔서 표현해보라. '그래서 그게 뭐요?' 테스트를 적용해서 각 베네핏을 가장 잘 드러내주는 표현을 찾아보라.
>
> 이제 베네핏을 실질적인 것과 추상적인 것으로 나눠보자. 그 베네핏은 실용적인가 아니면 감성적인가? 당신의 외부 세계와 내면의 세계 중 어느 쪽에 영향을 주는가?

03

누구를 겨냥해 팔 것인가

모두에게 필요한 제품은 없다

누구에게 보여주기 위한
광고인가?

지금까지 제품을 살펴보고 제품의 베네핏이 무엇인지 살펴보았다. 이
제는 제품을 구매하게 될 사람들에 대해 생각해보자.

　TV 광고나 옥외 포스터를 보면 마치 세상 모든 사람을 겨냥해 광고
를 하는 것만 같은 생각이 든다. 그중 한 사람이라도 관심을 가져주기를
바라는 느낌이다. 하지만 대부분의 광고는 실제로 그 광고를 보는 특정
인이나 특정 집단을 겨냥하여 만들어진다. 우연에 결과를 맡기는 것이

아니라 철저히 사전에 계획하여 광고를 만든다는 뜻이다.

모든 사람의 마음을 얻는 일은 애초에 불가능하다. 모든 사람의 마음을 얻으려 하면 결국 누구의 마음도 얻지 못할 것이다. 따라서 가장 설득하기 쉬운 사람, 즉 내가 광고하려는 제품과 그것이 가진 베네핏을 좋아할 만한 사람을 집중 공략해야 한다. 이 책에서는 편의상 광고가 겨냥하는 그 대상을 '리더'reader라고 부르도록 하겠다.

스티븐 코비Steven Covey는 "먼저 상대방을 이해해야 상대방도 나를 이해해줄 것"이라고 말했다.[5] 그러한 이해야말로 의사소통을 잘하기 위한 기본 중의 기본이다. 마찬가지로 리더가 어떤 사람인지 모르면 리더의 마음을 얻을 만한 광고 카피를 쓸 수 없다. 리더에 대한 제대로 된 이해 없이 쓰인 광고 카피는 카피라이터 본인에게 만족스럽고 클라이언트의 마음에 쏙 들지는 몰라도 실제 매출로 연결되기가 힘들다.

그렇다면 카피를 쓸 때 리더에 대해 어떤 점들을 생각해봐야 할까? 크게 세 가지가 있다. 바로 그들이 어떻게 살고 있는지, 무엇을 원하는지 그리고 어떻게 느끼는지다.

그들은 어떻게 살고 있는가?: 프로필 작성하기

리더의 프로필을 작성해보면 그들을 좀 더 구체적으로 이해할 수 있다. 생각해볼 만한 몇 가지 특징은 다음과 같다.

광고 대상의 식별 기준	예시
나이와 성별	1990년 이후 출생 / 30세 이상 여성
가족 관계	10세 이하 자녀를 둔 부모 / 부모에게서 아직 독립하지 않은 성인
사회적 상황	사회적 인맥이 넓고 정기적으로 친구들을 만나는 사람
직업	공공 부문에 종사하며 중간급 책임자 또는 임원
사는 곳	웨일스 시골에 사는 사람
재정 상황	가족 총수입이 5만 파운드 이상이며 자가를 소유한 사람
생활 습관	집의 난방 장치를 항상 켜두는 사람
문제점	시력이 점점 나빠지는 사람 컴퓨터를 직접 수리할 줄 모르는 사람
관심사	역할 놀이 게임을 좋아하는 사람 테니스를 즐겨 치는 사람
문화적 취향	그라임grime(일렉트로닉과 힙합이 결합된 장르—옮긴이) 장르와 배시먼트bashment(자메이카 대중음악의 한 종류—옮긴이)를 듣는 사람
의견	제러미 클락슨(영국의 저널리스트—옮긴이)의 말은 대부분 일리가 있다고 생각하는 사람
구매 선택	웨이트로즈Waitrose(영국 슈퍼마켓 브랜드—옮긴이)에서 쇼핑하는 사람 스톤 아일랜드Stone Island의 의류를 즐겨 입는 사람
구매 관련 선호도	휴일에 활동적인 취미를 즐기는 사람 최신 기술을 항상 경험해보려는 사람
구매 습관	온라인 쇼핑은 절대 안 하는 사람 자동차는 무조건 신차만 고집하는 사람
제품에 대한 지식	사물인터넷이 무엇인지 전혀 모르는 사람 예전에 해당 브랜드 제품을 사본 경험이 있는 사람

온라인 구매 행동(웹사이트 분석이나 SNS 자료 분석)	장바구니에 물건을 담아두지만 정작 결제하지는 않는 사람 TV 프로그램에 대한 의견을 SNS에 올리는 사람 리한나의 노래를 스트리밍으로 계속 듣는 사람

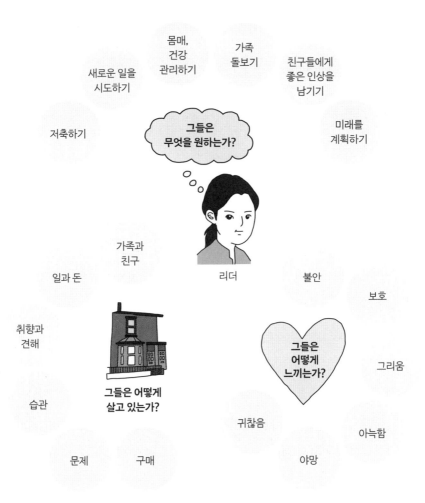

→ 리더에 대해 생각해볼 세 가지 요소: 그들은 어떻게 살고 있으며, 무엇을 원하는가? 또 어떻게 느끼는가?

이렇게 많은 요소가 다 필요하지는 않다. 당신이 어떤 제품을 광고하느냐에 따라 무엇을 생각해야 하는지가 달라진다. 예를 들어 화장실 휴지는 누구에게나 필요한 물건이므로 이 경우에는 리더를 지나치게 특정할 필요가 없다. 하지만 그렇지 않은 제품이라면 여러 가지 요소를 결합하여 리더를 구체적으로 그려보아야 한다. 예를 들어 온라인 회계 플랫폼을 광고하려면 '인터넷을 많이 사용하는 중소기업 관리자'를 겨냥하는 것이 효과적이다.

일부 디지털 프로젝트는 53쪽의 세 가지 요소를 통해 리더를 바로 특정할 수 있다. 소비자의 구매 내역에 따라 온라인 광고를 제공할 경우 고객의 연령, 성별, 주소와 같은 정보는 이미 파악된 상태이기 때문이다. 회사 운영진과 같은 특정 조건에 부합하는 사람들의 목록을 작성한 다음, 일괄적으로 광고성 이메일을 발송하는 방법도 있다. 그런가 하면 의류나 건강 보조 식품 등 특정 부류의 사람을 명시적으로 겨냥하는 제품도 리더의 프로필이 광고 카피를 작성할 때 매우 중요한 요소로 작용한다.

하지만 좀 더 일반적인 상황에서는 리더의 프로필이 광고 카피를 만들기에 충분한 자료가 되지는 못한다. 특히 조심해야 할 부분이 있는데, '밀레니엄 세대'나 '퇴직자'와 같이 너무 광범위하게 리더를 분류하는 것이다. 그러면 틀에 박힌 카피를 쓸 수밖에 없고, 결과적으로 리더의 반응도 소극적이게 된다. 그보다는 리더가 무엇을 원하는지, 어떤 생각을 하는지 구체적으로 공략하는 편이 훨씬 더 효율적이다.

그들은 무엇을 원하는가?: 욕구 파악하기

지금까지 리더의 겉모습을 살펴보았다. 그렇다면 내면의 삶은 어떨까? 지금 어떤 일이 그들의 인생에 벌어지고 있을까? 그들이 자기 인생에 새로 도입하고 싶은 것은 무엇일까? 반대로 인생에서 없애고 싶은 요소는 무엇일까?

아래에 B2C와 B2B로 구분하여 몇 가지 예시를 정리해보았다.

B2C 버전: **소비자가 원하는 것**	B2B 버전: **기업 고객이 원하는 것**
일을 더 쉽게 해내고 싶다.	업무 효율성을 개선하고 싶다.
여가 시간이 더 늘어나면 좋겠다.	효율성을 높이고 싶다.
돈을 벌고 싶다.	사업을 키우고 싶다.
저축하고 싶다.	간접비를 줄이고 싶다.
색다른 일, 새로운 일을 시도하고 싶다.	혁신적인 제품이나 서비스를 개발하고 싶다.
즐겁게 놀고 싶다. 내가 하고 싶은 일에 푹 빠져보고 싶다.	업무 환경을 개선하고 싶다.
모든 일을 놔두고 잠시 떠나고 싶다.	스트레스를 줄이고 업무에 대한 의욕을 고취시키고 싶다.
정신없는 생활을 좀 정리정돈하고 싶다.	내부 시스템과 업무 절차의 문제점을 찾아서 해결하고 싶다.
집을 수리하거나 예쁘게 꾸미고 싶다.	시설이나 사업용 부지 등을 개선하고 싶다.

가족을 돌보고 싶다.	직원들의 복지를 향상시켜주고 싶다.
몸매를 관리하고 싶다.	새로운 기술을 개발하고 싶다.
미래를 계획하고 싶다.	비즈니스 전략을 개발하고 싶다.
매력적인 외모를 갖고 싶다.	브랜드 인지도를 높이고 싶다.
최신 유행을 선도하는 사람처럼 보이고 싶다.	회사의 평판을 개선하고 싶다.
친구들에게 점수를 따고 싶다.	많은 사람에게 인지도를 얻고 싶다.
남들보다 앞서가고 싶다.	경쟁 우위를 확보하고 싶다.

내가 이렇게 도표를 제시한 이유는 B2B 리더와 B2C 리더가 원하는 바가 별로 다르지 않음을 보여주기 위해서다. 물론 업무 특성상 그들의 관심사에는 차이가 있다. 하지만 생각하는 방식은 비슷한데, 결국 다 똑같은 사람이고 필요나 욕구도 비슷하기 때문이다.

이런 요소는 앞서 살펴본 실생활의 특징과도 연관이 있다. 그래서 더 유연하고 파급력이 크다. 제품의 성격에 따라 리더의 세부 사항이 아예 필요하지 않은 경우도 있다. 예를 들어 보기 좋은 몸매를 만들거나 친구들에게 자랑하고 싶은 마음은 어디에 살든, 어떤 일을 겪든 관계없이 '모든' 사람의 공통점이다.

리더를 이해할 때 또 한 가지 생각해야 할 점은 그들의 '해결과제'jobs to be done다. 하버드 경영대학원의 클레이튼 크리스텐슨Clayton Christensen 교수 팀이 기업이 신제품이나 새로운 서비스를 만드는 가장 효율적인 방법을 연구한 결과를 보면 이 점이 강조된다.[6] 해결과제란 고객이 달성하려는 작업 또는 창출하려는 경험을 뜻한다. 고객은 이 해결과제를 처리하기 위해 제품을 '고용'하며, 제품의 성과가 좋으면 고용 상태를 유지하고 그렇지 않으면 제품을 '해고'한다. 해결과제는 아이스 큐브를 만드는 것처럼 아주 사소한 사안부터 새로 이사할 집을 알아보는 것처럼 중대한 사안까지 모두를 아우른다.

해결과제를 계속 생각하면 리더와 그들이 원하는 바에 계속 초점을 맞출 수 있다. 크리스텐슨 교수는 퇴직 이후에 살림을 줄이되 고급 저택에서 생활하려는 은퇴자들을 대상으로 하는 건축 사무소의 예시를 들어 설명한다. 이 건축 사무소는 초반 매출이 신통치 않았는데, 무엇 때문인지 그 이유를 파악하는 데 애를 먹었다. 그러다가 결국 고객들이 대형 식탁을 놓을 공간을 원한다는 점을 깨닫게 되었다. 은퇴자들에게 크리스마스에 가족들이 모두 모여서 식사를 하는 것은 매우 중요한 일이었다. 이 건축 사무소가 해야 할 일은 단순히 '집'을 지어서 파는 것이 아니라 '새로운 형태의 생활'을 설계하도록 도와주는 것이었다.

해결과제의 성격에 따라 제품의 실질적인 경쟁 대상이 무엇인지도 드러날 수 있다. 어떤 사람이 기차로 이동하는 45분이라는 시간을 때워야 한다고 생각해보자. 스마트폰으로 게임을 할 수도 있고, 잡지를 보거나 팟캐스트를 듣거나 쇼핑을 할 수 있다. 아무것도 하지 않고 그저 창밖을 구경하는 방법도 있다. 이를 통해 게임사의 경쟁자는 앱스토어에서 다운로드할 수 있는 다른 회사의 게임이 아님을 알 수 있다. 기차 여행을 하는 사람이 시간을 보내기 위해 하고 싶은 모든 일이 게임사의 경쟁 대상인 것이다. 이런 점을 잘 생각해보면 광고 카피에서 어떤 베네핏을 강조해야 하는지 또는 해당 베네핏을 어떤 방식으로 묘사해야 좋을지 잘 이해할 수 있을 것이다.

이런 예시를 통해 알 수 있듯이 때론 리더가 원하는 바가 제품과 정확히 일치하지 않기도 한다. 원격 근무 소프트웨어 기업 베이스캠프 Basecamp의 설립자인 제이슨 프라이드Jason Fried는 "사람들이 뭔가를 사기에 앞서 쇼핑을 하러 가는 이유는 따로 있다."라고 말했다. 이것이 가장 첫 번째 동기 또는 '첫 번째 이유'다.[7] 제품을 구매하는 이유는 두 번째고 그보다 변화가 필요하다고 느끼는 상황, 즉 첫 번째 이유가 먼저 발생하는 것이다. 따라서 카피라이터는 '첫 번째 이유'를 파악한 다음 이를 두 번째 이유와 자연스럽게 연결해야 한다.

제품에 대한 정보를 제공하거나 서비스 사용에 도움을 주기 위해 광고 카피를 구상한다면 유저 스토리user story나 잡 스토리job story를 활용해보기 바란다.[8] 유저 스토리는 '[역할]로서 나는 [목표]를 달성하기 위해 [행동]을 하고 싶다'와 같은 형태로 구성된다. 건강 관련 정보 웹사이트라면 다음과 같이 유저 스토리를 구상할 수 있다.

아이에게 관심이 많은 [부모]로서 나는 아이를 병원에 데려가야 하는지 [결정]하기 위해 증상을 빨리 [검색]해보고 싶다.

잡 스토리도 크게 다르지 않지만 리더가 '해야 하는 일'에 좀 더 초점이 맞춰져 있어서 '[어떤 상황]에서 나는 [목표]를 달성하기 위해 [행동]을 하고 싶다'와 같은 형식을 띤다. 사람들의 필요는 계속 변할 수 있기에 잡 스토리는 대상이 누구인가에 얽매이지 않는다는 점에서 더 유연하다는 특성이 있다. 잡 스토리의 예시는 다음와 같다.

[아이가 아프면], 병원에 데려가야 하는지 [결정]하기 위해 증상을 빨리 [검색]해보고 싶다.

이렇게 하면 아픈 아이를 걱정하는 주체가 '누구이든 상관없이' 폭넓게 적용된다. 부모 외에도 교사, 아이 돌보미, 조부모 등 모두가 대상이 된다.

이런 식으로 자신의 광고 카피가 광고의 목적에 적합하게 쓰여졌는지 확인해볼 수 있다. 위의 사례로 돌아가 보면 해당 웹사이트는 여러 가지 증상의 의미와 대처 방안을 자세히 제시해야 할 것이다. 아이가 아프면 마음이 몹시 조급해지며 그런 상황에서는 차분히 글을 읽는 것이 어려우므로, 광고 카피는 간단하면서도 명확해야 한다.

그들은 어떻게 느끼는가?: 공감하기

사람들이 자기 자신과 자신의 삶에 대해 어떻게 느끼는지는 가장 깊은 내면에 숨겨져 있다. 이러한 감정을 올바로 이해하는 가장 좋은 방법은 바로 공감하는 것이다.

공감은 다른 사람의 경험에 정확히 파고드는 것이라고도 할 수 있다. 그들이 어떻게 생각하고 어떻게 행동하는지 머리로 분석하는 것과는 다르다. 다른 사람에게 진심으로 공감하려면 그들이 보는 것을 함께 보고, 그들이 느끼는 감정을 고스란히 느낄 수 있어야 한다. 상상 속에서 상대방을 절대적으로 믿고 그 사람에게 모든 통제권을 온전히 맡긴 다음, 그 사람의 경험에 따라 기꺼이 달라지겠다고 마음먹어야 한다. 최근 연구에 따르면 사람의 두뇌에서 공감하는 부분과 신체적 고통을 느끼는 부분이 같다고 한다.[9] 즉, 누군가와 공감한다는 것은 실제로 '그 사람의 고통을 고스란히 몸으로 느낀다'는 얘기다.

공감은 감정을 사용하여 상대방의 말에 귀를 기울이는 행동이다. 상대방의 감정을 존중해주면 상대방도 내가 그들의 말에 온전히 귀를 기울이고 있으며, 그들의 경험과 개인적 상황을 있는 그대로 인정한다는 점에 고개를 끄덕이게 된다. 그러면 상대방도 내가 '말할' 때 진지하게 귀를 기울일 것이다.

하지만 카피라이터는 리더를 일일이 만나서 그들의 말에 '귀를 기울'이지 못한다. 사실 광고는 불특정 다수에게 일방적으로 메시지를 전달하는 행위다. 그렇지만 우리는 리더가 보는 것과 같은 방식으로 세상을 바라보고, 광고하려는 제품을 보려고 최선을 다해야 한다.

다음과 같은 질문을 생각해보면 많은 도움이 될 것이다.

- 리더는 자기 자신을 지금 어떻게 생각하는가? 그리고 앞으로는 어떻게 생각할까?
- 다른 사람들은 광고 대상을 어떻게 생각할까? 리더는 자신이 남의 눈에 어떻게 보인다고 '생각'하는가? 다른 사람들의 눈에 어떻게 보이기를 원하는가?
- 리더는 어떤 사람을 동경하는가?
- 그들을 기분 좋게 해주는 요소는 무엇인가? 반대로 그들을 슬프

게 하거나 화나게 만드는 요인은 무엇인가? 그들이 인생에서 더원하는 것은 무엇이며 자기 인생에서 어떤 것이 사라지거나 줄어들었으면 좋겠다고 생각하는가?

- 그들은 지금 어떤 미래를 고대하는가? 과거의 경험 중 어떤 것을 중시하거나 소중히 여기는가?

- 현재 어떤 문제를 해결하려고 애쓰고 있는가? 그들이 목표를 달성하는 데 방해가 되는 요소는 무엇인가? 왜 그런 방해가 일어나는가?

- 현재 어떤 위협을 받고 있는가? 그들의 인생이 악화될 가능성이 있다면 그들이 저항하거나 바꾸기 위해 노력해야 할 요소는 무엇인가?

- 그들은 지금 어떤 생각을 하는가? 웬만하면 생각하지 않으려고 '회피'하는 문제가 있는가? 밤에 잠을 이루지 못하고 뒤척일 정도로 심각한 고민거리가 있는가?

- 그들은 세상을 어떻게 생각하는가? 행복, 슬픔, 분노, 동정심, 흥분, 안정감, 걱정, 과거에 대한 향수, 후회, 좌절, 번거로움, 염려, 하늘을 날 듯한 기쁨, 모험심과 같은 감정을 유발하는 요소는 무엇인가?

- 그들은 우리가 광고하려는 제품이나 서비스에 대해 어떻게 생각하는가? 또는 우리가 광고하려는 것과 비슷한 제품이나 서비스에 대해 어떻게 생각하는가?

누가 뭐라고 하든 개의치 않고 내 맘대로 광고 카피를 정해놓은 다음 그 위에 공감이라는 감정을 장식용으로 살짝 흩뿌리는 것으로는 충분치 않다. 공감은 광고 카피의 핵심 요소가 되어야 한다.

소설가 아나이스 닌Anais Nin은 "우리는 사물을 있는 그대로 보지 않고 우리들의 관점으로 본다."라고 말했다.[10] 카피라이터는 모든 객관적 사실을 동원해 자신이 생각하는 논리적 주장을 얼마든지 펼칠 수 있다. 하지만 그중 하나라도 상대방의 생각과 상충되면 상대방은 결코 마음을 열지 않을 것이다. 심리학에서는 이를 확증 편향confirmation bias이라고 한다. 쉽게 말해서 자기가 이미 알고 있거나 믿고 있는 바를 확증해주는 정보는 매우 강하게 붙잡지만 자신의 세계관에 이의를 제기하는 정보에는 거부반응을 보인다는 뜻이다. 대부분의 사람은 구태여 자기 생각을 바꾸려고 노력하지 않는다.

그렇기에 카피라이터도 사람들이 다리를 건너오도록 억지로 끌어당겨선 안 된다. 그보다는 사람들이 현재 어떤 관점에서 세상을 바라보는지 파악한 다음, 그들이 '자발적으로' 다리를 건너오게 만들어야 한다. 이 점은 제12장에서 설득의 기술을 논할 때 더 자세히 살펴볼 것이다.

그런데 모든 구매 결정이 마음 깊은 곳의 감정과 관련되어 있느냐 하면 꼭 그렇지는 않다. 간단한 일을 처리할 물건이나 서비스를 구매할 때는 깊이 생각할 필요도 없고 심오한 감정이 관련되지도 않는다. 예를 들어 사람들이 론실Ronseal(영국의 목재 착색 도료 및 방부제 브랜드—옮긴이) 제품을 사는 이유는 목재 표면을 보호하기 위해서다. 그들은 가성비가 좋고 사용하기 편하며 오래가고 보기에도 좋은 제품을 원한다. 그 밖의 다른 이유는 생각할 필요도 없다. 그래서 이 브랜드의 유명한 광고 카피는 사람들의 이러한 생각을 정확히 파악하여 군더더기 없는 해답을 제

→   론실의 유명한 광고 카피는 사용자가 원하는 바를 정확히 파악하고 있다.

시하고 있다.

　　통에 써 있는 내용 그대로 다 됩니다.

　　그렇다고 해서 론실 제품을 구매하는 사람들이 아무런 감정도, 생각
도 없다는 말은 아니다. 이 브랜드의 명확하고 실용적인 광고 카피는 제
품 구매자에게 믿음과 신뢰를 안겨준다. 론실을 선택하는 사람들은 '마
음에 쏙 드는' 제품을 찾았다는 안도감과 고마움을 느끼게 된다.

리더의 말이 아닌
행동에 집중하라

리더를 직접 조사하려면 해당 제품이나 비슷한 제품을 이미 사용해본 사람을 만나서 이야기하는 것이 좋다. 제품이 마음에 드는 이유가 무엇인지, 어떤 상황에서 도움이 되었는지 들어보면 공감할 만한 점을 발견하게 될 것이다. 물론 제품의 단점이나 불만, 해결되어야 할 문제 등을 이야기할 수도 있다. 클라이언트에게 제품을 경험해본 사람을 연결해 달라고 부탁하는 게 가장 좋지만 여의치 않다면 가족이나 친구, 직장 동료에게 해당 제품을 사용해본 적이 있는지 물어보는 방법도 있다.

여기서 한 가지 유의할 점이 있다. 사람들이 그 제품을 구매한 동기나 생각을 솔직하게 말하지 않을 가능성도 존재한다는 점이다. 당신이 카피라이터라서가 아니라 친한 친구에게도 말하지 않고, 심지어 혼자일 때도 그 점을 굳이 머릿속에 떠올리지 않으려 애쓰기도 한다. 제품에 대해 말해달라고 하면 남들에게 이성적으로 들릴 만한 답변을 제시하겠지만, 그것이 제품을 구매한 진짜 동기가 아닐 수도 있다는 얘기다. 따라서 구매 고객이 무슨 말을 하는지에만 집중하지 말고 그들의 행동도 면밀히 관찰해야 한다.[11]

비슷한 논리가 B2B에도 적용된다. 많은 기업이 품질이나 혁신을 가장 중시한다고 말하지만 실제로 함께 일을 해보면 기업의 주된 관심사는 비용 절감 및 위험회피일 때가 더 많다. 이처럼 B2B 리더가 어떤 기업 문화에서 일하고 있는지 이해하고 나면 훨씬 더 잘 공감할 수 있다.

그 밖에도 더 폭넓은 시각을 얻기 위해 고려할 점이 있다. 광고 클라이언트가 시장이나 업계를 조사한 자료를 검토해보라고 건네주곤 하는데, 이때 이 자료에만 의존하지 말고 직접 조사를 해보기를 권한다. 고객을 직접 상대하거나 고객을 잘 파악하고 있는 사람, 이를테면 판매 직원, 관리팀, 고객 서비스 담당자에게 직접 조언을 구하는 것이다. 이렇게 해서 얻은 정보가 모든 지역의 모든 고객에게 적용되지는 않지만 광고 카피 작업에서 바람직한 출발점이 되기도 한다.

인터넷에서 찾은 자료도 도움이 된다. 정보 공유를 위해 만들어진 다양한 웹사이트나 아마존 같은 온라인 쇼핑몰의 상품 후기에서 여러 가지 제품에 대한 긍정적인 평가와 부정적인 의견을 모두 파악할 수 있다. 자신이 맡은 프로젝트와 좀 더 밀접한 관련이 있는 자료를 원한다면 포털 사이트의 지식검색 서비스나 인증된 전문가들이 모여 있는 커뮤니티 등에 질문을 남기도록 하라.

상상 속의 리더, 마케팅 페르소나

필요하다면 리더 프로필을 기반으로 가상의 인물을 구체적으로 묘사해볼 수 있다. 마케팅 업계에서는 이를 페르소나persona라고 한다. 다음 예시는 최신 유행하는 헤드폰을 사용하는 페르소나를 보여준다.

엘라는 열여섯 살 소녀이며 몇 가지 전자 제품을 살 정도의 충분한 돈을 가지고 있다. 음악을 매우 좋아하기 때문에 집에 있을 때는 물론이고 외출할

→ 엘라는 최신 유행하는 헤드폰을 사용하는 가상의 인물이다. 이런 이미지를 사용하면 마케팅 페르
소나가 더 현실적이고 인간적으로 느껴진다.

때도 언제나 음악을 듣는다.

엘라에게 음악은 단지 취미생활이 아니다. 음악은 곧 그녀의 정체성을 표현

하는 수단이다. 사회 활동을 통해 소속감을 확인하려는 욕구도 있지만 동시

에 약간의 개성을 표출하여 남들과 다르다는 점을 확인받고 싶어한다.[12] 엘

라는 품질이 좋은 제품을 선호한다. 그렇다고 해서 매우 비싸 보이거나 허례

허식을 추구하지는 않는다. 무엇보다도 부모가 사주는 것은 단호히 거절하

는 편이다.

또 다른 방법으로 리더의 평범한 하루가 어떻게 흘러가는지 상상해

볼 수 있다. 그는 무슨 일을 하며, 어떤 곳을 방문하고, 누구를 만나는

가? 그가 읽거나 듣거나 시청하는 내용은 무엇인가? 무슨 생각을 하며 어떤 감정을 느끼는가? 어떤 광고 카피를 접하며 그에 대해 어떻게 생각하는가?[13]

　페르소나는 장점과 단점을 모두 가지고 있다. 리더를 한 사람의 개인으로 설정하면 그에 맞는 광고 카피를 작성하는 데 도움이 된다. 하지만 또 페르소나가 너무 구체적이면 실제 리더 중에 그런 사람이 아주 많을 것이라는 착각에 빠질 수도 있다. 심리학에서는 이를 '결합 오류'conjunction fallacy라고 한다.[14] 상상 속의 리더가 아무리 그럴싸해 보여도 냉정하게 말하면 현실에 존재하지 않는 사람이다. 그 페르소나 외에도 유의미한 고객 프로필은 얼마든지 있을 텐데, 페르소나 때문에 고객을 바라보는 관점이 너무 좁아질 우려가 있으니 이 점에 유의해야 한다.

리더를 자연스럽게 광고에 스며들게 만드는 법

리더의 현재 상태를 파악했다면, 이제 그들에 대한 '기대치'를 설정해야 한다. 광고 카피가 리더에게 어떤 영향을 주기 원하는가? 광고 카피를 통해 무엇을 '알게' 되고, 어떤 '생각'을 하고, 무슨 '행동'을 하기를 원하는가?

　대다수의 광고 카피는 제품 판매를 목표로 한다. 따라서 카피라이터의 목표는 리더가 광고를 보고 제품을 구매하게 만드는 것이다. 하지만 이게 말처럼 쉽지 않다. 그러므로 구매가 이루어지기 전에 리더가 어떤 어떤 정보를 얻고 거기에서 어떤 특정한 감정을 느끼는지를 고민하는 과정이 필요하다.

첫째, 고객 여정 또는 '세일즈 퍼널'sales funnel(판매유입 경로—옮긴이)의 단계마다 광고 카피가 조금씩 다르며 광고 카피의 목표도 조금씩 차이가 난다는 점을 알아야 한다. 예를 들어 이중창을 판매할 경우, 온라인의 구매자 가이드에서 여러 가지 종류의 창문에 관해 설명할 수 있다. 그러면 리더는 정보를 얻게 되고(지식), 브랜드에 대한 신뢰를 쌓게 된다(감정). 이렇게 제품 설명을 먼저 제시하고 난 뒤에야 자연스럽게 견적 문의(행동)를 하도록 권할 수 있다. 웹사이트를 찾아온 사람들에게 무작정 견적을 내보라고 강요하는 방법은 좋지 않다. 아직 마음의 준비가 되지 않았거나 제품에 대한 정보가 더 필요한 사람들에게 견적부터 내라고 강요하면 곧장 뒤돌아설 게 뻔하기 때문이다.

둘째, 직접적으로 제품을 판매하지 않는 경우를 생각해보자. 자선단체를 위해 카피를 쓴다면, 리더에게 기부의 명분이나 목적을 알리고(지식), 공감하게 만들고(감정), 기부하게 만드는 것(행동)이 광고 카피의 목적일 것이다. 이때도 곧장 본론으로 들어가서 기부를 하라고 직접적으로 요청하면 별로 반응이 좋지 않다.

셋째, 광고의 목적이 제품 판매가 아니라 브랜드 인지도 향상이라면 어떨까? 이런 경우에는 사람들이 브랜드를 기억하고 브랜드에 대해 긍정적인 느낌을 가지도록 해야 한다. 그래야 구매 기회가 생겼을 때 이 브랜드의 제품을 선택할 가능성이 커진다. 하지만 일단 지금으로서는 직접 구매를 권유하거나 유도할 필요가 없다.

마지막으로 공공 기관을 홍보할 때는 사람들에게 공공 서비스의 존재를 인지시키는 데 주력해야 한다. 즉, 사람들에게 특정한 감정을 심어줄 필요는 없고 단지 그들이 예전에 몰랐던 정보를 알려주기만 하면 된다.

아래 도표는 여러 가지 예시를 정리한 것이다.

	이 점을 알아주면 좋겠다	이렇게 생각했으면 좋겠다	이렇게 행동했으면 좋겠다
치즈맛 과자의 TV 광고	이 과자는 진짜 치즈가 들어가서 정말 맛있다.	'맛있어 보인다. 나도 사 먹어 봐야지.'	과자를 구매한다 .
이중창 구매자 가이드	다양한 창문의 종류와 각각의 특징	'이 가이드는 정말 실용적이고 신뢰할 수 있어.', '우리 집도 창문을 새로 바꾸는 게 좋을 것 같아.'	랜딩 페이지를 클릭해서 웹사이트를 둘러보기 시작한다.
이중창 랜딩 페이지	모든 종류의 이중 창을 보여주며 설치를 안내한다.	'우리 집 창문을 반드시 새로 바꿔야겠어.', '이건 돈이 얼마쯤 들까?'	온라인 견적 문의서를 작성, 제출한다.
야생 동물 보호단체 후원을 요청하는 광고 이메일	야생 조류들이 겨울에 힘든 시간을 보낸다.	'새들이 너무 불쌍해! 좀 도와주고 싶어.'	기부금을 낸다.
광고 카피가 없는 향수 광고	-	'나도 저 모델처럼 되고 싶다.'	향수를 구매한다.
세금 안내를 위한 정부 웹사이트	새로 제정된 조세법이 나에게 미치는 영향	-	웹사이트 내용을 살펴본다.

광고의 목표가 무엇이든 간에, 리더가 어디에서 어떤 방식으로 광고 카피를 보게 될지 반드시 고려해야 한다. 다른 일을 하던 중에 광고 카피가 등장해서 일종의 방해 요소로 작용할지, 아니면 사람들이 주도적으로 광고 카피를 찾아내어 읽을지 생각해보라. 인터넷에서 제품을 직접 검색하는 행동과 우연히 거리에서 포스터를 통해 제품을 알게 되는 것에는 큰 차이가 있다.

> **팔리는 카피를 위한 실전 연습**
>
> ### 광고 대상과 목표
>
> 외출하거나 그 밖의 기회가 있을 때, TV나 온라인 등의 광고를 확인해보자. 누구를 대상으로 하는 광고인가? 그 점을 어떻게 파악할 수 있는가? 그 광고는 리더가 하는 활동을 고려한 것인가? 어떤 욕구나 감정에 어필하는 광고인가, 아니면 리더에게 어떤 생각이나 감정을 불러일으키려 하는 광고인가?

04

카피라이팅 작업의 시작, 브리프 작성

카피의 역할과 효과, 목표 정하기

카피라이팅에도 '룰 북'이 필요하다

지금까지 제품, 베네핏, 광고 대상 그리고 광고 대상에게 원하는 반응을 살펴보았다. 이제는 이 점을 하나의 브리프에 담아야 한다. 브리프의 예시는 뒤에 나오니 참고하길 바란다.

카피라이팅 브리프는 쉽게 말해서 광고 카피의 역할이나 효과를 설명하는 문서다. 카피라이팅 프로젝트의 미션을 제시해주기에 카피라이터는 이를 통해 자신이 어디로 가야 하는지 이해할 수 있다. 또한 브리

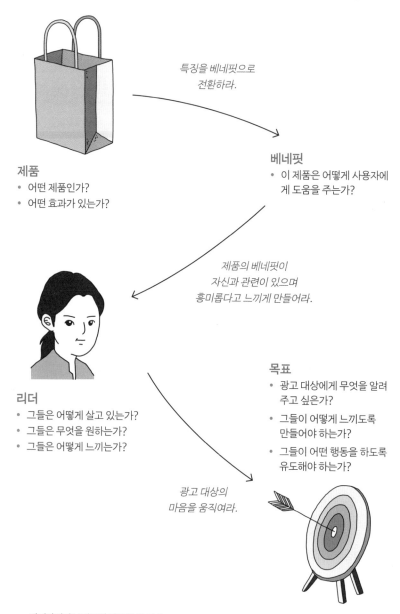

제품
- 어떤 제품인가?
- 어떤 효과가 있는가?

특징을 베네핏으로 전환하라.

베네핏
- 이 제품은 어떻게 사용자에게 도움을 주는가?

제품의 베네핏이 자신과 관련이 있으며 흥미롭다고 느끼게 만들어라.

리더
- 그들은 어떻게 살고 있는가?
- 그들은 무엇을 원하는가?
- 그들은 어떻게 느끼는가?

목표
- 광고 대상에게 무엇을 알려 주고 싶은가?
- 그들이 어떻게 느끼도록 만들어야 하는가?
- 그들이 어떤 행동을 하도록 유도해야 하는가?

광고 대상의 마음을 움직여라.

→　카피라이팅 브리프의 기본 구성 요소

프는 광고 카피를 평가하는 척도가 된다. 그러므로 광고 카피를 작성할 때 브리프를 자주 확인하면서 '이 표현이 브리프와 일치하는가? 브리프의 특정 부분에 대한 해답이라고 할 수 있는가?'라고 자문해야 한다. 이 질문에 고개가 끄덕여진다면 정말 다행이고, 그렇지 않다면 광고 카피를 바꾸어야 한다(물론 브리프가 잘못됐을 때도 종종 있다).

브리프대로 작업을 진행하면 시행착오를 피할 수 있다. 실제로 카피라이팅 프로젝트를 진행하다 보면 카피의 역할이나 효과에 대해 사람들의 의견이 엇갈릴 때 많은 문제가 발생한다. 브리프를 통해 이런 문제를 잘 해결해야 프로젝트가 순항할 수 있다.

브리프는 카피라이터와 클라이언트 간의 약속

광고 클라이언트와 대면 작업을 하는 경우라면, 보통은 클라이언트가 브리프를 직접 만들거나 브리프에 들어갈 주요 내용을 카피라이터에게 작성해서 준다. 하지만 반대로 카피라이터에게 모든 작업을 위임하고, 브리프 작성까지 부탁하는 경우도 있다. 어느 경우든 간에 실제로 사용 가능한 브리프를 작성하는 것은 카피라이터의 몫이다. 카피라이터가 브리프를 작성한 다음 클라이언트의 동의나 허가를 구하는 방식으로 진행된다고 생각하면 좋다.

시간이 좀 지나면 굳이 브리프를 서면으로 작성하지 않아도 머릿속에 정리가 될 것이다. 규모가 작은 프로젝트라면 충분히 가능하다. 브리프를 작성하고, 관계자와 회의를 하는 것이 프로젝트 진행을 느리게 만든다고 생각하는 사람도 있다. 하지만 나는 브리프를 혼자 다 써야 하는 상황이라도 브리프 작성 자체를 부정적으로 볼 이유는 없다고 본다. 생각을 집중하고 머릿속의 자료를 총동원하는 데 많은 도움이 되기 때문이다.

카피라이팅 브리프에 들어갈 내용을 정리하면 다음과 같다. 가장 중요한 것부터 먼저 소개하겠다.

제품	• 어떤 제품인가?
	• 누구를 겨냥한 제품인가?
	• 용도가 무엇인가? 어떤 기능이 있는가?
	• 어떻게 작동하는가?
	• 사람들은 이 제품을 어떻게 구매하며, 어떻게 사용하는가?
베네핏	• 이 제품은 사람들에게 어떤 도움을 주는가?
	• 가장 대표적인 베네핏은 무엇인가?
리더	• 광고의 대상은 누구인가?
	• 그들은 어떻게 살고 있는가?
	• 그들은 무엇을 원하는가?
	• 그들은 어떻게 느끼는가?
	• 해당 제품에 대해, 또는 이런 종류의 제품에 대해 무엇을 알고 있는가?
	• 비슷한 제품을 이미 사용하고 있는가?
목표	• 리더가 광고 카피를 읽은 후에 어떤 생각, 어떤 감정을 갖기를 기대하는가?
	• 리더는 어떤 상황에서 광고 카피를 접할 것인가?
포맷	• 광고 카피는 세일즈 레터, 웹사이트, 유튜브 영상 중에서 어떤 곳에 사용되는가?
	• 광고 카피의 길이는 어느 정도인가? 500글자? 10페이지? 30초?

	• 광고 카피는 어떻게 구성되는가? 제목, 소제목, 사이드바 등의 요소가 얼마나 들어가는가? • 콜투액션call to action(사용자, 소비자의 반응을 유도하는 문구 또는 버튼 등의 장치—옮긴이) 등을 구체적으로 생각해보라. • 콘텐츠의 다른 부분, 예를 들어 이미지, 도표, 동영상, 음악 등은 어떻게 활용할 것인가?
어조	• 광고 카피는 진지한가? 아니면 가벼운 어조인가? 감정이 많이 들어가 있는가? 활기가 넘치는가 아니면 한 발 뒤로 물러선 느낌인가?
제약 사항	• 최대 또는 최소 길이 • 반드시 포함해야 하는 문구 또는 반드시 제외해야 하는 문구 • 법적 요건(과학이나 의학적 주장에 관한 규제, 금지된 어구, 상표권 등) • 이미 완성되었거나 앞으로 만들 예정인 다른 광고 카피에 새로 만든 광고 카피를 삽입해야 하는 경우 • 광고 카피가 사용될 나라(영어권인가 아니면 광고 카피를 현지어로 번역해야 하는가?) • 검색엔진 최적화Search Engine Optimization, SEO에 관련된 사안(제목에 반드시 포함해야 할 자주 사용하는 검색어가 있는가?) • 브랜드나 어조에 대한 가이드라인
그 밖의 배경 정보	• 제품에 대한 배경 정보: 개발 역사, 사용 사례, 기술적인 세부 사양, 배포 현황, 구매 절차, 구매 채널, 마케팅 전략 • 제품의 마켓 포지션에 대한 배경 정보: 가격 포인트, 제안 및 할인, 고객 인지도, 경쟁업체 • 타깃 시장에 대한 배경 정보: 규모, 연혁, 전형적인 고객의 프로필, 마케팅 페르소나 • 고객의 배경 정보: 연혁, 현재 상태, 문화, 사람들, 가치 • 브랜드와 관련된 배경 정보: 연혁, 포지셔닝, 가치
프로젝트 관리 시 유의사항	• 총 소요 기간: 광고 카피 계획일, 초안 작성, 피드백, 최종 광고 카피, 승인 • 누구에게 어떤 방식으로 피드백을 받을 것인가? • 최종 광고 카피는 누가 어떤 방식으로 승인하는가? • 광고 카피를 어떻게 전달할 것인가? 많은 경우에 워드 문서를 사용하지만 그렇지 않은 경우도 있다.

지금까지 살펴본 내용은 하나의 제안일 뿐 원칙이 아니다. 미리 정해진 브리프 양식이나 구조, 길이가 있지는 않다. 형식을 갖춘 긴 문서의 형태로 위에서 언급한 점들을 모두 자세히 다룰 수도 있고, 반대로 이메일 몇 통을 주고받는 것에서 끝날 수도 있다. 뭐가 됐든 중요한 것은 필요한 정보를 모두 확보하고, 프로젝트의 목적에 대해 광고를 의뢰한 클라이언트와 의견 일치를 보는 것이다.

카피라이팅 브리프의 예시

간단한 카피라이팅 브리프의 예시를 소개할까 한다. 프로젝트를 관리하는 방법보다는 광고 카피에 초점을 맞춘 예시다.

광고 카피 브리프: *윈드-오 이중창의 랜딩 페이지*

윈드-오Wind-o라는 브랜드의 이중창 제작 및 설치 서비스를 홍보하기 위해 750자~1,000자 길이의 랜딩 페이지를 작성한다.

연식이 오래된 주택에 사는 중년의 집주인 또는 퇴직자로서 처분 가능한 소득이나 예금을 가지고 있는 사람을 주요 타깃으로 삼는다. 이들이 이중창에 관심을 두는 이유는 인테리어 목적이거나 방음 또는 에너지 효율을 높이고 싶어서다. 더 좋은 집으로 이사 가지 않고 기존 주택의 가치를 높여서 자녀에게 물려주려고 이중창을 설치하려는 경우도 있다.

이런 고객은 번지르르한 말로 고객을 현혹하는 판매사원이나 돈을 버는 데

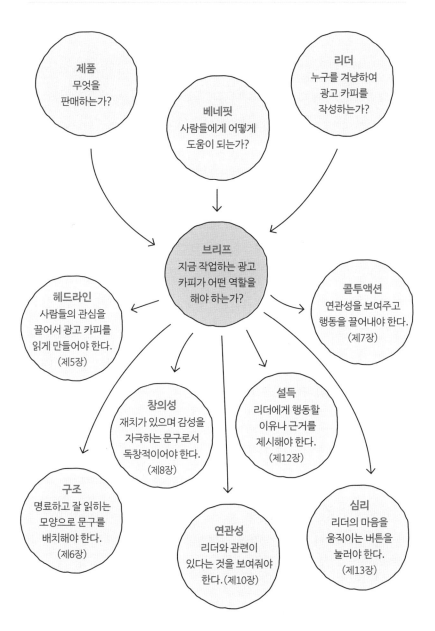

제품
무엇을
판매하는가?

베네핏
사람들에게 어떻게
도움이 되는가?

리더
누구를 겨냥하여
광고 카피를
작성하는가?

브리프
지금 작업하는 광고
카피가 어떤 역할을
해야 하는가?

헤드라인
사람들의 관심을
끌어서 광고 카피를
읽게 만들어야 한다.
(제5장)

콜투액션
연관성을 보여주고
행동을 끌어내야 한다.
(제7장)

창의성
재치가 있으며 감성을
자극하는 문구로서
독창적이어야 한다.
(제8장)

설득
리더에게 행동할
이유나 근거를
제시해야 한다.
(제12장)

구조
명료하고 잘 읽히는
모양으로 문구를
배치해야 한다.
(제6장)

연관성
리더와 관련이
있다는 것을 보여줘야
한다. (제10장)

심리
리더의 마음을
움직이는 버튼을
눌러야 한다.
(제13장)

→ 브리프를 실행할 구체적인 방안을 모색하기 전에 광고 목표를 브리프에 어떻게 담아낼 것인지 생각
해보라.

만 혈안이 된 양심 없는 기업을 몹시 경계한다. 이들은 합리적이며 현명한 결정을 내리고 그에 대한 자부심을 느낀다. 또한 A/S에 관심이 많고 세심하고 예의 바른 서비스를 높이 평가한다. 하지만 지금까지 이중창을 설치해본 경험이 없어서 이중창 제작이나 설치 과정에 대해 아는 바가 거의 없다.

우선 이중창이 왜 필요한지 설명해주고 *윈드-오* 제품이 어떤 면에서 기술적으로 타사 제품보다 우수한지 설명한다. 시장 매출 순위 5위의 우수 기업이라는 점을 피력할 수 있다. 또한 제품의 가성비와 다양한 종류를 강조할 수 있다. 자사에서는 단계별 서비스를 제공하며 전체 과정이 쉽고 번거롭지 않다는 점을 설명한다. 실제 사용 고객의 후기를 선별, 편집하여 광고에 사용하고 30일 이내에 환불해주는 보증제도가 있음을 통지한다.

마지막으로 온라인에서 견적 요청서를 작성, 제출하도록 권유한다. 광고 페이지 전체에 콜투액션을 고루 사용한다. 광고를 대충 훑어보는 고객을 위해 소제목이나 풀아웃pull-out(광고 카피 일부를 기사 옆으로 끌어내서 큰 글씨로 표시한 것—옮긴이)을 포함시킨다.

브리프에 등장하는 몇 가지 요소는 다른 장에서 더 자세히 살펴볼 것이다. 단계별 구조는 제6장에서 다룰 것이고 콜투액션은 제7장에서 논의할 것이다. 권위(마케팅 포지셔닝)나 사회적 증거(고객의 사용 후기)를 사용하는 설득의 기술은 제12장에서 설명할 것이다.

계획이 디테일할수록
실행은 완벽해진다

광고 카피 작업마다 간단명료한 브리프 한 편이 완성되어야 한다. 때로 광고 카피 하나를 놓고 너무 많은 요구사항을 제시하거나 서로 상충하는 목표를 설정하는 일이 있는데 이런 실수는 아주 흔하게 일어난다. 브리프를 구상하고 수정하다 보면 이런 실수를 미연에 방지할 수 있다.

하지만 브리프 작성이 광고 카피를 만드는 유일한 방법은 아니다. 사실 방법은 수백 가지가 넘는다. 카피라이터마다 프로젝트를 이끌어나가는 방법은 다 다르다. 같은 브리프라도 여러 가지 방법으로 시도해볼 수 있다. 특히 광고나 태그라인 프로젝트라면 시도할 가치가 있다. 그러나 이는 어디까지나 '내용'이 아니라 '방법', 다시 말해 '전략'이 아니라 '실행'에 관한 것이다. 어떤 방식을 사용해도 최종 브리프는 똑같을 가능성도 있다.

앞서 도표에서 볼 수 있듯이, 브리프를 구상하려면 '수렴적' 사고가 필요하다. 간단명료한 계획에 따라 양자택일을 해야 한다. 일단 브리프가 완성되면 그때부터는 '확산적' 사고를 해야 하는데, 브리프에 따라 광고 카피를 작성하는 여러 가지 방법을 최대한 많이 연구하는 것이다. 여기까지 왔다면 제2부로 넘어갈 준비가 됐다.

제2부

광고 카피 작성하기

05

눈길을 사로잡는 한 문장이면 충분하다

광고의 시작과 끝, 강력한 헤드라인 만들기

헤드라인이란
무엇인가?

헤드라인은 광고 카피의 첫 부분에 나오는 짧은 구 또는 문장을 말한다. 잡지 광고나 포스터의 슬로건, 이메일의 제목, 블로그 포스트의 제목, 웹페이지의 큰 제목 등이 여기에 해당한다.

마케팅 헤드라인은 신문이나 잡지의 헤드라인처럼 사람들의 눈길을 사로잡아서 자세한 내용을 읽고 싶다는 생각이 들게 해야 한다. 데이비드 오길비에 따르면, 광고 내용을 읽는 사람보다 헤드라인을 읽는 사람이 다섯 배나 더 많다.[15] 따라서 헤드라인에 충분한 시간을 투자해야 한다. 헤드라인의 성공 여부가 광고 전체의 메시지 전달을 좌우한다고 해도 과언이 아니다. 옥외 광고용 포스터라면 사실 헤드라인이 광고의 전부라고 봐도 좋을 정도다.

헤드라인을 잘 만들기란 결코 쉬운 일이 아니다. 경험이 아주 많은 카피라이터에게도 까다로운 작업이 바로 헤드라인 쓰기다. 그래서 어떤 사람은 광고문 전체를 먼저 완성한 다음, 그에 어울리는 헤드라인을 고민한다. 또한 여러 개의 아이디어를 써놓은 다음 서로 비교해서 가장 나은 헤드라인 하나를 선택하기도 한다.

이번 장에서는 여러 가지 상황에 맞는 헤드라인의 종류들을 살펴볼 것이다. 그리고 제8장에서 좀 더 진취적으로 헤드라인을 구상하는 방안을 살펴보려 한다.

있는 그대로 표현하라

가장 손쉬운 방법은 제품의 이름과 기능, 역할을 언급하는 것이다. '[제품명]은 [행동]에 도움이 되는 [제품에 대한 설명]이다'와 같은 형식으로 만들 수 있다. 다음 예시를 함께 살펴보자.

아마존 대시버튼Amazon Dash Button은 와이파이 연결형 장치로서 버튼을 누르면 자주 구입하는 제품을 손쉽게 재주문할 수 있습니다.

이 방법의 최대 장점은 아주 간단명료하다는 점이다. 리더에게 매우 분명한 제안을 하기에 리더는 광고를 계속 읽을지 말지를 바로 결정할 수 있다. 광고의 효율을 높여줄 뿐만 아니라 숨김이 없고 간단하다는 긍정적 이미지를 남길 수 있다.

이러한 단순한 묘사형 헤드라인은 리더에게 광고 대상을 정확히 알려야 하는 정보성 프로젝트에 적용하기 좋다. 다음 예시를 함께 살펴보자.

기본적인 가정용 도구로 물 새는 배관을 수리하는 방법

프로젝트의 목적에 관계없이 직접적인 묘사는 검색엔진 최적화에 효과적이다. 이렇게 하면 구글 알고리즘이 특정 주제의 검색 결과에 해당 웹페이지를 포함시켜주므로, 고객들은 검색 결과에서 바로 웹페이지를 클릭할 수 있다.

'당신을 위한' 광고라는 점을 알려주어라

헤드라인은 대화를 시작하는 기폭제다. 즉, 리더에게 카피라이터가 말하고 싶은 내용이 무엇인지 알려준다. 대부분의 경우 가장 먼저 이것이 무엇에 관한 광고인지를 리더에게 인지시켜야 한다. 다시 말해 리더는 이것이 자신을 겨냥한 광고인지 판단할 수 있어야 한다. 그렇지 않으면 리더가 금세 다른 곳으로 눈을 돌려버릴 것이므로 헤드라인 이후의 내용을 하나도 전달하지 못하게 된다.

그러므로 자세한 설명이나 묘사가 무엇보다도 중요하다. 이때 명심할 점은 모든 사람의 주의를 끌 필요가 없다는 것이다. 제3장에서 살펴봤듯이 광고의 대상이 되는 특정 리더의 눈길만 사로잡으면 된다. 모든 사람의 눈길을 끌려고 하면 이도 저도 아니게 되고 결국 아무에게도 관심을 받지 못하게 된다.

헤드라인은 나머지 광고 카피의 어조를 결정하는 역할도 한다. 헤드라인이 웃음을 자아내거나 어둡거나 사업적인 분위기를 풍긴다면, 광고 카피의 나머지 부분에도 비슷한 분위기가 이어질 것이다. 광고에서는 무엇을 전달하느냐도 중요하지만 어떻게 전달하느냐도 매우 중요하다.

베이스캠프 홈페이지의 헤드라인과 서브 헤드라인은 구체적이고 주제가 잘 드러난 헤드라인의 대표적인 예다.

> 베이스캠프는 모든 창업주가 겪는 어려운 문제를 해결해드립니다.
> 프로젝트를 관리하고 사내의 모든 직원과 고루 소통할 수 있는 합리적이고
> 안정적이고 조직적인 방법을 알려드립니다.

웹페이지 헤드라인을 보자마자 신생 기업의 관리자나 경영자로서 프로젝트 및 의사소통 관리에 도움이 필요한 사람을 겨냥한 서비스라는 점을 알 수 있다. 이런 도움이 필요한 리더라면 집중해서 웹페이지를 살펴볼 것이고 무관한 사람은 즉시 웹페이지를 닫을 것이다. 그것이 바로 웹페이지에서 원하는 바다.

→ 베이스캠프 웹페이지의 헤드라인은 주제를 명확히 드러낸다.
   (basecamp.com의 허가의 받아 게재함)

이봐요,
여기 당신이 좋아할 만한 것이 있어요

사람들은 어떤 광고를 처음 접할 때 '이게 나랑 무슨 상관이지?'라고 생각한다. 그 순간에는 해당 제품에서 어떤 베네핏을 얻을 수 있는지 제대로 생각하지 않는다. 그보다는 지금 이 광고 자체를 끝까지 봐야 하는지를 먼저 생각한다. 따라서 헤드라인은 책의 첫 표지처럼 '광고를 광고하는 문구'라고 할 수 있다.

리더의 눈길을 확실히 사로잡는 방법은 헤드라인에 베네핏을 확실히 드러내는 것이다. 이를테면 '이봐요, 여기 당신이 좋아할 만한 것이 있어요. 자세히 알려드려도 될까요?'라고 말을 건네는 식이다. 개인적 관심사를 자극하거나 좋은 혜택을 내세울수록 사람들의 관심을 사로잡기가 좋다. 실제로 베네핏을 포함하는 헤드라인은 광고 효과가 매우 높다고 알려져 있다.

특정 리더를 대상으로 제품을 소개하면서 베네핏을 확실히 어필하는 헤드라인을 몇 가지 소개하자면 아래와 같다.

브랜드	헤드라인	광고 대상	제시된 베네핏
스포크런던 Spoke London	활동성 높고 직영 거래로 합리적인 가격과 품질을 보장하는 의류	스타일을 중시하는 20~50대 남성으로 온라인 의류 구매에 거리낌이 없는 고객층	우수한 품질, 편안함, ('공장 직영'이라는 표현에 암시된) 높은 가성비
리버포드 Riverford	농장에서 소비자에게 바로 전달되는 유기농 채소 박스	환경을 중시하며 건강에 관심이 많은 요리사	맛도 좋고 건강에 좋은 음식, 구매 과정이 간편함
마이 피트니스팔 MyFitnessPal **(언더 아머)**	마이피트니스팔로 체중 감량에 성공하세요. 빠르고 쉬운 칼로리 계산 앱	어려움 없이 앱을 사용할 수 있으며 체중 감량에 관심이 있는 사람	건강하고 날씬한 몸매, 손쉬운 사용법
RSPB	야생 동물 서식지를 위한 펀드. 야생 동물이 생존하고 번성할 수 있는 공간을 자연에게 돌려줍시다.	자연과 환경에 관심이 많은 사람	합당한 대의명분을 제공한다, 야생 동물에게 도움을 주었다는 뿌듯함을 느낄 수 있다.
바이트스타트 Bytestart	스타트업과 중소기업의 부가가치세를 설명하는 60초 동영상	부가가치세에 대해 배워야 하는 중소기업 운영자	유용한 지식을 배울 수 있고 시간을 아낄 수 있다.

헤드라인에 너무 많은 베네핏을 언급하는 것은 좋지 않다. 많아도 두 개 정도면 충분하다. 나머지 베네핏은 광고 카피에서 본격적으로 소개하면 된다. 헤드라인과 같이 가장 눈에 잘 띄는 곳에 언급해야 할 정도로 중요한 베네핏이 너무 많아서 어느 것을 선택할지 고민된다면 앞서 예로 든 마이피트니스팔처럼 헤드라인과 서브 헤드라인을 동시에 사용할 수 있다.

바이트스타트처럼 콘텐츠 마케팅 기사의 경우, 베네핏은 광고 자체의 지식, 흥미 또는 오락적 가치에서 발견된다. 바이트스타트의 헤드라인에서는 유용한 정보를 순식간에 찾아준다고 보장하는데, 그 자체로도 강력한 베네핏이지만 특히 스타트업 운영자와 같이 정신없이 바쁜 사업가에게 매우 필요한 기능일 것이다.

호기심과 기억을 자극하라

리더의 흥미를 유지시키는 것도 카피라이팅에서 매우 중요한 사안이다. 사실 카피라이터가 '유일하게' 해야 할 일은 사람들이 광고를 끝까지 보게 만드는 것이라고 해도 과언이 아니다. 광고를 끝까지 보게 만들었다면 당신은 카피라이터로서의 소임을 다한 것이다.

이미 언급했듯 베네핏을 앞세우는 것은 효과가 입증된 확실한 방법이다. 하지만 이 방법이 전부는 아니다. 리더의 호기심을 간접적으로 슬쩍 건드리는 문구를 시도해볼 수도 있다. 우선 리더의 '눈길'을 끈 다음에 더 많은 세부 사항을 제시하는 방식으로, 헤드라인에서는 제품만 언급하고 나중에 베네핏을 차차 공개한다.

남은 배터리 10퍼센트

화요일 아침이었다. 정말이지 그 순간에는 배터리가 저렇게 부족하다는 메시지를 보고 싶지 않았다. 그때 나는 중요한 회의에 가는 길이었고 이메일로 제안서를 마무리하고 있었다. 배터리 부족으로 휴대전화가 꺼졌다면 거래 성사를 고대하던 희망도 일순간 모두 물거품이 될 뻔했다.

'폰징'phonezing 휴대용 배터리팩을 미리 알았더라면 얼마나 좋았을까. 내 서류 가방에 그걸 하나 넣어두었더라면 배터리 걱정 없이 이메일을 마음껏 보낼 수 있었을 텐데 정말 아쉽다.

이런 광고는 장기적인 관심을 얻을 목적으로 단기적인 관련성을 제시하여 호기심을 자극하는 방식을 취하고 있다. '남은 배터리 10퍼센트'라는 문구는 제품에 대해 아무런 정보도 제공해주지 않는다. 하지만 많은 사람이 한 번쯤 겪었을 난감한 상황을 떠올리게 한다. 이 문구가 사람들의 기억을 자극하기만 한다면 그들은 이어지는 광고 카피를 자세히 들여다볼 것이다. 그러면 '출근길에 휴대전화를 충전하세요'와 같이 직접적인 베네핏을 간단히 소개하는 광고 카피보다 더 큰 효과를 얻을 수 있다.

질문에
대답하게 만들어라

헤드라인을 질문 형식으로 만들어도 효과가 있을까? 물론이다. 카피라이터가 의도한 대로 리더가 반응하기만 한다면 말이다.

가장 단순한 방법은 '예' 또는 '아니오'라고 답할 수 있는 유도 질문을 사용하는 것이다.

주택 보험료를 조금이라도 줄이고 싶지 않으세요?

이런 질문에 어떤 대답이 나올지 너무 뻔하다고 생각되는가? 하지만 '주택 보험료를 줄여드립니다'라고 직접적으로 이야기하는 것보다 좀 더 편안하게 다가갈 수 있다. 리더가 마음속으로 '그러면 좋지'라고 생각하는 것도 수동적으로 인정하는 것보다 능동적으로 동의하는 것에 가까우므로 더 효과적이다.

그다음 단계는 리더의 감정에 좀 더 영향을 주는 것이다. 일례로 클린홈Cleanhome 광고에서는 다음과 같은 일련의 질문을 사용한다.

집안일이 너무 지치고 힘드시죠?

시간이 너무 오래 걸리나요?

너무 피곤해서 청소할 엄두가 안 나죠?

집안일 대신 가족이나 친구와 함께 시간을 보낼 수 있다면 얼마나 좋을까요?

이런 질문을 사용하면 제3장에서 살펴본 것처럼 리더의 개인적 상황이 어떠한지, 그 상황에 대해 어떻게 생각하는지, 무엇을 바꾸고 싶어 하는지 알 수 있다. 이전 페이지의 질문은 꽤 논리적인 순서로 배열되어 있다. 집안일이 잔뜩 밀려 있는 현재 상황에서 출발하여, 몸과 마음이 피곤해지는 결과를 보여준 다음, 제품을 사용할 때 얻게 되는 놀라운 베네핏, 즉 질 높은 여유 시간을 얻게 된다는 점을 강조한다.

그렇지만 이 방법을 과신해서는 안 된다. 질문은 상대방의 방어 기제를 자극할 수 있으며 생각을 강요하는 측면이 있기 때문이다. 질문 목록이 너무 길어지면 리더는 생각하기 귀찮다고 느낄지도 모른다. 만약 질문이 제대로 답변하기 어려운 질문이라면 난감해할지도 모른다. 질문을 연속적으로 퍼붓기보다는 리더에게 전달해야 할 핵심을 빨리 공개하는 편이 낫다.

그렇지만 어떤 질문은 리더에게 자신을 돌아보며 심도 깊게 생각하도록 유도하기도 한다. 신경언어학 프로그래밍에서는 이를 '메타모형 질문'meta-model question이라고 한다. '예/아니요'로 대답하기보다는 '무엇'이나 '어떻게'로 시작하는 질문으로서 상대방이 깊이 생각한 후에 자신의 말로 풀어서 대답하게 만드는 것이 특징이다.

일례로 영국 우정사업본부는 다음과 같은 질문을 사용하여 시민들이 우편 서비스 활용 방안을 생각해보도록 유도한다.

당신이라면 우편으로 무엇을 보내시겠습니까?

다음의 광고 카피는 팜푸드Farmfoods(영국의 대형마트 체인—옮긴이)의 헤드라인인데, 우정사업본부와 비슷한 취지의 질문을 사용하면서도 저렴한 가격이라는 베네핏까지 제시하고 있다.

당신이라면 여기서 아낀 비용으로 무엇을 하시겠습니까?

이런 식의 질문은 리더가 자신의 미래에 대해 생각하게 만든다. 그러고 나서 광고하는 제품을 사용하는 것이 지금 생각해본 미래를 실현하는 첫걸음이라는 점을 보여주면 된다.

그렇지만 모든 질문이 이렇게 효과적이지는 않다. 일례로 '~하지 않을래요?'와 같은 질문은 의도치 않은 문제를 일으킬 수 있다.

이번에 새로 나온 합리적인 가격의 런치 메뉴를 먹어보지 않을래요?

물론 런치 메뉴의 베네핏은 명백하다. 가격이 투명하고 가성비도 좋아 보인다. 하지만 '~하지 않을래요?'라고 질문하면 리더는 그 행동을 하지 않을 '핑계'부터 떠올리게 된다. 이를테면 '그 식당에서는 한 번도 안 먹어봤어'라든가 '내 마음에 안 드는 메뉴일 것 같아'라고 생각할 수 있다. 질문처럼 생겼지만 실제로 리더에게 대답을 기대하지 않는 문장이다. 따라서 '~하지 않을래요?'보다는 직접적인 명령문의 형태로 제시하는 편이 더 낫다.

마지막으로 수사적 질문이 남아 있다. 블랙 매직Black Magic(1930년대에 출시된 영국의 초콜릿 브랜드― 옮긴이)의 유명한 1970년대 슬로건도 바로 수사적 질문이었다.

블랙 매직 박스의 비밀을 과연 누가 알까요?

물론 이 질문은 굳이 대답할 필요가 없다. '과연 누가 알까요?'라는 표현에는 '아무도 모른다'라는 의미가 숨어 있다. 이런 질문은 신비로운 느낌을 주어서 제품에 대한 호기심을 자극한다. 하지만 이런 질문에 흥미를 느끼지 못하는 리더라면 '그래서 뭐?'라고 시큰둥한 반응을 보일 것이다.

'명분과 이유'를 설명하라

어떤 제품을 팔기 전에 관련 사항을 설명해주는 것도 리더의 관심을 끌 수 있는 효과적인 방법 중 하나다. 우선 헤드라인에서 흥미를 자극하거나 유용한 점을 공개하고, 광고 내용에서 자세한 내용을 설명할 수 있다.

'이유'는 단순한 정보를 제공하는 데 그치지 않고 수준 높은 통찰력을 갖게 해줌으로써 광고 효과를 높여준다. 리더가 단순한 사실을 무성의하게 넘겨받은 것이 아니라 수준 높은 이해를 얻게 되리라는 기대감을 품게 되기 때문이다.

지금 사무실에 있는 서버가 곧 고물로 전락하는 이유

지금 사용 중인 서버가 사무실 네트워크에서 가장 중요한 부분이라고 생각하실지 모릅니다. 하지만 요즘 서버를 완전히 제거하는 기업들이 늘어나는 추세입니다. 주요 데이터를 클라우드로 옮기면 보다 안전하게 자료를 관리할 수 있고 따로 하드웨어를 관리하는 비용이나 번거로움 없이 데이터에 편리하게 접속할 수 있습니다.

위의 카피를 읽다 보면 짧은 드라마를 상상해볼 수 있다. 현실에서는 사내에 서버를 직접 설치해두고 사용하는 경우가 많다. 그래서 아직은 서버가 '고물로 전락'하는 상황을 상상하기 어렵다. 그런데도 광고 카피는 약간의 과장을 사용하여 리더의 관심을 사로잡았다. 그렇게 하지 않았다면 서버에 대한 광고 카피를 봤을 때 바로 흥미를 느끼지 못했을 것이다.

'새로운 것'에 끌리는 것은 인간의 본능

새로운 사실을 알려주는 뉴스 헤드라인은 리더가 지금까지 얻지 못한 정보나 베네핏을 보장해준다. 그래서 '관심 없어요'라든가 '필요 없어요'라는 리더의 반응에도 크게 동요하지 않을 수 있다. 만약 광고 카피에서 약속하는 정보가 정말로 새로운 사실이라면, 리더는 자신에게 필요치 않다고 단정하기 전에 좀 더 알아보려는 마음을 가질 것이다.

사람은 누구나 새로운 것에 호기심을 느끼기 마련이다. 리더가 이미 가지고 있는 것에 완벽하게 만족하는 스타일이 아니라면 새로운 것에 더 흥미를 가질 게 당연하다. 남의 떡이 더 커 보인다는 말처럼 이미 가진 것에 완벽하게 만족하는 사람은 거의 없다. 게다가 새로움은 일종의 진보를 의미하기에, 그 제품에 대해 이미 잘 알고 있는 리더라도 그가 모르는 또 다른 베네핏을 제공하리라 생각하게 된다. 설령 그 베네핏이 미미한 개선에 불과하더라도 말이다.

참신함을 강조하기 위해 '신제품', '지금', '소개', '발견', '좀 더 알아보세요'와 같은 표현을 사용할 수 있다.

> 이제 새로운 방식에 따라 굳이 쇼룸까지 가지 않고도 차를 구입할 수 있습니다.

이때 제대로 된 효과를 보려면 리더에게 전달할 만한 진짜 뉴스가 있어야 한다. 예를 들어 '효과가 개선된 새로 나온' 가루형 세제를 샀다고 생각해보자. 그런데 예전 세제보다 어떤 점이 나은지 막상 설명하기가 어려운 상태라면 어떨까? 새로운 소식이 눈에 확연히 드러나는 차이를 보여주는 종류가 아니라면, 리더가 실망하지 않도록 해당 베네핏을 잘 포장하는 방법을 고민해야 할 것이다.

'저스트 두 잇'이 성공할 수 있었던 이유

명령문 사용을 주저할 필요는 없다. 리더에게 그냥 어떤 일을 해보라고 단도직입적으로 권하면 된다. 원하는 목표를 광고 카피에 곧바로 언급하는 것이다. 이것저것 따지지 말고 당장 해보라.

명령어의 힘은 생각보다 매우 크다. 제복을 입는 단체나 회사를 다니는 게 아니라면 우리가 일상생활에서 단도직입적으로 명령을 받는 일이 흔치 않기 때문에 명령문은 사람들의 시선을 사로잡는 힘이 있다.

광고에서 명령문은 주로 콜투액션(제8장 참조)에서 사용된다. 하지만 헤드라인에서도 이 방법을 얼마든지 활용할 수 있는데, 때론 명령문이 베네핏을 설명하는 것과 비슷한 효과를 내기도 한다. 예를 들어 벨로이Bellroy는 소형 지갑 광고에서 다음과 같은 헤드라인을 사용한다.

→ 벨로이는 단순, 명확한 지시문을 사용한다.
　(벨로이의 허가를 받아 게재함)

지갑을 더 슬림하게

이 광고 카피는 지갑을 써보라는 것 외에는 어떠한 행동도 요구하지 않는다. 리더에게 전달되는 메시지는 '우리 제품을 구매하면 지갑이 더 슬림해질 겁니다'라는 것이다. 이것만으로도 충분히 강렬한데, 이를 고작 세 단어로만 표현했다는 점도 주목할 만하다.

강한 어조의 명령문은 나아가 영감을 주는 효과가 있다. 나이키의 저 유명한 슬로건이 고객들에게 더 잘해내고, 더 많이 성취하도록 도전의식을 북돋우듯이 말이다.

저스트 두 잇. Just do it

명령문이라고 해서 항상 강한 어조를 띠지는 않는다. 사람들이 이미 좋아하는 일을 권하는 경우라면 명령문을 사용해도 전혀 문제가 없다. 네슬레 Nestle의 킷캣 광고 카피가 대표적인 사례다.

해브 어 브레이크, 해브 어 킷캣! Have a break, have a KitKat (잠깐 쉬면서 킷캣을 먹으라는 뜻이다. 반복되는 표현에서 리듬감이 생겨서 기억하기 쉽다.─옮긴이)

다소 추상적인 내용을 다루거나 특정한 마음 상태를 갖도록 권유하는 경우에도 부드러운 어조의 명령문을 사용할 수 있다.

돈 걱정을 하지 않아도 되는 편안한 삶을 상상해보세요.

헤드라인 분석하기

신문, 텔레비전, 버스 광고 등에서 보이는 헤드라인을 눈여겨보면서 다음과 같은 점을 분석한다.

헤드라인은 누구를 겨냥한 광고인지 명확히 드러내주고 있는가? 그 점을 어떻게 판단할 수 있는가? 헤드라인은 효과적인가? 헤드라인은 리더에게 어떤 반응을 끌어내려 하는가? 베네핏을 제시하는가? 어떤 방식으로 그 베네핏을 표현하고 있는가?

06

홀린 듯 끝까지 읽게 되는 카피의 비밀

광고 카피 구조화하기

아이디어 구성에도
순서가 있다

지금까지 살펴본 것처럼 우리는 리더가 광고 카피를 끝까지 다 읽도록 유도해야 한다. 그러려면 적절한 내용을 제시하는 것도 중요하지만 제시하는 순서에도 신경을 써야 한다. 구조화가 잘된 내용은 명확하고 논리적으로 느껴지며 불필요한 오해를 일으키지 않는다. 또한 광고를 읽는 경험을 유쾌하고 편안하게 만들어주기 때문에 광고 내용을 오래 기억하고 그에 따라 행동할 가능성이 크다.

이번 장에서는 광고 카피를 구조화하는 몇 가지 방법을 살펴볼 것이다. 지금 당장 광고 카피를 써보고 싶은 마음이 굴뚝같겠지만 계획을 먼저 세워야 비교적 적은 시간을 투자하여 더 나은 결과를 얻을 수 있으니 이번 장의 내용을 잘 숙지하길 바란다. 자신의 프로젝트에 맞는 방법 하나를 선택해도 좋고, 섹션별로 적절한 방법을 골라서 사용해도 좋다. 후자의 경우라면 결과적으로 하나의 프로젝트에 여러 개의 방법이 사용될 것이다.

구조화를 위한 첫 번째 단계는 카피라이팅에서 고려해야 할 중요한 아이디어를 모두 적어보는 것이다. 이 아이디어 하나하나가 최종 광고 카피에서 하나의 문단을 차지할 수도 있다. 메모장이나 노트에 필기하거나 문서 파일로 만들어도 좋다. 일단 필요한 내용을 다 적은 후에는 여러 가지 방법으로 배열하여 가장 논리적으로 보이는 순서를 찾아야 한다.

제5장에 나왔던 '윈드-오' 브리프를 잠깐 다시 떠올려보자. 자기 집을 가지고 있는 사람을 대상으로 이중창을 홍보하는 랜딩 페이지 작업을 한다면 다음과 같이 계획할 수 있다.

- 헤드라인: 비용을 투자할 가치가 충분한 집 수리 방안을 알려드립니다.
- 오프닝: 과대광고 기업의 창문을 구매했다가 크게 후회한 H 부부의 경험
- H 부부의 새로운 선택이 옳았다고 말할 수 있는 이유: 이중창을 설치하면 주택 매매 시 그만큼 돈을 더 받을 수 있다(이 주장을 뒷받침할 수치나 사실 관계를 제시한다).
- 다른 베네핏: 외관, 방음, 에너지 효율

- 과대광고 기업을 조심해야 하는 이유
- 좋은 이중창 회사를 가려내는 방법
- *윈드-오*가 모든 면에서 우수한 이유: 우수한 제품, 다수의 시공 경험(시공 횟수 제시), 확실한 서비스
- 고객 후기
- *윈드-오*에 연락한 고객이 받는 서비스: 설문조사, 견적서 작성, 제품 선택, 설치 및 사후 서비스 등이 단계별로 제공됨
- 특별 제안
- 콜투액션: 견적서 양식을 작성하도록 권유한다.

위 계획에는 이번 장에서 살펴볼 몇 가지 기법이 반영되어 있다. 이를테면 이야기로 광고를 시작하는 것, AIDA 구조에 따른 고객 여정(이에 대해서는 뒤에서 자세히 설명할 예정이다), 문제를 보여주고 해결책을 제시하는 것, 정보 제공 및 단계별 과정 진행 등을 꼽을 수 있다.

계획을 설립할 때는 계획에만 집중한다. 계획서에 사용한 표현이 광고 카피에 그대로 사용된다고 생각할 필요는 없다. 광고에 사용할 만한 특정 단어나 표현이 생각난다면 얼른 다른 종이에 적어두고 다시 계획 작성으로 돌아가라. 이 단계에서는 구체적인 표현보다는 여러 가지 아이디어를 정리하고 그 순서를 정하는 것이 가장 중요하다.

언제나 시작은 강렬하게

오프닝은 광고에서 헤드라인 다음으로 중요하며 헤드라인만큼 작업하기 어려운 부분이다. 리더의 마음을 사로잡아서 광고 카피를 끝까지 읽게 만들어야 하며 헤드라인에서 약속한 내용을 충분히 설명하고 이해시켜야 한다. 몇 가지 방법을 제안하자면 다음과 같다.

헤드라인에 질문을 사용하지 않았다면(제5장의 '질문에 대답하게 만들어라' 참조) 시작 문구에 활용할 수 있다.

> 귀사의 발전을 방해하는 요소는 무엇입니까? 수많은 서비스 업체가 고객을 놓치지 않으려고 노력합니다. 이것이 승패를 좌우하니까요.

이야기로 시작하는 것도 좋은 방법이다. 리더가 이야기의 결말을 알고 싶어서 광고를 끝까지 읽게 되기 때문이다.

> 짐은 스프레드시트를 직접 보면서도 자기 눈을 의심했습니다. 어떻게 그 짧은 사이에 이렇게나 많은 고객이 사라진 걸까요? 이 자료를 그대로 상사에게 보여주면 안 될 것 같습니다. 이 자료를 보고하면서 대책을 함께 제시해야 합니다.

위의 예시처럼 이야기의 중간부터 시작하면 극적인 느낌을 배가시킬 수 있다. 짐과 관련된 배경 지식, 이를테면 그의 직책이 무엇인지, 어떤 회사에 다니는지를 먼저 이야기했다면 리더는 아마 크게 흥미를 느끼지 못했을 것이다. 리더를 이야기의 깊은 곳으로 몰아넣을수록 몰입감은 더 높아지는 법이다. 이러한 스토리텔링 기법은 제10장에서 더 자세히 살펴볼 것이다.

또 다른 방법으로는 '~라면 ~해보세요'와 같은 형식을 사용하여 리더의 상황에 대해 논리적인 해결책을 제시하는 것이다.

> 사업이 하루가 다르게 급성장한다면, 고객의 재구매를 유도하는 확실한 방법을 찾아야 합니다.

그런가 하면 비유를 사용해서 사람들의 눈길을 확실히 사로잡는 이미지를 만들 수 있다.

> 구멍 난 물통에는 물을 가득 채울 수 없습니다. 하지만 많은 사업가가 그런 실수를 저지릅니다. 기존 고객을 유지할 방법은 제대로 생각하지 않고 수익을 늘리려 하기 때문이죠.

비유의 사용은 제8장에서, 구체적인 표현이나 주변에서 흔히 볼 수 있는 요소들을 활용하는 방법은 제10장에서 더 자세히 살펴볼 예정이다.

또 다른 방법으로는 리더가 이미 잘 아는 것을 떠올리게 한 다음, 실용적이거나 쓸모 있는 정보와 이를 연결하는 방식이 있다.

신규 고객을 유치하는 것보다 기존 고객에게 한 번 더 판매하는 게 훨씬 쉽죠. 그렇다면 어떻게 해야 고객들과 오랫동안 거래할 수 있을까요?

리더의 신뢰를 무너뜨리는 행동은 절대로 삼가야 하며 그들의 신뢰를 잘 활용해야 한다는 점은 이미 앞에서 언급한 바 있다. 그렇지만 리더를 약간 놀라게 하는 표현은 나쁘지 않다. 조지 오웰의 《1984》에는 이런 문구가 있다.

맑고 쌀쌀한 4월의 어느 날, 시계는 13시를 가리켰다.

위 문구에는 말이 되는 부분도 있고, 의문을 일으키는 표현도 있다. 앞부분은 대다수 독자에게 친숙한 상황을 떠올리게 하므로 흡입력이 있다. 그러나 뒷부분은 읽는 사람의 고개를 갸우뚱하게 만들며, 이런 말을 하게 된 이유를 알고 싶은 마음이 들게 한다.

이와 비슷하게 광고 카피에서도 리더의 상황에 대해 언급하되 뭔가 예상치 못한 표현을 슬쩍 집어넣을 수 있다. 이렇게 하면 리더는 광고에 자신은 모르는 뭔가 가치 있는 정보가 숨겨져 있다고 생각하게 된다. 예를 들면 다음과 같다.

고객을 놓치지 않는 최고의 비결은 서비스와 무관하며 가격도 아닙니다.

그래서 베네핏이 뭔데요?

헤드라인을 쓸 때와 마찬가지로 처음에 와야 할 내용을 나중에 언급하고 이야기를 중간부터 시작하면 쉽게 광고 카피를 완성할 수 있다.

가장 먼저 광고 카피의 핵심을 분명히 정해두어야 한다. 대부분의 경우에서 광고 카피의 핵심은 제품의 베네핏에 대한 내용이 핵심을 차지한다. 사실 많은 카피라이터가 머릿속에 떠오르는 문구나 세부 사항이 너무 많아서 일단 적어야만 마음이 편해지곤 한다. 이때 순서는 중요하지 않다. 하나도 빠트리지 않고 잘 적어두기만 하면 된다.

그런 다음 헤드라인을 만들어본다. 헤드라인을 출발점으로 삼아서 제품의 베네핏까지 어떤 흐름으로 이야기를 전개할지 고민한다. 마지

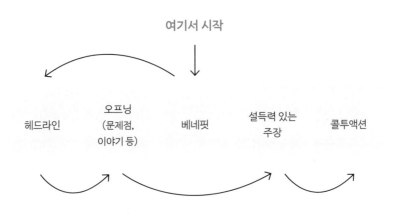

→ 이야기를 중간부터 시작하라.

막으로 설득력이 강한 표현 몇 가지를 만들어서 콜투액션과 연결한다 (이 부분은 제12장에서 다시 다룰 것이다).

만약 이야기를 중간부터 시작할 때 이 방법이 효과적이라는 확신이 들지 않는다면 일단 표시해두고 나중에 다듬어도 된다.

카피 작성의 기본 틀, AIDA 공식

'카피라이팅 공식'이라고 해서 구글에 검색을 하면 저마다 영문 첫 글자를 따 멋진 이름을 지은 수백 개가 넘는 카피라이팅 공식들을 찾아볼 수 있다. 나는 모든 작업에 맞는 만능 도구란 존재하지 않는다고 생각하지만 그렇다고 해서 그런 공식을 아예 무시하는 것도 그다지 현명한 처사는 아니다. 그런 공식은 모든 광고 카피에 꼭 들어가야 할 문구가 무엇인지 알려주고 기본적인 틀을 마련해주어 당신이 한결 편하게 작업을 시작하도록 도움을 주기 때문이다.

AIDA 공식은 광고 분야에서 가장 기본적이고 유명한 것으로, 주목 Attention, 관심Interest, 욕구Desire, 행동Action의 첫 글자를 모은 것이다. 여러 카피라이팅 공식이 존재하지만 사실상 대부분이 AIDA 공식과 비슷하거나 이를 약간 확대한 수준이다. 그렇다면 이제부터 광고 카피 작업에 이 공식을 어떻게 적용하는지 함께 살펴보자.

주목	• 리더의 관심을 사로잡아서 광고를 끝까지 읽게 만드는 헤드라인을 작성한다(제5장 참조). • 리더가 자신을 겨냥한 광고라는 것을 알아보게 만든다. • 베네핏이나 문제 해결 방안을 제시한다. • 창의적인 개념을 사용하여 관심을 더욱 키운다(제8장 참조).
관심	• 제품 및 기능을 소개한다. • 리더의 입장에서 그들이 처한 상황이나 그들이 직면한 문제를 바라보면서 이 제품이 어떻게 도움이 되는지 알려준다(제10장 참조). • 제품이나 제품의 기능에 관해 리더가 알아야 할 정보를 제시한다(제6장 참조). • 이야기를 들려준다. 제품이 만들어진 과정, 사용자가 제품을 통해 도움을 얻은 사례 등을 언급할 수 있다(제10장 참조).
욕구	• 베네핏을 더 자세히 설명해서 리더가 제품을 갖고 싶게 만든다(제2장 참조). • 제품을 사용하는 경험을 유도한다(제10장 참조). • 설득 기법을 사용하여 베네핏을 더욱 부각한다(제12장 참조). • 추천글, 사례 연구, 리뷰와 같은 사회적 증거를 사용해서 다른 사람이 이미 이 제품을 사용하면서 베네핏을 누리고 있다는 점을 보여준다(제12장 참조).
행동	• 주요 베네핏을 요약하거나 창의적인 주제로 돌아간다. • 설득 기법을 사용하여 장애물을 없애고, 이의를 극복하고, 리더에게 행동을 취해도 괜찮다는 점을 이해시킨다(제12장 참조). 또는 '행동하지 않을 때' 어떤 불리한 결과가 있는지 알려준다. • 리더에게 강력하고 명료한 콜투액션을 제시한다(제7장 참조).

한 가지 당부하고 싶은 점은 쓰려는 광고 카피에 여기에서 제안하는 '모든 방법'을 시도하지는 말라는 것이다. 이 책을 식당 메뉴판이라고 생각하면 쉽다. 각자의 카피라이팅 프로젝트에 따라 적절한 메뉴를 선택하길 바란다. 또 공식에 너무 얽매일 필요도 없다. 일례로 '관심'과

'욕구'는 딱 잘라서 구분하기 힘들 때가 많다. 공식을 참고하되 자연스러운 광고 카피를 만들어야 한다.

AIDA 공식은 하나의 독립된 광고 카피를 완성하는 데 적합하다. 이를테면 전혀 관심이 없는 리더를 설득해서 구매하게 만드는 랜딩 페이지나 세일즈 레터가 여기에 해당한다. 물론 대규모 프로젝트에도 꽤 유용하다. 아래에 도표로 정리한 AIDA 구조에 따른 B2B 기업의 온라인 고객 여정을 살펴보자. 이 회사는 정보보호법이 시행된 후에도 기업들이 본업에 충실하도록 도와주겠다고 약속한다. 첫 번째로 링크드인 광고는 새로 시행되는 법을 적용할 준비가 되어 있느냐는 질문으로 리더

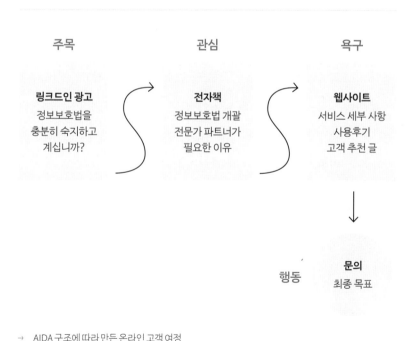

→ AIDA 구조에 따라 만든 온라인 고객 여정

의 관심을 이끈다. 광고를 클릭하면 해당 문제를 가진 기업을 대상으로 만들어진 전자책을 보고 관심이 더욱 커지며, 결국 해당 웹사이트로 이동하게 된다. 웹사이트에서는 서비스 페이지, 사용후기, 고객의 추천글을 살펴보면서 기업에 대한 확신이 생겨서 서비스를 신청하게 된다.

문제를 보여주고 해결책을 제시하라

절대 실패하지 않는 광고 기법 중 하나는 제품을 어떤 문제에 대한 해결책으로 소개하는 것이다.

우선 리더를 힘들게 하는 문제로 광고 카피를 시작한다. 단순 명확하게 하려면 한 번에 하나의 문제점만 다루는 것이 좋다. 헤드라인에 문제를 제시하고 해결책을 살짝 언급해도 좋다. 그다음에 광고 문안body에서 문제를 심층적으로 파고든 다음에 광고 제품이 어떻게 이를 해결해주는지 제시한다. 다시 말해 강조하려던 베네핏을 리더가 처한 상황과 결합하여 '변화가 필요한 대상'으로 만드는 것이다.

클라우드 저장 플랫폼 서비스인 드롭박스의 이메일 예시를 함께 살펴보자.

이메일에 첨부 파일이 쏟아져 들어오는 정신 없는 업무 환경을 좋아할 사람은 아무도 없죠. 반대로 고객이 이메일을 확인했는지 기다리는 것도 힘든 일입니다. 이런 문제는 스트레스가 될 뿐만 아니라 업무 효율에도 직접적인 영향을 줍니다.

그래서 오늘 드롭박스 쇼케이스Dropbox Showcase를 소개해드립니다. 드롭박스 전문가 버전에서 제공하는 서비스입니다. 쇼케이스를 사용하면 하나의 업무 전용 브랜드 페이지에서 모든 업무를 처리하실 수 있습니다.

이 광고는 디자이너를 비롯하여 창의적인 작업을 하는 사람들을 겨냥한 것으로, 정리되지 않은 업무 흐름이라는 특정한 문제를 파고든 다음 해결책을 제시하는 순서로 구성되어 있다.

예시에서 볼 수 있듯이 '문제를 들쑤시는' 방식은 꽤나 효과적이다. 해결책을 제시하기 전에 우선 문제가 상당히 심각한 상태라는 것을 보여주거나 리더가 미처 생각해보지 못한 점이 있음을 강조할 수 있다. 위의 광고에서는 '업무에 직접적인 영향'을 준다고 지적한다. 그러고 나서 해결책을 설명할 때도 리더가 행동을 취하지 않으면 어떤 결과가 발생하는지 언급하고, 문제를 그대로 내버려둘 때 발생하는 위험을 지적해서 경각심을 자극한다.

다음과 같이 해당 상황을 이미 겪은 경험자의 입장에서 이야기하면 리더를 더욱 몰입시킬 수 있다.

사업을 처음 시작할 때 알았더라면 좋았을 한 가지 사실
당신처럼 저도 사업 초반에는 매우 바쁘고 정신이 없었습니다. 모든 사람이 사업 운영에 대해 이런저런 조언을 해주더군요. 회사를 차리는 방법, 회사 부지나 건물을 고르는 요령, 웹사이트를 만들 때 주의할 점 같은 것 말입니다. 하지만 그때 제게 정말 필요한 조언은 그게 아니었어요. 어떻게 수준 높

은 리드lead(잠재 고객—옮긴이)나 리퍼럴referral(가족이나 친구, 지인 등의 추천인—옮긴이)을 생성하느냐가 관건이었죠. 그래야 사업을 빨리 확장할 수 있으니까요.

이 방법을 쓰려면 화자의 신뢰도 확보가 관건이다. 리더가 실제 경험자의 의견이라고 생각하게 만들어야 하기 때문이다. 그래서 장문으로 된 세일즈 레터나 랜딩 페이지에 이 방법이 종종 사용되는데 보통 '경험자의 이야기를 들어보세요'와 같은 별도로 마련된 섹션에서 이 같은 글을 찾아볼 수 있다.

돈 쓰기 전에
우리의 머릿속에서 벌어지는 일들

당신이 결혼을 했다고 생각해보자. 아침 7시인데 당신과 배우자는 여전히 이불 속이다. 당신은 배우자를 향해 돌아누우면서 이렇게 말한다. "애들 키우는 게 정말 바쁘다 보니 집안일은 누가 도와줘도 도무지 끝이 안 나." 표정을 찌푸리는 배우자를 못 본 체하며 당신은 계속 이렇게 말한다. "방금 만든 따뜻한 차를 침대까지 가져다주면 그게 최고의 아침일 거야." 상대방은 그 말에 더 짜증을 낸다. 이를 눈치 챈 당신은 얼른 말을 돌린다. "그러니까 내 말은 지금 당장 당신이 마실 따뜻한 차를 만들어서 갖다 주겠다는 뜻이지."

이 이야기에서 배우자가 당신에게 짜증을 낸 이유는 무엇일까? 위 상황을 광고 카피로 보고, 배우자를 리더에 대입해서 생각하면 답은 쉽게 나온다. 리더에게 그들이 이미 잘 알고 있거나 굳이 알 필요가 없는 내용을 말해주었기 때문이다. 애들을 돌보느라 바쁘다거나 따뜻한 차 한잔을 마시면 기분이 좋다거나 하는 이야기는 굳이 안 해도 될 말이다. 그냥 내가 금방 나가서 차를 만들어 오겠다고만 말해도 된다. 다른 말은 전부 시간 낭비에 지나지 않는다.

이 책의 맨 앞에서 언급했듯이 건너야 할 다리와 관련하여 리더가 서 있는 지점은 사람마다 조금씩 다르다. 이미 한 발을 다리 위로 내디딘 사람이 있는가 하면 어떤 사람은 다리가 있는지조차 모른다. 따라서 리더가 지금 어느 정도 아는지, 구매 결정을 내리기 전에 무엇을 알아야 하는지 파악한 다음, 그에 따라 광고 카피를 조절해야 한다.

유진 슈워츠Eugene Schwartz의 《획기적인 광고》Breakthrough Advertising에서는 리더가 제품을 구매하기까지 총 다섯 번의 인지 단계를 거친다고 말한다.[16] 다음 페이지의 도표가 잘 보여주듯이 광고 카피는 각 단계에 맞게 조절해야 한다.

주변 상황이 달라지거나 전면적으로 리뉴얼된 제품이 출시되면 리더는 정보를 '전혀 모르는 상태'가 된다. 예를 들어 세무 당국이 기업 경비에 대한 규칙을 개정하면서 많은 사람이 이에 영향을 받게 되었다고 해보자. 이때 개정된 규칙을 적용하도록 도와주겠다는 세무 서비스 광고를 만들 수 있다. 그런데 리더가 규칙이 개정되었다는 사실조차 모른다면 어떨까? 애초에 이런 서비스가 왜 존재하는지 이해하지 못할 것이다. 이런 경우에는 다음 예시처럼 서비스의 베네핏을 내세우기보다는 문제 상황을 먼저 인지하도록 도와주어야 한다.

EH36 개정안이 시행되면 장부 관리 방식이 지금과 달라지게 됩니다. 당신은 준비되어 있습니까?

2018년 4월 1일부터 기업 경비의 장부 기록에 관한 규칙이 개정됩니다.

대부분의 광고 카피는 '문제 인지', '해결책 인지', '제품 인지' 중 하나를 목적으로 삼는다. '문제 인지' 또는 '해결책 인지' 단계의 리더를 겨냥한 광고 카피는 문제와 해결책을 나란히 제시한다. 앞에서 살펴본 것처럼 리더의 상황을 언급하고 공감해준 다음, 어떻게 하면 상황이 개선되는지 알려준다.

'문제 인지' 단계의 리더를 겨냥한 광고 카피를 작성할 때 주의할 점이 있다. 일반적인 해결책을 논하는 데 너무 시간을 많이 할애하면 정작 광고 제품은 간단히 언급하고 넘어가게 될 우려가 있다. 그러므로 리더가 자신의 문제에 해결책이 존재한다는 점을 인지한 뒤 즉시 '구체적인 해결책'인 당신의 광고 제품을 선택하도록 유도해야 한다. 제품 판매 시도를 하지 않고 리더의 관심만 자극한 채 끝내면 경쟁업체에게 고객을 소개해주는 꼴이 되어버리고 만다.

리더가 '제품 인지' 단계에 진입하면 제품을 구매하도록 설득하는 데 주력해야 한다. 제10장에서 소개할 방법을 동원해서 제품을 미리 사용해보도록 도와주거나 제12장의 설득 기법을 사용할 수 있다.

'최대 인지'Most aware 단계에 오면 광고 카피의 역할은 별로 크지 않다. 이제는 리더에게 무엇을 할지 알려주고, 구매 절차가 빠르고 쉽다는 것만 보여주면 된다. 보증사항이나 반품에 관련된 사항을 알려주고 추천 글을 통해 제품이나 브랜드의 가치를 확인시켜주는 것도 이 단계

리더의 인지 단계	광고 카피의 역할				
	문제를 설명한다.	문제를 리더가 처한 상황과 연결한다.	제품을 해결책으로 제시한다.	리더가 제품을 선택하도록 설득한다.	콜투액션
전혀 모르는 상태 리더는 제품에 대해 전혀 들어본 적이 없거나 제품 의 기능을 알지 못한다. 또는 이 제 품으로 어떤 문제 를 해결할 수 있는 지 모르는 상태다.	●	●	●	●	●
문제 인지 리더는 자신에게 문제가 있다는 것 을 알지만 해결책 이 존재한다는 점은 알지 못한다.		●	●	●	●
해결책 인지 리더는 자신이 가 진 문제가 해결 가 능하다는 것을 알 지만 이 제품이 바 로 그 해결책이라 는 사실은 모른다.			●	●	●
제품 인지 리더는 제품에 대 해 알게 되었으나 구매하려는 확신 이 없는 상태다.				●	●

최대 인지 리더는 제품에 대해 속속들이 알고 있으며 '좋은 거래 조건' 을 궁금해한다.				●

에서 할 수 있는 일이다. 이 단계에서 리더에게 제품의 가격을 알려준다면, 가격을 확실한 방법으로 제시해야 한다. 자세한 점은 제13장의 '비용 리프레이밍' 부분에서 살펴볼 것이다.

구매하는 사람 vs. 실제 사용하는 사람

장님과 코끼리의 일화는 누구나 한 번쯤 들어보았을 것이다. 장님은 코끼리의 여러 부분을 손으로 더듬어 본 후에 코끼리가 어떤 동물인지 저마다 다른 예측을 한다. 긴 코를 잡아본 사람은 무기로 쓰이는 창처럼 생겼다고 말하고, 몸을 만져본 장님은 넓은 벽과 비슷하다고 말한다. 다리를 만진 장님은 코끼리가 나무같이 생긴 동물이라고 생각한다.

어떤 제품은 한 가지 방식으로만 사용된다. 일례로 물병은 누가 사용하든 사용법이 크게 다르지 않다. 다시 말해 모든 사람이 그 제품을 쓰면서 비슷한 경험을 한다. 따라서 광고 카피를 작성하는 것도 별로 까다롭지 않다.

하지만 그렇게 단순하지 않은 대상도 있다. 구매자와 판매자를 이어주는 이베이eBay나 운전자와 승객을 연결해주는 우버Uber처럼 어떤 서비스는 다양한 집단 사이의 연결 고리를 만들어준다. 이들은 동일한 기술 플랫폼을 사용하지만 사용 경험은 사람마다 크게 차이가 난다.

그런가 하면 제품의 사용 경험은 같지만 구매 이유가 다르거나 제품에서 얻는 베네핏이 사람마다 다를 수도 있다. 스마트폰이 아닌 일반 휴대전화를 한번 생각해보자. 새로운 기술의 활용법을 익히는 데 별로 관심을 갖지 않는 사람들은 일반 휴대전화의 단순함을 매우 큰 베네핏이라고 생각한다. 어린 자녀가 사용할 것이라서 분실해도 큰 부담이 없는 휴대전화를 찾는 부모라면 일반 휴대전화의 내구성과 가성비가 매우 큰 베네핏으로 여겨질 것이다.

이렇게 제품 경험이나 제품에서 얻는 베네핏이 서로 다른 다양한 집단을 대상으로 광고 카피를 작성해야 할 때는 집단마다 광고 카피를 다르게 설정해야 한다. '운전자용', '승객용'으로 웹사이트 페이지를 구분하거나 '직접 운전해보세요', '앱을 다운로드하세요'와 같이 대상에 따라 아예 광고 캠페인을 다르게 진행할 수 있다.

꼭 기술 제품이 아니어도 상황이 좀 복잡해지는 때가 있다. 제3장에 나왔듯이, 제품을 사는 사람이 반드시 최종 사용자라는 보장은 없다. 이때 구매자와 사용자의 우선순위는 서로 다를 수 있다는 점을 기억해야 한다. 브리트빅Britvic은 어린이용 음료 프루트샷Fruit Shoot을 다음과 같이 소개한다.

우리 제품은 생과일 추출물과 물 외에는 어떠한 첨가물도 없는 무설탕 음료입니다. 달리기, 줄넘기를 하거나 야외에서 뛰어논 후에 아이들의 갈증을 달래주기에 가장 좋은 제품입니다.

'당신'이 아니라 '아이들'이라는 표현을 보면 부모를 대상으로 하는 광고라는 것을 알 수 있다. 하지만 음료의 세부 설명에는 '아이들'이라는 표현이 등장하지 않는다.

무설탕 오렌지 주스로 여러분의 입 안에 햇살을 선사하세요. 언제 마셔도 기분 좋은 맛.

여기에서는 '여러분'이라는 표현이 등장한다. 음료의 맛을 어필할 때는 실제 고객, 즉 아이들을 겨냥한 것이다.

그런가 하면 사람들이 하나의 제품을 여러 가지 방식으로 사용하는 것을 재미있게 각색할 수 있다. 네슬레의 민트초코 과자인 애프터 에잇After Eight의 텔레비전 광고에는 과자를 조금씩 아껴먹는 '거빌'과 입에 마구 쑤셔 넣는 '울프', 박스 안에 남아 있는 마지막 조각을 발견한 '허크'가 등장한다. 최근에 안드렉스Andrex는 사람들에게 화장실 휴지를 '돌돌 말아서' 쓰는지 '착착 접어서' 사용하는지 물어보았다. 자신의 스타일이나 성격을 통해 제품을 바라보는 새로운 관점을 제시한 것이다. 두 가지 사례에서 알 수 있듯 제품의 경험은 대화를 시작하는 데 유리하게 사용될 수 있다.

또 다른 방법으로 모든 사람이 같은 방식으로 사용하는 제품이라 하더라도 이미 살펴본 것처럼 인지 단계는 리더마다 다를 수밖에 없다. 따라서 단계마다 광고 카피를 다르게 하고, 각 리더가 자신의 단계에 맞는 광고 카피를 확인하도록 도와주어야 한다. 일례로 영상 제작용 카메라를 온라인으로 판매한다면 초보 사용자에게는 별도의 가이드를 마련해주고, 경험이 많은 사용자에게는 다양한 제품의 기능이나 특징을 비교해주어야 한다.

효과적인 정보 전달을 위한 가계도 그리기

가계도는 특히 다룰 내용이 많을 때 광고 카피를 간단하고 안정적으로 구조화하는 방법이다. 하나의 주요 아이디어에서 시작하여 중요도에 따라 내림차순으로 정리하면 된다. 상위 개념이 '부모'고 하위 개념은 '자녀'가 된다. 다음 페이지에 나오는 예시를 참조하기 바란다.

이 방법은 가능한 한 효율적으로 정보를 전달하는 데 주력하는 신문 기사에 주로 사용되곤 한다. 신문 기사형 광고에서는 주요 메시지가 주로 헤드라인으로 제시되는데, 이는 독자가 기사를 다 읽지 않고도 헤드라인만으로 주요 내용을 파악할 수 있도록 하기 위함이다.

이렇게 가계도를 그려보면 광고 카피의 대략적인 틀이 잡히고 진행 순서도 머릿속에 정리될 것이다. 웹페이지 광고 카피를 작업할 때는 헤드라인을 메인 주제로 잡고 간단한 소개말을 작성할 수 있다. 그리고 짧은 섹션 몇 개를 만든 다음, 각 섹션에 적절한 소제목을 달고 그 아래에 세부 정보를 제시한다. 이때 광고 카피가 별로 중요하지 않은 세부 사항

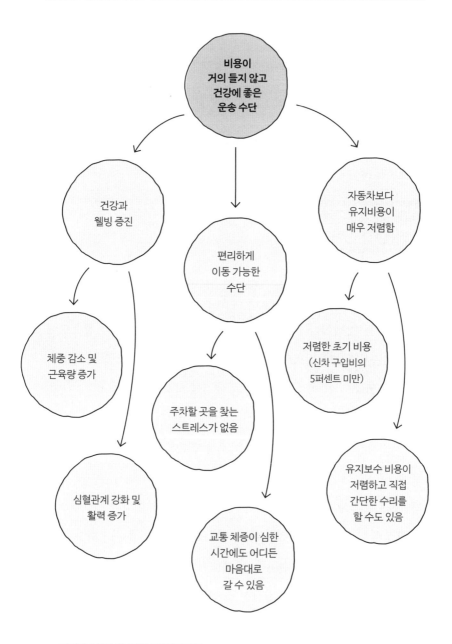

→ 자전거 사용의 베네핏을 표현한 가계도

을 언급하면서 흐지부지 끝나는 것은 좋지 않다. 제7장을 참조하여 주요 베네핏을 다시 강조하고 명확한 콜투액션을 제시해야 한다.

특정 내용이 다른 내용보다 먼저 언급되어야 하는 경우가 있다. 자전거가 자가용보다 저렴하다는 점을 언급하려면 우선 자전거가 대체 운송수단이라는 점을 명시해야 한다. 즉, 리더에게 비용 베네핏보다 운송 수단으로서의 베네핏을 먼저 이해시켜야 한다.

또 하나 중요한 점은, 제3장에서 다룬 것처럼 어디에 실리는 광고 카피이며 어떤 리더를 겨냥하는가이다. 건강 잡지에 실릴 광고라면 잡지 구독자들은 건강 문제에 가장 관심이 많을 것이므로 건강에 관한 베네핏을 제일 먼저 제시하는 것이 좋다.

거부할 수 없는 문구, '○○가지 방법'

인터넷에는 여러 가지 목록을 언급하며 당신의 클릭을 유도하는 문구들이 넘쳐난다. 이를테면 '할리우드에서 다시는 일할 수 없게 된 연예인 7명, 특히 3위를 확인하면 깜짝 놀랄 겁니다'와 같은 문구들이다. 이런 사례가 워낙 많다 보니 순위가 들어간 목록은 이제 조금 흔해 빠진 표현으로 여겨지는 것도 사실이다. 그래도 내용이 너무 많고 어느 것이 더 중요한지 결정하기 힘든 경우라면 목록 형태가 좋은 선택지가 될 수 있다.

여러 가지 기능이 있는 만능 다지기를 광고한다고 가정해보자. 기능이 매우 다양하다는 점이 이 제품의 주요 베네핏 중 하나다. '그리고', '아울러'와 같은 표현들을 쓰면서 모든 기능을 일일이 나열하지 않고도 이 제품이 다양한 기능을 갖추고 있다는 점을 리더에게 전하려면 어떻게 카피를 써야 할까? 일단 다음과 같은 헤드라인을 만들 수 있다.

*멀티찹*MultiChop으로 순식간에 맛있는 식사를 준비하는 다섯 가지 방법

헤드라인 아래에는 다섯 가지 주요 기능을 소제목으로 제시하고, 여러 종류의 칼질과 다지기를 쉽고 편하게 할 수 있음을 강조한다. 물론 소제목에는 번호를 매겨야 한다. 전시용 광고라면 제품 사진을 중간에 놓고 다섯 가지 기능을 제품 주변으로 하나씩 제시할 수 있다. 이렇게 순위나 번호를 매긴 목록을 사용하면 명확한 정보 전달이 가능해진다. 리더는 헤드라인을 통해 광고하는 제품이 무엇인지 알 수 있으며 이후에 나오는 목록을 통해 자신이 원하는 정보를 취사선택할 수 있다.

사람의 마음은 컴퓨터보다 계산기에 더 가깝다는 사실을 아는가? 뇌 안의 '작업 기억'에 그저 몇 가지 정보를 기억하는 데 익숙하다는 뜻이다. 인지심리학자 조지 밀러George Miller는 작업 기억에서 작동하는 '마법의 숫자'magic number는 7이며, 상황에 따라 5~9개로 축소 또는 확장된다고 말한다.[17] 즉, 다섯 가지는 쉽게 기억하고 일곱 가지도 나쁘지 않으며 최대 아홉 가지까지도 밀어붙일 수 있다는 얘기다. 하지만 그보다 더 많은 정보를 제시하면 리더는 일부를 잊어버리거나 일부 정보에 착각을 느끼게 되니 유의해야 한다.

어려울수록 쉬워 보이게,
낯설수록 친근하게

규모가 커서 부담스러운 작업은 일단 작은 단위로 잘라서 접근하는 것이 좋다. 대규모 프로젝트나 복잡한 프로젝트라면 반드시 그렇게 해야한다. 요리를 할 줄 모르는 사람에게 요리 방법을 설명하듯 '단계별' 구조를 만들어 순서나 과정을 정하고 하나씩 차근차근 설명하는 것이다.

복잡한 제품이나 물건이라면 구매를 권하기 전에 먼저 리더가 제품이나 서비스를 이해하게 도와줘야 하는데 이럴 때 단계별 접근 방법이유용하다. 부동산 양도 수속에 관한 서비스를 광고한다고 가정해보자. 집을 처음 사는 사람이라면 주택 구매 절차가 매우 낯설고 어렵게 느껴진다. 이들에게는 단계별 가이드를 제시하면서 부동산 양도 수속 서비스야말로 그들에게 꼭 필요한 것임을 인지시켜야 한다.

이처럼 가이드라인을 제시하는 서비스 브랜드는 리더에게 신뢰를 얻어야 하며 리더의 상황에 공감해야 한다. 또한 리더에게 구매 과정을 미리 시각화해주어야 한다. 그래야 실제로 구매 결정을 내리는 것이 덜 부담스럽기 때문이다(시각화에 대한 내용은 뒤에서 더 자세히 다룰 예정이다).

그 밖에도 비교적 장기간에 걸쳐 제품을 구매, 사용하거나 제품의 베네핏이 비교적 오랜 시간이 지난 후에야 드러나는 경우에도 이 단계별방식이 유용하다. 특히 B2B 잠재고객에게 그들의 기업 운영에 광고상의 서비스가 어떻게 사용되는지 설명할 때 이 단계별 방식을 사용하는것이 좋다.

지금 검색 데이터를 어떻게 사용하는지 확인해보세요. 그러면 귀사가 지금까지 생각해보지 못한 새로운 방식을 알려드리겠습니다. 귀사의 현재 상황을 알려주시면, 이를 기반으로 500명 이상의 고객을 모집하여 귀사의 제품에 대한 데이터를 확보할 수 있습니다. 이렇게 하면 고객들이 제품에 대해 실제로 어떻게 생각하는지 알 수 있죠. 최종 결과는 귀사 맞춤형 보고서로 제작해서 보내드리거나 분기별 회의 때 직접 만나서 알려드릴 수 있습니다. 원하신다면 두 가지 방법을 모두 적용할 수도 있습니다.

B2B 고객은 다른 기업 서비스의 비용과 베네핏에 관심을 가진다. 또한 서비스를 확보, 실행하는 데 뒤따르는 기회비용도 우려하기 마련이다. 새로운 서비스를 선택하고 이를 업무에 연결하는 데 상당한 시간과 노력이 들기에 B2B 고객은 흔히 기존에 사용하던 서비스를 계속 유지하려는 경향이 강하다. 그래서 '단계별' 지도를 통해 전체 과정을 미리 보여줘야 하는 것이다. 각 단계가 간단하다는 것과 전체 여정이 그렇게 길지 않으며 큰 노력이 들지 않는다는 점을 알려주어야 한다.

이 구조는 타임라인이나 흐름도 같은 시각 자료를 만들 때 가장 효과적이다. 온라인에서 사용할 인포그래픽을 만들어야 한다면 단계별 설명이야말로 가장 확실한 방법이다. 이 외에도 수동적인 느낌을 주는 설명에 역동성을 주고 흥미를 자극하기 위해 단계별 설명을 사용할 수 있다.

자, 바삭바삭한 비스킷이 여기 있습니다. 거기에 부드럽고 쫄깃한 캐러멜을 한 겹 입혔고, 그 위에 다시 맛있는 크런치 초콜릿을 덮었죠.

이렇게 표현하는 것이 '비스킷에 캐러멜을 발라서 초콜릿을 입힌 것'보다 훨씬 흥미롭게 들린다. 그저 재료를 나열하는 데 그치지 않고 각재료를 주인공으로 하는 짧은 이야기를 만들어냈기 때문이다.

'3의 마법'을 활용하는 법

잠시 군것질 가게를 둘러보자. 일정 연령이 넘은 영국인이라면 누구나 마스Mars의 초콜릿 바 광고를 기억할 것이다.

Before	After
일하고 놀고 싶다고요? 하루에 마스 초콜릿 바 하나면 충분합니다.	일하고, 쉬고, 놀고 싶다고요? 하루에 마스 초콜릿 바 하나면 충분합니다.

왼쪽의 비포 광고 카피가 조금 이상하게 생각되었을지도 모르겠다. 실제 광고 카피는 오른쪽처럼 3박자가 맞춰져 있다. 이렇게 3박자를 맞추는 것이 훨씬 안정적으로 보인다. 사실 '쉰다'는 것은 의미상 큰 차이가 없으며 일하고 논다는 두 가지 요소만 제시하는 것이 일견 훨씬 짧고 간단해 보인다. 하지만 두 개로 줄이거나 4~5개로 늘리는 것보다 3의

마법을 지켜야 만족스러운 구조가 만들어지는 것 같다.

글래스고 여성 도서관Glasgow Women's Library의 광고 카피도 마찬가지다.

> 할머니 세대의 역사를 지키고
>
> 어머니 세대의 추억에 귀를 기울이고
>
> 딸 세대가 영감을 얻도록 도와줍니다.

위 광고 카피에서 두 세대만 언급하는 것보다 할머니, 어머니, 딸로 이어지는 3세대를 모두 언급하는 것이 훨씬 낫다고 생각될 것이다.

한 문단을 몇 개의 문장으로 완성할지 고심할 때도 3의 마법이 적용된다. 나는 지금 이 문단도 일부러 세 개의 문장으로 구성했다. 세 개의 문장으로 하나의 문단을 완성하면 읽는 사람이 지루함을 느낄 우려가 없으며 글쓴이의 주장도 명확히 전달할 수 있다.

종종 논리적인 주장을 전개할 때 이 3의 마법이 사용된다. 첫 번째 문장에서 전제를 제시하고, 두 번째 문장에서 그 전제가 왜 합당한지 설명하거나 주장을 본격적으로 전개한다. 그리고 마지막 문장에서 결론을 언급한다. 다음의 사례처럼 말이다.

> 귀하의 연금 문제를 정리해야 할 시간입니다. 하지만 관련 규정을 모두 이해하기란 정말 만만치 않은 일이죠. 그래서 이 분야를 잘 아는 전문가의 도움이 꼭 필요합니다.

또는 어떤 상황을 관찰한 다음 이것을 베네핏과 연결하고, 그와 관련

한 증거를 제시하여 베네핏을 뒷받침하는 방식으로 문단을 전개할 수도 있다.

> 급여를 제날짜에 받지 못하는 것을 좋아할 사람이 누가 있을까요? 우리 회사의 송장 채권 매입 서비스를 사용하시면 이런 문제에 신경 쓰지 않고 업무에만 집중할 수 있습니다. 놀랍게도 우리는 현재 무려 85퍼센트의 부채 회수율을 달성하고 있습니다.

3의 마법이 가진 유일한 단점은 이것이 오히려 걸림돌로 작용할 수 있다는 것이다. 항상 단단하게 조여주며 가독성 높은 구조를 잡아주므로 광고 카피 작업의 효율을 크게 높일 수 있다. 하지만 너무 지나치게 꽉 조이면 구속당하는 것 같아서 힘들어진다. 어떤 문단에 네 번째 또는 다섯 번째 요점을 추가하고 싶으면 어떻게 할 것인가? 3의 마법을 어기는 것 같아서 주저하지 않겠는가? 3의 마법을 너무 강조하면 오히려 식상하게 느껴질 우려도 있다.

어리석은 자는 규칙을 지키는 데 급급하지만 지혜로운 자는 규칙에서 가르침을 얻는다. 규칙이 유용한 상황이라면 규칙을 따르는 것이 맞지만 그렇지 않을 때는 규칙에 얽매이지 말아야 한다. 광고 카피가 자연스럽게 3의 마법과 맞아떨어지면 좋겠지만 3의 마법에 맞추느라 지나치게 스트레스를 받는다면 그때는 한걸음 뒤로 물러서서 유연하게 생각할 필요가 있다.

보기도 좋은 글이
읽기도 좋다

전달할 내용이 많다면 말로 길게 설명하는 게 최고의 방법이 되지 못한다. 그보다는 다음과 같은 기법들을 사용할 수 있다.[18]

기법	적용 대상
소제목	리더에게 전달하고 싶은 핵심 내용이 여러 가지일 때 다소 긴 광고 카피 내에 다양한 주제를 넣어야 할 때 하나의 아이디어에서 다른 아이디어로 전환할 때
볼드체의 사용	중요한 요점이나 아이디어 소제목을 여러 개 제시하여 리더가 원하는 주제를 직접 고르게 할 때
기사 첫 단락이나 서브 문장 (광고 문안의 시작 부분에 볼드체로 된 문장 또는 단락)	나머지 내용의 요약, 또는 호기심을 불러일으키기 위한 티저와 테스터
PS(서명 뒤에 추가된 문구)	주요 베네핏, 특별 제안, 콜투액션을 다시 언급한다.
불릿 포인트 목록	비슷한 내용을 나열한다. 베네핏이나 기능처럼 나열 순서가 중요하지 않을 때 쓰인다.
순위형 목록	비슷한 내용이지만 '상위 5개'와 같이 순위를 강조하고 싶을 때 사용한다.
도표	두 가지 이상의 내용을 한눈에 알아보기 쉽게 정리한다 (지금 이 자료가 그렇듯이).
다이어그램과 캡션, 화살표	시스템이나 구조와 관련된 부분을 보여준다.
흐름도	순서나 과정, 연결된 의사결정을 제시한다.
타임라인	사건, 이야기, 역사 등을 전달한다.

막대그래프	서로 비교해야 할 수치 자료를 제시한다.
선형 도표	시간의 흐름에 따라 변화하는 수치 자료를 제시한다.
원그래프	구성 요소의 상대적 비율을 제시한다. 비율이 큰 부분 몇 가지로 나눌 때 유용하다.
가계도	계급 구조, 시간의 흐름에 따른 사물이나 사람의 관련도나 관계를 보여준다.
벤다이어그램	둘 이상의 공통 항목이 있는 카테고리를 제시한다.
이모티콘	단순한 사물, 감정, 아이디어 또는 이야기를 제시한다.
말풍선이나 문자로 주고받은 대화	두 사람의 대화 내용을 제시한다.

리더는 광고 문안을 차례대로 보지 않고 시각적으로 눈이 띄는 내용을 먼저 읽는 경향이 있다. 따라서 그런 부분에 중요한 내용을 담아서 광고 효과를 높여야 한다. 예를 들어 제품 이미지 아래에 들어가는 캡션에는 제품에 대한 설명이 아닌 제품의 베네핏을 제시하는 편이 낫다.

팔리는 카피를 위한 실전 연습

구조 바꾸기

잡지나 광고지, 세일즈 레터 등에서 비교적 긴 광고를 읽게 됐을 때 광고 구조를 어떻게 바꿀 수 있을지 한번 생각해보자. 아이디어나 사실관계를 다르게 배열하면 좀 더 명확하게 메시지를 전달하게 될 수도 있다.

07

자연스럽게 원하는 행동을 하게 만드는 법

행동을 촉구하는 콜투액션 제시하기

'듣기만 하는 사람'을
'행동하는 사람'으로 바꾸는 법

콜투액션은 리더가 목표 행동을 실행하도록 유도하는 짧은 문장이다.

우리는 앞서 제3장에서 카피라이팅의 목표를 설정한 바 있다. 그 목표는 리더에게 무엇을 알려주고, 어떤 느낌이 들게 하며 어떤 행동을 하도록 만드는가이다. 콜투액션은 이 중에서 '행동'에 초점을 맞춘다. 이단계는 리더의 역할이 수동적에서 능동적으로 바뀌는 관문이다. 지금까지 리더는 광고를 보거나 들으며 새로운 정보를 습득하는 수준이었으나 이제는 현실 세계에서 실제로 행동을 해야 한다. 이미 살펴본 것처럼 여기서 말하는 '행동'은 제품 구매를 의미하기도 하고 기업에 연락을 하거나 기부를 하는 등 다른 행동을 가리키기도 한다.

콜투액션은 일반적으로 광고 카피의 마지막 부분에 등장한다. 광고지, 세일즈 레터, 광고성 기사, 방송 광고의 끝부분에 이러한 문구들을 발견할 수 있다. 지면 매체에서는 콜투액션이 특히 더 눈에 잘 띄게 만들어지는데, 리더에게 이것이 광고의 나머지 부분과 다르다는 점을 인지시키고 바로 행동하게 만들기 위해서다.

온라인 광고의 경우는 지면과 조금 다르다. 콜투액션이 대부분 링크로 제시되어서 리더에게 요구되는 행동은 마우스로 링크를 클릭하는 것뿐이다. 그래서 링크를 클릭하면 어디로 연결되는지 링크 자체에 설명이 되어 있다. 그냥 '여기를 클릭하세요'라고 하지 않고 '애자일 방법론Agile development에 대한 백서를 읽어보세요'라고 표시하는 것이다. 웹페이지는 워낙 다양한 요소로 구성되어 있어서 리더는 모든 내용을 순서대로 살펴보지 않는다. 따라서 사람들이 콜투액션을 못 보고 넘어가는 일이 없도록 사이드바나 헤더로 제시하는 것이 좋다.

강력한 콜투액션이 큰 효과를 내기는 하지만 그것이 '원하지 않는 상황을 모면할 수 있는 비법'은 아니다. 광고 자체가 리더를 효과적으로 설득하지 못한 상태에서 콜투액션이 마법처럼 리더에게 행동을 이끌어낼 가능성은 거의 없다. 콜투액션은 리더의 마음이 어느 정도 열린 상태에서 '옆구리를 슬쩍 찔러서' 행동하게 만드는 정도로 설정하는 것이 좋다.

기본적인 콜투액션: 단호하게 명령하기

기본적인 콜투액션 방식은 리더에게 원하는 '행동'을 직접적으로 알려주는 것이다. 제5장에서 살펴본 헤드라인처럼 직접적이고 단호한 명령문의 형태로 콜투액션을 제시한다. 아래의 문장처럼 별다른 특징이 없고 단순 명확하다.

지금 무료 샘플을 신청하세요.

조금 부드러운 어조를 사용하면 다음과 같다.

간단한 데모 영상이 준비되어 있으니 언제든 클릭해보세요.

또는 강력한 어조로 행동을 촉구할 수 있다.

한정 판매가 일요일에 종료됩니다. 지금 바로 구매하세요.

또는 넷플릭스 온라인 광고처럼 열정 넘치는 어조를 사용할 수 있다.

지금 바로 시청하세요.

기본적인 콜투액션은 다 짧기 때문에 공간적 여유가 없고 리더가 주의를 집중하기 어려운 상황에 매우 적합하다. 사실 대부분의 온라인 광고는 이 두 가지 약점을 모두 안고 있다.

베네핏을 강조하고 설득하라

리더의 마음을 더 열려면 베네핏을 중심으로 콜투액션을 제시해야 한다. 따라서 '[행동]을 하면 [베네핏]을 얻게 된다'와 같이 일종의 거래를 제안하는 방식으로 쓰면 좋다.

이렇게 좋은 이자율은 다시 만나볼 수 없으니 지금 바로 계좌를 개설하세요.

콜투액션에서는 새로운 베네핏을 언급하기보다 이미 언급한 베네핏을 한 번 더 강조하는 편이 낫다. 그렇게 해야만 요점을 분명하게 전달하면서 광고를 마무리할 수 있기 때문이다. 또한 설득의 관점에서 콜투액션을 더 강력하게 제시할 수 있다. 더 자세한 점은 제12장에서 다룰 예정이나 간단히 예를 들자면 희소성을 강조하여 지금 행동하지 않으면 좋은 기회를 놓치게 된다고 피력할 수 있다.

이런 할인율은 이번 한 번뿐입니다. 이 할인율로 구독 갱신할 기회는 30일밖에 남지 않았습니다. 오늘 전화하셔서 할인 혜택을 누리세요.

사회적 증거를 제시하는 방법도 있다. 쉽게 말하자면 다른 사람들이 제품의 베네핏을 이미 누리고 있다는 점을 강조하는 것이다.

수천 명의 고객이 백소Vaxxo에 만족하고 있습니다. 아마존을 비롯한 주요 온라인 상점에서 지금 주문해보세요.

단순하고, 빠르고, 쉽다는 것을 보여주어라

리더에게 어떤 행동을 유도하든 간에 행동을 촉구하려면 단순하게 제시해야 한다. 한 단계에서 끝나는 것이 제일 좋고, 여러 단계를 꼭 거쳐야 한다면 과정을 최소화하기 바란다. 또한 하나 이상의 행동을 요구해야 한다면 리더가 무엇을 어떤 순서로 해야 하는지 정확히 이해하도록 설명해주어야 한다.

귀하의 라이선스를 갱신하려면 이 양식을 작성한 다음 우체국으로 가져가세요. 이때 기존 라이선스, 여권용 사진, 수수료 25파운드도 준비해주시기 바랍니다.

프로젝트의 특성상 하나 이상의 콜투액션을 사용해야 할 때도 있다. 광고성 메일이나 웹사이트의 경우 다양한 요소가 사용되곤 하는데, 이럴 때는 같은 표현을 반복하기보다 단어나 문장 길이를 다르게 하는 것이 좋다. 리더가 순서를 파악하기 어려울 정도로 복잡하지만 않으면 된다. 리더가 여러 가지 옵션 중 하나를 선택할 때는 매번 선택 옵션을 전부 보여줘야 한다. 공간이 부족할 때는 해당 옵션을 모두 포괄하는 표현을 사용한다. 이를테면 '지금 바로 저희에게 연락해주시기 바랍니다'라는 식으로 말이다. 선택 옵션을 한 번에 하나씩 따로 제시하면 '이것 말고 다른 옵션도 나에게 맞지 않을까?'라는 생각 때문에 선택을 망설일 수 있다.

또한 광고 카피가 어떤 행동을 요구하든 간에 그 행동이 빠르고 쉽다는 것을 리더에게 이해시켜야 한다. 사람은 누구나 노력이 많이 드는 일을 좋아하지 않으며, 깊이 생각하거나 많은 결정을 내려야 하는 상황도 웬만하면 피하려 한다. 새로운 것을 시도해야 한다면 일단 시작하기보다 새로운 경험에 대해 먼저 자세히 알아보려 할 것이다. 아무리 사소한 변화라 하더라도, 리더가 광고 내용에 온전히 공감하고 동의하더라도 광고가 요구하는 변화를 실행하기에는 부담스러울 수 있다. 인간은 본래 변화를 수용하기보다는 거부하려는 경향이 강하기 때문이다. 그 변화가 자신에게 도움이 되거나 이득이 있는 경우에도 말이다. 따라서 다리의 반대편 끝에 서 있는 리더를 이쪽으로 건너오게 만들려면 발에 걸릴 수 있는 장애물을 모두 치워줘야 한다.

몇 가지 예시를 정리하면 다음과 같다.

리더에게 원하는 행동	리더가 생각해봐야 할 점	광고 카피 작성하기
종이로 된 양식을 작성, 제출한다.	시간이 오래 걸리지 않는다, 따로 비용이 들지 않는다.	아래 양식을 작성하여 보내주시면 샘플을 받아보실 수 있습니다. 우표를 따로 붙일 필요가 없습니다.
온라인 양식을 작성한다.	시간이 오래 걸리지 않는다, 쉽게 작성할 수 있다.	1페이지짜리 간단한 양식을 작성하시면 저희가 연락드리겠습니다. 오른쪽 라벨을 참조하여 빈칸을 채우시기 바랍니다.
전화를 건다.	어색하지 않다. 일방적인 광고 전화가 걸려올까 봐 걱정하지 않아도 된다.	무료 견적을 받아보시려면 012-3412-3456으로 연락주세요. 친절하게 안내해 드리겠습니다. 별도로 요청하지 않는 한, 광고 전화는 따로 드리지 않습니다.
지점을 방문한다.	그리 멀지 않은 곳에 있다, 시간이 오래 걸리지 않는다.	전국에 47개 지점이 있으니 직접 방문해주세요. 10분간 설계 관련 자문을 받으실 수 있습니다.
슈퍼마켓에 가서 제품을 찾아본다.	재고를 쉽게 찾을 수 있다, 매주 장보러 갈 때 확인하면 되므로 따로 시간이 들지 않는다.	대형 슈퍼마켓 어디에서나 유제품 코너에서 '치즈오'를 살 수 있습니다.
B2B 서비스: 자신의 필요를 이야기하고 좋은 방안을 요청한다.	경영진의 입장에서 시간이나 노력이 크게 들지 않는다.	귀사의 필요를 알려주신다면 언제든 기꺼이 적절한 방향에 대해 조언해드리겠습니다.

이 밖에도 리더의 이의를 극복하는 다양한 방법은 뒤에서 더 자세히 살펴볼 것이다.

건너올 수 있는
디딤돌 마련해주기

때로는 직접적으로 리더의 구매를 유도하기보다 구매 여정의 다음 단계로 리더를 안내하거나 광고를 끝까지 읽어보도록 권유할 필요가 있다. 예를 들어 홍보용 우편물 봉투 겉면에는 다음과 같은 광고 카피가 사용된다.

자동차 보험료를 최대 60퍼센트 할인받고 싶다면 이곳을 열어보세요.

이 광고 카피는 미완성으로 끝난 상태다. 할인을 받고 싶은 리더라면 그가 취해야 할 행동은 우편물 봉투를 열어보는 것뿐이다. 최종적으로 누릴 베네핏과 '지금' 필요한 행동을 연결해주는 대표적인 방법이 바로 이것이다.

특히 B2B 광고에서는 초반부에 리더에게 정보를 제공하거나 신뢰를 얻을 수 있는 문구만 사용해야 한다. 다양한 내용을 콜투액션으로 연결해놓고 리더에게 이를 디딤돌처럼 한 걸음씩 딛고 올라가서 최종 목표인 판매에 도달하도록 유도하는 것이다. 이러한 과정을 '세일즈 퍼널' 또는 '고객 여정'이라고 부르며 각각의 디딤돌은 '터치포인트'touchpoints라고 한다. 아래의 다이어그램은 앞서 AIDA 공식에서 언급한 정보보호법 예시의 각 단계를 콜투액션으로 연결한 것이다.

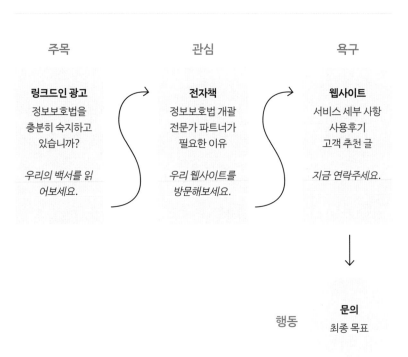

주목	관심	욕구
링크드인 광고 정보보호법을 충분히 숙지하고 있습니까? 우리의 백서를 읽어보세요.	**전자책** 정보보호법 개괄 전문가 파트너가 필요한 이유 우리 웹사이트를 방문해보세요.	**웹사이트** 서비스 세부 사항 사용후기 고객 추천 글 지금 연락주세요.

행동 **문의**
최종 목표

→ B2B 고객은 콜투액션으로 연결한 디딤돌을 하나씩 밟으면서 이동한다. 처음에는 관심을 유도하고, 그다음에는 정보를 제공하며, 최종적으로 문의를 하도록 유도한다.

자신을 대상으로 콜투액션을 만들어보라

이 책을 여기까지 읽고 나서 당신은 무엇을 할 생각인가? 그 일을 하면 당신에게 어떤 베네핏이 있는가? 그 일을 하도록 자신을 설득할 만한 콜투액션을 만들어보자.

제3부

광고 카피 업그레이드하기

08

기억에 남는 광고는 어떻게 만들어지는가

탄성과 감동을 자아내는 20가지 카피라이팅의 기술

광고 카피를 만드는 핵심 요소, 창의성

카피라이팅의 핵심은 리더에게 베네핏에 대해 알려주는 것이다. 카피라이터라면 무엇보다 베네핏 전달을 최우선으로 생각해야 한다. 어떤 때는 단순히 베네핏을 알려주는 것으로도 충분하지만 때로는 강력한 효과를 발휘하는 무언가가 더 필요하기도 하다. 이때 필요한 것이 바로 창의성이다.

창의성은 직관적으로 바로 느낄 수 있는 부분이지만 이를 말로 정의 내리기란 쉽지 않다. 그렇다면 창의적인 카피라이팅이란 실제로 무엇을 의미할까? 내가 보기에 위 질문에 대답하려면 세 가지를 고려해야 한다. 첫째는 '창의적'이 되는 것이다. '창의적인 광고 카피'는 사람들이 일반적으로 생각하는 창의적인 것도 아니고, 창의적인 문구를 흉내 낸 것도 아니다. 친숙하다 못해 진부한 표현은 리더의 관심을 끌지 못하며 그들의 기억에서 금방 사라지지만 창의적인 표현은 리더의 눈길을 사로잡으며 오랫동안 기억에 남는다. 모든 조건이 같다면 사람들의 기억 속에는 평범한 카피가 아니라 눈에 띄는 색다른 카피만 남겨진다.

유명 카피라이터 스티브 해리슨Steve Harrison은 독창적인 광고 카피가 '관련성 있는 분리'relevant abruption를 달성한다고 말했다.[19] 이는 특이한 표현을 사용하여 리더의 주의를 집중시키고 그들의 눈에 다른 것이 전혀 들어오지 않게 만드는 기법인데, 리더는 한 번도 생각해보지 못한 표현에 강한 흥미를 느끼게 된다.

두 번째 특징은 '재치'를 드러내는 것이다. 다시 말해 재미있고 참신하면서도 예상을 뛰어넘는 방식이라야 효과가 있다. 깊은 고민 끝에 나온 잘 만든 광고 카피는 리더를 생각하게 만든다. 사람들은 자연스럽고 재치 있으면서도 흥미를 자극하는 문구를 보면 좀 더 알아보고 싶다는 생각이 들어서 광고를 '자세히 들여다보게' 된다.

재치 넘치는 광고 카피는 자극적인 표현을 사용하지 않으면서도 리더의 호기심을 자극한다. 사람들이 흔히 하는 말이거나 자주 들어본 표현 같지만 뭔가 특이하고 참신한 느낌을 주는 것이다. 소설가 조이 윌리엄스Joy Williams는 '표현 가능한 것을 표현하지 않는 것', 다시 말해서 직접적으로 말하지 않는 방식으로 어떤 대상을 드러나게 해야 한다고 말했다.[20] 또한 재치가 담긴 광고 카피는 리더에게 '거래'를 제안한다. 가만히 있는 리더에게 떠먹여주는 것이 아니라 광고 카피에 자극을 받은 리더가 능동적으로 두뇌를 사용하게 만드는 것이다. 그 대가로 리더는 두 가지를 얻게 되는데, 광고 카피의 숨겨진 의미를 파악하게 되고 스스로 알아냈다는 성취감을 느낀다. 어떤 책의 제목처럼 이것이 바로 '마음 속의 미소'다.[21]

독창적인 표현이 사람의 눈길을 끈다면 재치 넘치는 문구는 일종의 존경심을 갖게 한다. 카피라이터가 리더에게 광고 카피의 의미를 파악하도록 권유한 것이므로, 이제 카피라이터와 리더는 한 팀으로 일하는 셈이 된다. 카피라이터는 이래라저래라하는 말투로 리더를 무시하지 않았고 리더는 카피라이터의 의도대로 적극적으로 의미를 알아내는 데 참여했으므로 둘은 이제 같은 수준에 도달한 동등한 파트너라 볼 수 있다.

재치 넘치는 문구가 반드시 웃음을 주지는 않는다. 물론 리더를 깔 깔거리며 웃게 만드는 문구도 있지만 어떤 문구는 리더가 옅은 미소를 지으면서 잠깐 멈추어 생각해보고, 정말 맞는 말이라며 고개를 끄덕이게 만든다. 슬랩스틱 코미디나 롤캣Lolcat(인터넷 밈 중 하나로, 고양이 사진에 영어 문장을 넣은 유머러스한 영상 및 사진—옮긴이) 영상은 큰 웃음을 주지만 재치 넘치는 것과는 거리가 멀다. 이런 요소도 광고 카피에 사용할 수는 있지만 리더가 적극적으로 생각하도록 유도하거나 존경심을 갖게 하지는 못한다.

마지막으로 창의적인 카피는 '감동', 즉 리더에게 무언가를 느끼게 한다. 그 느낌은 재미, 흥분, 열망, 안정감 또는 자신감과 같은 유쾌한 것일 수도 있고 사랑, 신비스러움, 연민과 같은 깊은 감정일 수도 있다. 또는 두려움이나 불안과 같은 부정적인 감정일 수도 있다. 앞서 제3장에서 살펴본 것처럼 카피가 불러일으키는 감정은 리더가 이미 느끼고 있는 감정일 수도 있다. 많은 유아용품 광고가 자녀에 대한 부모의 사랑을 강하게 어필하는 것이 그 대표적 사례다. 또는 자선 광고처럼 좋은 취지를 소개하고 사람들의 관심을 불러일으킴으로써 리더가 새로운 감정을 느끼게 하는 것을 목표로 할 수도 있다.

리더가 강렬한 감정을 느낄수록 광고의 메시지를 받아들이고 기억할 가능성이 높아진다. 그만큼 자신의 감정을 제품과 강하게 연관시킬 수도 있으므로 카피를 작성할 때는 리더에게 절대 부정적인 감정을 불러일으키지 않도록 주의해야 한다.

또한 창의성, 재치, 감정이라는 요소는 그 범위나 정도를 잘 조절해야 한다. 카피라이터는 이러한 요소를 일부러 증폭시키거나 반대로 낮출 수도 있다. 보수적이거나 진보적인 성향을 강하게 내비치면서 독창성은 아주 조금 가미할 수도 있고, 반대로 부드럽게 돌려서 말하거나 은유적으로 표현하는 것을 지양하고 단도직입적으로 표현할 수도 있다. 더 나아가 광고 카피를 아예 하나의 수수께끼로 만들어버릴 수도 있다. 감정을 모두 배제하고 객관적이며 냉철한 어조를 사용할 수도 있고, 반대로 약간의 인간미를 내비치거나 리더의 눈물샘을 제대로 자극하는 방향으로 갈 수도 있다. 여러 가지 방법을 각각 사용할지 아니면 적절히 혼용할지, 그리고 어느 정도로 사용할지는 온전히 카피라이터에게 달려 있다.

광고의 창의성은
'문제 해결'이 목적

마케팅의 장점은 강력한 진실을 사람들에게 알리고 문화를 풍요롭게 만드는 것이다. 이런 점은 예술과 '거의' 다를 바 없다. 또한 훌륭한 광고 카피는 우리의 인생 혹은 우리가 아끼고 사랑하는 대상을 비추는 거울과 같다. 이런 점은 문학과 '거의' 흡사하다. 그렇지만 광고 카피가 예술이나 문학과 '사실상' 같다고 할 수는 없다. 예술은 그 자체로 완전하지만 마케팅은 이면에 '다른 동기'가 숨겨져 있기 때문이다. 물론 광고에서 이런 점을 솔직히 인정하지 않더라도 말이다. 모네 같은 예술가와 대조적으로 마케팅은 아름다운 다리를 한 폭의 그림으로 담아내는 것으로는 만족하지 못한다. 광고는 리더가 다리를 건너올 마음을 갖게 만들어야 하기 때문이다.

따라서 독창적인 카피가 매우 창의적이고 재치가 넘치고 사람의 감정을 움직이더라도, 셋 중 어떤 것도 카피라이팅의 궁극적인 목적이라할 수는 없다. 광고는 결국 창의적인 방식으로 '문제를 해결'하는 것이 목표다. 어떤 광고 카피가 유독 예술적 가치에서 돋보였다 해도 그건 단지 문제 해결 중에 나온 부차적인 요소에 지나지 않는다.

다시 한번 강조하지만 카피라이팅은 '목적이 분명한 글쓰기'다. 특히 창의적인 광고 카피를 만들 때는 세 가지 목적을 잘 기억해야 한다. '베네핏을 극적으로 묘사하고 브리프에 담긴 계획을 실행하며 제품을 판매'하는 것 말이다.

베네핏을 극적으로 묘사한다는 말은 베네핏에 생명력을 불어넣는다

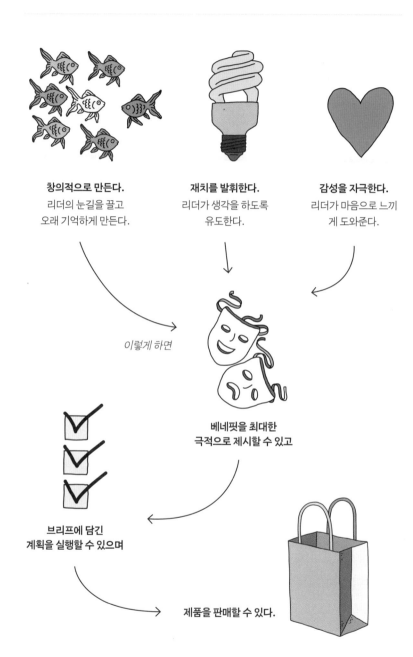

창의적으로 만든다.
리더의 눈길을 끌고
오래 기억하게 만든다.

재치를 발휘한다.
리더가 생각을 하도록
유도한다.

감성을 자극한다.
리더가 마음으로 느끼
게 도와준다.

이렇게 하면

베네핏을 최대한
극적으로 제시할 수 있고

브리프에 담긴
계획을 실행할 수 있으며

제품을 판매할 수 있다.

→ 독창적인 광고 카피의 역할

는, 다시 말해 베네핏을 강력하고 다채롭게 보이도록 꾸민다는 뜻이다. 제8장의 다양한 예시들을 통해 베네핏을 극적으로 묘사하는 방법을 잘 배우길 바란다. 브리프에 담긴 계획을 실행한다는 말은 제5장에서 수립한 계획을 철저히 따른다는 뜻이다. 광고 카피의 대상을 정확히 설정하고 그들에게 맞는 베네핏을 찾아 극적으로 묘사하되, 프로젝트의 한계 내에서 광고 카피를 완성해야 한다.

마지막으로 제품을 판매한다는 말은 글자 그대로 고객의 구매를 이끌어내는 것이다. 제아무리 광고가 창의적이라도 제품과 관련이 없다면 무용지물이다. 창의적인 문구를 만드는 데만 너무 치중하면 광고의 주인공은 바로 제품이라는 사실을 망각하게 된다. 제품은 뒷전으로 밀려난 채, 독창적이고 재치 넘치고 감성적인 광고 카피가 주인공 노릇을 하면 사실 그 광고는 광고로서 제 역할을 하지 못하는 것이다. 이와 관련하여 1960년대 맨해튼의 광고 회사를 배경으로 한 드라마 〈매드맨〉을 제작한 로버트 레벤슨Robert Levenson이 한 가지 간단한 실험을 제안한 적이 있다. "어떤 광고가 정말 마음에 든다면 거기에서 제품을 빼고 다시 살펴보세요. 제품이 빠졌는데도 광고가 여전히 좋다고 생각되면 그 광고는 잘못된 겁니다. 광고에 흥미를 갖게 할 것이 아니라 제품에 흥미를 갖게 만들어야죠."

이처럼 창의적 사고는 카피라이팅에 있어 매우 중요한 요소지만 모호하고 직관적인 과정이라서 일반적으로 적용 가능한 지침을 만들기가 어렵다. 다시 말해, 스스로 연습해보며 깨우칠 수밖에 없다. 하지만 자신만의 창의적 사고 방법을 찾는 데 도움이 될 만한 몇 가지 방법들은 존재한다.[22]

여기에 소개된 예시는 대부분 지면 광고에서 가져온 것인데, 간단명료하면서도 임팩트가 강한 헤드라인 위주로 선별했다. 예시는 참고자료일 뿐, 실제로 아이디어를 어떻게 활용하느냐는 카피라이터 각자의 몫이다. 지면 광고처럼 비교적 간단한 프로젝트라면 아이디어 하나로 광고 카피 전체를 완성할 수 있다. 하지만 그보다 긴 글쓰기가 필요한 프로젝트라면 섹션별로 아이디어를 다르게 활용하는 편이 좋다. 다양한 아이디어를 통합하거나 변형하는 것도 오롯이 카피라이터의 재량임을 기억하자.

1. 단순함과 핵심에 집중하라

처음에는 브리프를 리더에게 보여줄 가치 제안으로 바꿔서 표현해보라. 이 단계에서는 독창성이나 재치를 고민하거나 감성을 자극하려고 노력하거나 글쓰기 스타일에 신경 쓸 필요가 없다. 최대한 간단하게 표현하면 된다. 예를 들면 아래와 같다.

유기농 재료로 영국에서 제조한 드라이 사이다 음료 말루스 막시무스malus maximus의 맛은 아무도 따라오지 못합니다.

크래프트 에일과 견줄 만한 것으로 맛과 향이 상당히 강렬하며 힙스터 브랜딩으로 잘 알려져 있습니다.

가까운 슈퍼마켓이나 온라인에서 구매하여 직접 맛보시기 바랍니다.

단순하게 시작했을 때의 장점은 크게 두 가지다. 우선 빈 종이에 글을 쓰다 보면 생각보다 많은 문제가 해결된다. 종이에 광고 카피를 쓰면서 자연스럽게 표현을 다듬을 수 있기 때문이다. 나는 개인적으로 카피를 완전히 새로 쓰는 것보다 고치는 게 더 쉽다고 생각한다. 당신이 나와 비슷한 카피라이터라면 앞으로 발전할 여지가 크다고 할 수 있다.

둘째, 처음부터 거창한 표현을 만들어놓고 뜯어고치기보다 핵심적인 내용만 정리하고 필요한 부분을 나중에 추가할 수 있다. 캠핑을 할 때 텐트를 먼저 치고 텐트를 기점으로 주변을 탐색하듯이 핵심을 먼저 정하고 이를 기반으로 모험을 시도하는 것이 좋다.

2. 새로운 조합으로 아이디어를 연결하라

스티브 잡스는 '창의성이란 그저 사물을 연결하는 것이다'라는 유명한 말을 남겼다. 새로운 아이디어라고 해서 새로운 요소로만 구성되는 것이 아니라, 기존에 있던 사물을 '새로운 방식으로 조합'할 때 창의성이 탄생한다는 뜻이다.

제임스 웹 영James Webb Young의 저서 《아이디어 생산법》에 따르면 제품과 사용자에 관한 구체적인 지식과 다른 사물에 대한 일반적인 지식을 결합하면 효과적인 광고 아이디어가 만들어진다. 다시 말해서 좋은 아이디어를 내려면 정보를 많이 모으고 '이를 잘 소화시켜서' 무의식 속에서 새로운 방식으로 연결해야 한다.[23]

제1장에서 언급했듯이 카피라이터는 광고하려는 제품에 대해 가능한 많은 정보를 파악해야 한다. 그런데 새로운 조합을 만들려면 이 제품 외에 '다른 것도 두루두루 많이 알아야' 한다. 그러므로 카피라이터는 여러 가지 다양한 주제에 관해 읽고 보고 들어야 한다. 개인적으로 관심 없는 분야라 해도 소홀히 해서는 안 된다. 다행히 요즘은 유튜브와 같은 온라인 보물창고가 풍부하므로 다양한 지식을 섭렵할 수 있다.

3. 뒤집어 보고 삐딱하게 보라

다른 각도에서 제품을 보면 독특하고 효과적인 광고 카피를 만들 수 있다. 구체적인 예를 들자면 다음과 같다.

- 용도를 변경한다: 이 제품을 다른 방식으로 사용할 수 있는가? 어린아이에게 이 제품을 주면 어떻게 사용할까? 제품의 외관은 어떠한가? 사람들이 어떤 물건으로 오해할 수 있는가?
- 변형한다: 제품을 짓누르거나 길게 잡아당기면 어떻게 변할까? 원래 모양보다 짧거나 길거나 뚱뚱하게 만들면 어떻게 될까? 굉장히 작게 만들거나 엄청나게 크게 만들면 또 어떻게 될까? 주머니에 쏙 들어갈 만큼 작게 만들거나 방 하나를 가득 채울 만큼 커진다고 생각해보라. 또 모형을 만드는 찰흙이나 치즈, 종이, 금과 같은 재료로 만들면 어떤 점이 달라질까?

- 장소를 바꿔본다: 이 제품을 바닷속이나 달, 정글에 가져가거나, 만화, 비디오 게임에 등장시키면 어떻게 될까? 과거나 미래로 갈 수 있다면 이 제품은 어떻게 사용될까? 〈해리포터〉, 〈원더우먼〉, 〈헝거게임〉, 〈반지의 제왕〉, 〈브레이킹 배드〉와 같은 영화나 드라마 속에서는 어떤 상황이 펼쳐질까?

이런 시도가 너무 경박하고 장난스럽게 보일지도 모른다. 하지만 발달심리학자 장 피아제Jean Piaget는 "놀이야말로 새로운 것을 만들어내는 진정한 해답"이라고 말했다. 한마디로 노는 것이 곧 창의성을 발휘하는 일이라는 얘기다.

우리는 놀 때 자유롭다. 달성해야 할 목표도 없고 팔아야 할 상품도

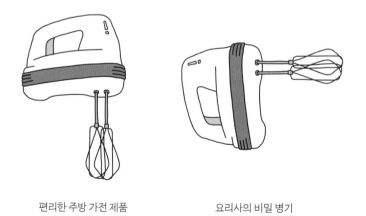

편리한 주방 가전 제품   요리사의 비밀 병기

→ 다양한 각도로 사물을 관찰하면 참신하고 창의적인 방향을 발견할 수 있다.

없으며 실패해도 아무런 문제가 되지 않는다. 사실 목표가 없으므로 '실패'라는 개념이 성립하지 않는다. 이렇게 생각하면 마음 편하게 즉흥적인 시도를 할 수 있고 미지의 세계를 용감하게 탐험할 수 있으며 새로운 시각으로 사물을 볼 수 있다.

물론 이렇게 생각해낸 결과물이 현실에서 그리 유용하지 않을지 모른다. 어쩌면 전혀 쓸모없는 아이디어도 있을 것이다. 하지만 그런 아이디어도 새로운 탐색 방향을 제시한다는 점에서 의미가 있다. 이런 시도를 하지 않았더라면 절대 몰랐을 새로운 방향 말이다.[24]

4. 새로운 것을 친숙하게, 은유로 설명하기

은유는 앞서 살펴본 조합을 글로 표현한 것이다. 로버트 프로스트Robert Frost는 "아이디어는 연상 작용이 성공한 결과이며 이것이 가장 잘 되었을 때 좋은 은유가 탄생한다."라고 말했다.

은유는 표현하려는 대상을 더 잘 이해하거나 설명할 목적으로 다른 대상에 빗대어 표현하는 방법이다. 이와 비슷한 방식으로 직유와 유추가 있는데, 직유는 '~와/과 같다'라는 표현을 사용하며, 유추는 두 대상의 비슷한 점을 이끌어낸다. 그렇다고 해서 은유가 반드시 비교라고 단정할 수는 없다. 은유는 일부 특성을 강조하거나 숨기기 때문이다. '좋은 친구는 바위'라는 표현을 들었을 때 친구가 차갑고 단단하고 한 곳에 고정되어 있다는 의미가 아닌 든든하고 믿을 만하다는 의미로 받아들여지는 것처럼 말이다.

마찬가지로 어떤 베네핏을 강조하기 위해 은유를 사용해서 제품을 리더가 잘 아는 대상과 연결할 수 있다. 예를 들자면 다음과 같다.

당신의 몸은 MOT(자동차 안전 검사―옮긴이)를 받을 때가 되었습니까?[25]
40세가 넘으면 여러 가지 건강 문제의 위험이 커집니다. 심각한 것도 있고 사소한 것도 있죠. 주치의에게 건강 검진을 예약하세요. 은퇴할 때까지 계속 잘 달릴 수 있는지 확인해보세요.

물리적으로만 본다면 사람의 몸과 자동차 사이에는 공통점이 거의 없다. 평소에 점검하고 잘 관리하면 건강 문제나 고장을 어느 정도 피할 수 있다는 것만 빼면 말이다.

이 광고의 은유는 사람들이 관심을 가질 만한 일인 '관리하기'와 그들이 피하려 하는 대상인 '건강 문제'를 연결한다. 이러한 비교는 우리 안에 존재하는 '일관되고자 하는 경향'을 강조한다(제12장에서 이에 대해 자세히 설명할 것이다). 자동차를 관리하듯이 자기 몸도 그렇게 관리하는 게 당연하지 않은가? 그리고 이는 시각적으로도 이해하기 쉽다. 자동차 바로 옆에서 자동차 주인이 건강 검진을 받는 모습이라든가 욕실 거울 앞에 서 있는데 거울에 검진 시기를 알리는 경고등이 켜지는 모습을 상상해보라.

자동차와 관련하여 캐스트롤 Castrol 의 GTX 엔진오일 광고도 살펴볼 만하다.

리퀴드 엔지니어링

아주 짧지만 대단할 것 없는 엔진오일과 고급 전문 기술을 동일시하는 은유법이다. 사실 운전자는 오일이 엔진의 보이지 않는 부분을 부드럽게 작동하도록 해준다는 것을 시각적으로 잘 떠올리지 못한다. 하지만 기술 좋은 정비공이 엔진을 정비하는 모습은 쉽게 떠올릴 수 있다. 이 은유는 추상적이고 모호한 대상을 구체적이고 명확히 눈에 보이는 이미지로 바꿔준다.

이렇듯 은유는 새로운 것을 친숙하게 만드는 힘이 있다. 맨 처음 카피라이팅을 다리를 건너오는 것에 빗대어 설명한 것과 비슷하다. 자동차가 처음 등장했을 때 사람들은 이미 잘 아는 개념을 활용해서 차에 '말 없는 마차'라는 별명을 붙였다. 우리가 무선 인터넷을 사용한 지 한참이 지났어도 여전히 '무선'이라는 표현을 붙이듯이 말이다.

페디그리 덴타스틱스Pedigree Dentastix는 다음과 같이 강아지용 건강식품을 광고하는 문구를 만들었다.

당신이 양치하듯이 강아지는 우적우적 씹습니다.

반려견과 주인을 나란히 놓고 비교하는 모습에서 덴타스틱스가 '개껌'이라는 것을 금방 알 수 있다.

은유는 바람직하지 않은 대상을 매력적으로 포장하거나 지루하고 단조로운 것을 다채롭게 바꾸는 힘이 있다. 하비토Habito는 주택담보대출 신청을 도와주는 서비스인데, 다음과 같은 광고 카피를 사용한다.

우리가 모기지 브로콜리를 먹어 드릴게요.

대출 신청과 브로콜리를 먹는 것은 여러 가지 의미에서 유사점이 있다. 둘 다 어떤 의미에서 보면 '자신에게 도움이 되는' 일이다. 하지만 사람들은 최대한 이를 미루거나 피하려는 경향을 보인다. 이 광고는 사람들이 대체로 브로콜리를 먹기 싫어한다는 가정에서 출발했다. 아마 브로콜리를 잘 먹는 사람이라도 브로콜리를 싫어하는 사람이 워낙 많다 보니 광고를 이해하는 데 어려움이 없었을 것이다. 브로콜리를 먹어준다는 표현에서 학교 점심시간에 내가 싫어하는 음식을 대신 먹어주던 친구가 생각날지도 모른다. 고작 다섯 단어로 이런 효과가 나는 것이다.

B2B에도 같은 방법을 사용할 수 있다. 훗스위트Hootsuite라는 소셜 미디어 관리 플랫폼의 광고 카피는 다음과 같다.

건초더미는 줄어들었고 바늘은 더 많아졌습니다('건초더미에서 바늘 찾기'라는 속담을 변형한 것— 옮긴이).

위 문구를 읽으면 새로운 비즈니스 리드를 만드는 추상적인 과정이 형태가 있으며 눈에 보이는 구체적인 대상으로 바뀌는 느낌이 든다. 게다가 리드는 만드는 데 힘을 덜 들여도 된다는 베네핏도 강조한다.

반대로 친숙한 것을 색다르고 흥미진진하게 바꾸는 방법도 있다. 기네스Guinness의 유명한 광고인 '서핑하는 사람들'Surfers이 대표적인 예다.[26] 여기에는 두 가지 은유가 포함되어 있다. 백마처럼 흰 거품이 잔뜩 올라오는 기네스 맥주와 완벽한 파도를 기다리는 서퍼처럼 기네스 맥주

caption
→ 몰아치는 파도와 질주하는 백마가 함께 묘사되어 은유를 이룬다.

를 기다리는 사람들의 모습이 연상된다. 이러한 아이디어를 멋진 광고 카피와 이미지에 담아서 역대 최고로 손꼽히는 광고가 완성되었다.

반대로 어떤 은유는 너무 진부하게 느껴질 수 있으므로 주의해야 한다. 특정한 추상적 개념을 설명할 때 매우 자주 사용되는 이미지나 카피들이 여기에 속한다. 예를 들면 온라인 보안 서비스를 광고할 때는 자물쇠 이미지가 자주 사용되고, 보험사 광고에는 우산이 자주 등장하며, 새로운 아이디어를 강조할 때는 전구, 전략을 언급할 때는 체스의 말, 계획 수립을 가리킬 때는 이정표가 자주 등장한다. 관련 분야에서 이런 은유가 자주 사용되었다면 오히려 이런 은유를 사용하지 않고 단순 명료한 광고 카피만을 사용하는 것이 오히려 눈길을 끄는 데 유리할 것이다.

5. 긴장과 통합의 균형, 대조시켜 보여주기

비교는 유사점을 강조하는 반면, 대조는 차이점을 드러내준다. '이것은 저것과 비슷해요'라고 하지 않고 '이것은 저것과 다르죠'라든가 '반면에 이런 점이 있죠'라고 알려주는 것이다. 대조는 두 가지 대상의 차이점을 드러내어 약간의 긴장감을 유발한 후에 이를 부드럽게 통합하여 하나의 균형 잡힌 메시지로 마무리하게 해준다.

대조를 사용해 베네핏의 차이를 강조하거나 같은 베네핏의 여러 가지 측면이 서로 어떻게 다른지 부각시키는 방법도 있다. 예를 들면 자동차 제조업체 복스홀 코르사_{Vauxhall Corsa}의 광고 카피는 아래와 같다.

작은 차, 큰 개성

차는 작지만 '개성'은 크다는 점을 대조적으로 제시한다. 실제로 스타일이나 디자인, 부속품은 물론이고 코르사 브랜드가 가진 무형의 가치를 생각하면 고개가 절로 끄덕여지는 광고 카피다. 자연스럽게 투자한 돈에 비해 많은 이점을 안겨주는 자동차라는 이미지가 만들어진다.

대조를 통해 여러 가지 베네핏이나 약점을 한꺼번에 다룰 수도 있다. 소형차에 관심이 많은 리더에게는 경쟁사보다 코르사의 개성이 더 강하다는 점을 강조할 수 있다. 반대로 차가 작다는 것을 탐탁지 않게 여기는 리더에게는 다른 베네핏을 강조해야 한다. 이를테면 작긴 해도 굉장히 세련되고 멋진 차라는 것을 피력할 수 있다. 159쪽 광고 카피에서 볼 수 있듯이 대조 대상이 반드시 정반대의 특성을 가져야 하는 것은 아니다. '크다'와 '작다'는 반대 의미로서 직접적인 대조를 이룬다. 그러나 조금만 자세히 들여다보면 두 개념을 동시에 제시하여 하나의 요점이 만들어진다.

그러나 과도한 직접적인 대조는 자칫 모순으로 이어질 수 있다. 실제로 도요타Toyota에서 출시한 소형 세단 야리스Yaris는 반대말을 합쳐서 한 단어처럼 사용했다.

빅스몰Bigsmall

내가 보기에 이런 시도는 별로 바람직하지 않다. 타디스TARDIS(드라마 〈닥터 후〉에 등장하는 시공간 이동 장치—옮긴이)를 제외하고는 크면서 동시에 작은 것은 이 세상에 존재하지 않는다. 리더의 흥미를 자극하는 효과는 전혀 없고 그냥 말이 안 되는 소리라는 느낌만 남는다.

다시 한번 말하지만 적절한 단어 선택과 올바른 문장 구조가 뒷받침되어야만 더욱 생생한 대조를 만들 수 있다. 광고 회사 사치앤드사치Sattch & Saatchi가 1970년대에 만든 보건교육협의회Health Education Council의 광고 카피를 살펴보자.

누구나 술 한잔하는 것을 좋아하죠. 하지만 누구도 술주정뱅이는 좋아하지 않아요.

'누구나'와 '누구도'라는 문구가 명확한 대조를 이루며 '술 한잔'과 '술주정뱅이' 역시 두운에 따른 대조를 이루고 있다. 또한 좋아하는 행동과 바람직하지 못한 행동이라는 의미상의 대조 역시 광고 카피의 효과를 높여준다. 두음에 관해서는 제11장에서 더 자세히 알아볼 것이다.

6. 단숨에 광고를 각인시키는 웃음 유발 작전

카피라이터에게 유머는 막강한 무기다. 유머를 제시하면 리더의 관심을 끌어야 하는 매우 까다로운 작업이 조금 쉽게 풀리기도 한다. 오래 기억되게 하는 것은 단순히 관심을 끄는 것보다 더 까다로운데, 유머를 사용하면 단숨에 광고를 각인시킬 수 있기 때문이다. 그리고 호감을 얻어서 설득력도 높일 수 있다(이에 대한 내용은 제12장에서 자세히 살펴볼 것이다). 그리고 무엇보다 베네핏을 효과적으로 제시할 수 있다. 단, 이때는 광고에 사용된 유머가 반드시 제품과 관련 있어야 한다.

어떤 기업은 웃음을 유발하면 자사 제품이 우습거나 하찮게 보일까 봐 염려하곤 한다. 하지만 유머를 사용하면서도 진지한 메시지를 전달할 수 있다. 지미 카터Jimmy Carter 대통령 재임 시절에 부통령이었던 월터 먼데일Walter Mondale은 1984년 웬디스Wendy's에서 만든 슬로건을 차용해 민주당 경선에서 승리했다. '소고기는 어디 있어?'Where's the beef?(햄

버거 빵보다 소고기 패티가 너무 작다는 것을 비꼰 표현—옮긴이)라는 한 마디로 게리 하트Gary Hart 상원의원의 엉성한 주장을 무너뜨린 것이다. TV 토론에서 지나가는 유머로 사용한 말이 이제는 뭔가 부실하거나 엉성한 것을 가리키는 은유로 널리 사용되고 있다.

유머를 구사하는 방법은 수없이 많다. 직접적으로 시도해도 되고 은근히 다가가도 된다. 큰 붓으로 한 획을 크게 그어도 되고 살짝 재치를 가미해도 된다. 다소 무례하다고 여겨질 정도로 과감한 시도를 해야 할 때도 있고 세련된 유머를 구사해야 할 때도 있다. 진심이거나 반대로 비꼬는 의미를 담은 유머도 있다. 이 모든 차이는 브랜드나 제품이 어떤 방식으로 말하느냐에 달려 있다. 나중에 다시 살펴보겠지만 과자 광고에서 옆구리를 슬쩍 찌르거나 윙크를 날리는 개그는 은행 광고에 등장하는 고상하고 우아한 언어유희와 분명 큰 차이가 있다. 이는 어조와 관련된 부분인데, 자세한 점은 제14장에서 살펴보기로 하자.

어떤 방법을 시도하든 간에 웃기려면 확실하게 웃음을 터뜨려야 한다. 그렇다고 해서 카피를 쓰는 카피라이터가 웃어야 한다는 말은 아니다. 카피라이터의 웃음이 터지는 것은 오히려 위험 신호일 수 있다. 카피라이팅에서 웃음을 유발한다는 것은 '리더'가 보기에 재미있어야 한다는 얘기지 카피라이터나 클라이언트가 보기에 어떠한가는 중요하지 않다.

제품의 특정한 부분을 강조하거나 변형하면 웃음을 유발할 수 있다. 화려한 수상 경력을 자랑하는 카피라이터인 폴 버크Paul Burke는 가톨릭의 7대 죄악, 즉 교만, 탐욕, 색욕, 시기, 식탐, 분노, 나태함에서 출발하여 이를 제품에 하나씩 적용하다 보면 웃음을 유발할 요소가 보인다고 말했다.[27] 머니 슈퍼마켓Money Supermarket의 광고를 보면 '머니 슈퍼마켓을 너무 좋아하시는군요'라는 문구와 함께 세일 행사를 찾아온 손님들이 끝도 없이 길게 줄을 서 있는 모습이 나타난다. 켈로그Kellogg's의 크런치넛 콘플레이크의 TV 광고에서도 사람들이 이 제품을 서로 차지하려고 욕심을 부리다가 여러 가지 우스꽝스러운 상황에 빠져드는데, 이때 다음과 같은 태그라인이 등장한다.

문제는 이게 너무 맛있다는 거죠.

코미디는 대부분 '남의 불행이 곧 나의 행복'이라는 개념에서 출발한다. 어떤 사람이 바보처럼 미끄러지는 것을 보면 사람들은 웃음을 터뜨리며 내가 아니라서 다행이라고 생각한다. 어떤 광고는 제품을 쓰지 않는 사람들을 희화화한다. 이를테면 영국의 대형 안경점 브랜드 스펙세이버Specsaver는 눈이 잘 보이지 않은 탓에(스펙세이버에 가지 않아서) 곤란한 상황에 놓인 사람들이 등장하는 광고로 인기를 끌었다. 애플의 유명한 '맥을 가져라'Get a Mac 광고는 'PC'로 상징되는 사람의 잔뜩 긴장한 모습과 '맥'을 대변하는 사람의 여유만만한 모습이 대조를 이루면서 경쟁사(IBM)를 슬쩍 놀리는 분위기를 조성한다. 이런 광고는 사람들에게 웃음거리의 대상이 되고 싶지 않다는 심리를 이용해 해당 제품을 구매하게 만드는 전략이다.

하지만 죽음이나 고통 같은 몇몇 주제는 결코 희화화 대상으로 삼아서는 안 된다. 장례식 추도 연설에서 개그를 시도하거나 노숙자의 눈앞에서 5파운드짜리 지폐를 흔들어 보이는 일은 옳지 않다. 또한 국경을 넘어가면 유머가 통하지 않을 수 있다는 점도 고려해야 한다. 특정 상황이나 경험, 문화적 배경을 바탕으로 하는 유머는 보편성이 부족하다.

마지막으로 유머는 자연스럽게 전달되어야 한다. 파티에서 어떤 사람을 처음 만났는데 다짜고짜 자기의 유머 감각이 아주 탁월하다고 자랑하면 어떤 느낌이 들겠는가? 이 사람이 유머러스하기는커녕 재미없는 사람이라는 생각이 먼저 들 것이다. 자기 입으로 자기가 재밌다고 자랑하는 사람보다 재미있는 농담을 던지는 사람이 진짜 유머러스한 사람이다. 마찬가지로 재미있는 광고라고 자화자찬하지 말고 자연스럽게 유머를 구사해야 한다.

7. 재밌지만 결코 가볍지 않다, 언어유희

유머를 사용할 생각이라면 브랜드나 제품명으로 언어유희를 시도해보자. 적절한 순간에 재치 있는 농담을 건네는 것과 비슷하다. 하지만 아쉽게도 효과적인 언어유희를 구사하기란 생각보다 매우 어렵다. 언어유희가 늘 재치 있는 표현으로 이어지지는 않기 때문이다.

예를 들어 우리 집 근처 수영장 전광판에는 현지 기업이 후원하는 광고 카피가 종종 등장한다. '더 빠른 레인lane으로 옮기세요'라든가 '우리가 출시한 새로운 메뉴로 다이빙해보세요'와 같은 표현이 사용된다. 그저 리더의 상황(수영장)과 자사 제품을 피상적으로 연결하려는 시도다. 이러한 광고는 베네핏을 언급하지도 않고 리더의 흥미를 끌거나 더 알아보려는 마음을 갖게 만들지 못한다. 설상가상으로 웃음을 주지도 않는다. 여러모로 좋게 평가할 수 없는 광고다.

이와 대조적으로 톰 크루즈가 주연을 맡았던 1988년 영화 〈칵테일〉의 광고 카피를 생각해보자.

> 그가 칵테일을 따를 때, 그는 모든 걸 장악한다.When he pours, he reigns

이 표현은 여러 단계에 걸쳐 효과를 나타낸다. 우선 사람들은 이 문장에서 '비가 내렸다 하면 억수로 퍼붓는다'It never rains but it pours('나쁜 일은 한꺼번에 오기 마련이다'라는 의미. 설상가상과 비슷한 뜻으로 쓰인다.—옮긴이)라는 속담을 떠올린다. 진부한 속담을 재치 있게 변형시켜서 사람들의 관심을 자극하는 데 성공했다. 또한 따른다는 의미의 'pouring'은 영화의 배경인 칵테일 바와 잘 어울리며, 지배한다는 의미의 'reign'은 바텐더로서 남다른 재능을 가진 남자에 관한 이야기라는 영화 줄거리와 조화를 이룬다.

여기서 어떤 점을 배울 수 있을까? 언어유희는 요점을 뚜렷하게 드러낼 수 있을 때만 사용하라는 것이다. 적절한 아이디어가 뒷받침되지 않은 언어유희는 무시당하기 쉽다. 하지만 묵직한 의미가 담긴 언어유희는 짧지만 사람들에게 깊은 인상을 남기며 오래 기억되고 웃음까지 선사한다.

또 다른 예시로 테스코Tesco는 배송 트럭에 먹음직스러운 토마토 사진과 함께 다음과 같은 문구를 사용한다.

신선한 제품을 클릭하셨군요. Freshly clicked

얼핏 보면 말장난 같지만 나름대로 중요한 의미를 담고 있다. '신선
할 때 수확했습니다'라는 표현을 떠올리게 만들기 때문이다. 토마토
를 수확하고 슈퍼마켓에서 토마토를 고르는 행동과 온라인에서 토마토
를 구매하려고 클릭하는 행동을 대비시킨 것이다. 온라인에서 장을 볼
때 질 나쁜 상품이 배송될까 봐 걱정하는 마음을 안심시켜주는 효과도
있다.

신선한 식자재를 공급하는 식품 기업 아벨앤콜Abel&Cole도 배송 트럭
광고에서 비슷한 카피를 사용한다.

농장을 그대로 싣고 갑니다. Fields on wheels

이 표현은 'meals on wheels'(노인이나 환자의 집에 식사를 배달해주는
서비스—옮긴이)를 응용한 표현으로, 아벨앤콜은 농장에서 농산물을 수
확하여 고객의 집 앞까지 바로 배송한다는 의미를 강조한다.

팀버랜드Timberland도 꽤 복잡한 베네핏을 언어유희로 헤드라인에 담
아냈다.

신발에 색을 칠한다고요?
그럴 바에 우리는 염색을 합니다.

첫 문장은 신발 색상을 칠할 수 있다는 아이디어를 제시한다. 아마

리더는 이런 점을 전혀 생각조차 해보지 않았을 것이다. 그리고 두 번째 문장에서 '염색하다'에 해당하는 영어 단어 'dye'는 '죽는다'라는 의미의 'die'와 발음이 같다. 그래서 색을 입히는 것보다 염색하는 것이 훨씬 낫다는 의미를 전달할 뿐만 아니라, 품질에 목숨을 걸 수 있다는 브랜드의 확고한 의지를 드러내준다. 이 카피에 숨겨진 의미를 일일이 설명하려면 이렇게 한 문단을 써야 하지만 팀버랜드는 고작 몇 단어로 짧게 광고 카피를 완성했다.

제품명이나 브랜드명으로 언어유희를 시도하는 방법도 있다. 카피라이터 데이브 트롯Dave Trott은 가전 브랜드 아리스톤Ariston 광고에서 제품의 내구성을 강조하고자 다음과 같은 슬로건을 만들었다.

아리스톤은 언제까지나 계속됩니다.Ariston and on and on (아리스톤의 끝음절인 '-ton'과 계속 이어진다는 뜻의 'on and on'을 붙여 운율을 살린 언어유희—옮긴이)

세제 브랜드인 실릿뱅Cillit Bang은 제품명으로 강력한 세정 효과를 강조한다.

뱅! 때가 싹 지워졌네.Bang! And the dirt is gone

요즘은 제품명이나 브랜드명으로 언어유희를 잘 하지 않는 추세다. 예전보다 브랜드를 더 진지하게 대하려는 태도가 강해졌기 때문이다. 사실 실릿뱅 광고는 레트로 콘셉트를 따른 것이다. 하지만 사람들이 오래 기억할 만한 문구에 브랜드명을 사용하는 것은 좋은 방법이다. 단,

광고가 의도한 효과는 없는 상태에서 광고 카피 자체만 유명해지는 것은 바람직하지 않다.

언어유희로 광고 카피의 콘셉트를 정하거나 헤드라인을 만들지 않더라도 광고 카피의 본문에 이를 한 번쯤 활용해볼 수 있다.

8. 때론 백 마디 말보다 한 장의 이미지가 낫다

대다수 카피라이터는 말을 만드는 데만 집중하고 전체적인 배치나 이미지는 시각 자료를 잘 활용하는 디자이너에게 전적으로 맡겨버린다. 하지만 몇몇 성공한 광고는 글이 담은 의미보다 시각적 자료가 더 큰 효과를 내기도 한다. 그래서 문구를 아예 없애고 이미지만 제시하는 광고도 있다.

보편적으로 광고는 의도한 메시지를 글이나 이미지에 담아낸다. 하지만 두 가지 수단을 동시에 쓰지는 않는다. 다시 말해 글과 이미지는 따로 의미를 전달하는 게 아니라 함께 힘을 합쳐서 하나의 메시지를 전달해야 한다. 이미지를 굳이 글로 설명할 필요도 없고 광고 카피의 메시지를 굳이 이미지에 다시 표현할 필요도 없다.

새로 나온 자전거 세정제 광고를 만든다고 생각해보자. 이 광고의 타깃은 사이클링 애호가일 것이다. 이 제품의 베네핏은 빠르고 쉽게 자전거의 모든 부품을 닦을 수 있다는 점이다. 이미지를 생각하지 않고 광고 카피의 헤드라인만 생각한다면 다음과 같은 문구가 탄생할 것이다.

자전거에 당신의 애정을 표현해주세요.

만약 이 광고에 새 자전거처럼 깨끗이 청소한 자전거 이미지가 등장한다면 '자전거'라는 말은 굳이 없어도 된다. 그러면 카피를 다음과 같이 단순화할 수 있다.

애정을 표현해주세요.

마지막으로 광고 카피 없이 이미지만 사용하면 어떻게 될까? 자전거 앞바퀴에 얼굴을 대고 있는 사람과 함께 자전거 세정제를 잘 보이게 배치할 수 있다. 물론 이렇게 글 없이 이미지만 사용하려면 클라이언트와 카피라이터가 큰 용기를 내야 한다.

말로 설명할 수 없는 B2B 서비스는 어떻게 해야 할까? 해당 서비스를 사용하는 고객이나 서비스를 제공하는 사람들의 모습을 보여줄 수 있다. '먼지떨이'가 '청소 서비스'를 상징하듯이 사물의 한 부분으로 그 사물의 전체를 나타내는 수사법인 제유提喩를 사용할 수도 있다. 진부한 표현이 아니라면 베네핏을 잘 보여주는 시각적 비유를 사용해볼 수도 있다.

디자인이나 이미지의 적절한 사용이 광고 카피의 효과를 크게 좌우할 수 있으므로 가능하다면 카피 작업을 할 때부터 이러한 요소를 고려해야 한다. 그래서 보통 광고 에이전시에서는 카피라이터와 아트 디렉터가 2인 1조로 작업하도록 팀을 꾸려준다. 서로 아이디어를 주고받고, 다른 관점으로 브리프를 검토하면서 서로 보완할 수 있게 말이다. 이런 방식으로 디자이너와 협업할 기회가 있다면 꼭 한번 경험해보기 바란다. 나와 다르게 생각하는 사람과 함께 일해보면 배울 점이 아주 많다.

하지만 현실적으로 이런 협업이 불가능할 때도 있다. 그런 경우에는 시각 자료 활용에 대한 아이디어를 다른 방법으로 디자이너에게 전달해야 한다. 디자이너에 따라 광고 카피를 찬찬히 살펴보고 분석하는 사람이 있는가 하면, 브리프를 디자인적 관점에서 강하게 비판하는 사람도 있다. 후자의 경우 기분은 나쁠 수 있지만 디자이너 또한 제 할 일을 하는 것이므로 이해해줘야 한다. 아무튼 디자이너를 직접 만나서 대화를 나누는 방법이 가장 좋고, 그렇게 할 수 없다면 아이디어를 간단히 설명

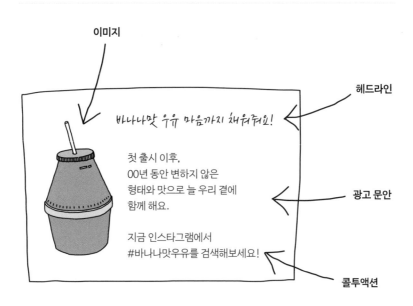

→ 스캠프를 그려서 광고 카피와 이미지의 전반적인 배치를 제시한다.

하는 글을 메모로 전달하도록 하라. 또는 자신이 생각하는 광고 카피와 이미지를 전체적으로 어떻게 배치하고 싶은지 간단한 스케치, 즉 '스캠프'scamp를 그려서 전달한다.

9. 숨겨진 의미를 찾는 쾌감을 선사하라

TV 드라마나 연극에서 등장인물이 직접 자신의 대사나 행동을 설명하는 경우는 거의 없다. 관객은 숨겨진 의미를 파악하고, 등장인물의 행동에 감춰진 의도를 해석하고, 그들이 무슨 생각을 하는지 추리해야 한다. 관객은 이러한 과정을 통해 극에 더욱 몰입하고 드라마나 연극을 관람하는 시간이 즐거웠다고 생각한다.

광고에서도 리더에게 제품 정보를 바로 알려주거나 제품을 사도록 직접 권유하기보다 리더가 직접 의미를 찾고 만들어내도록 도와줄 수 있다. 그러면 리더는 가만히 앉아서 메시지를 수동적으로 받기보다 '메시지를 만드는 과정'에 적극적으로 참여하려 할 것이다. J&B 위스키에서 만든 다음 카피를 살펴보자.

ingle ells, ingle ells. ('징글벨'jingle bells의 첫 글자 j와 b를 삭제한 문구 — 옮긴이)
JB가 없는 휴일은 제대로 된 휴일이 아니죠.

데이비드 애봇David Abbott이 만든 〈이코노미스트〉의 광고 카피도 매우 유명한데, 바로 이 기법을 적용한 것이다.

> 저는 절대 〈이코노미스트〉를 보지 않습니다.
>
> -인턴 사원(42세)

이 광고의 숨겨진 전략은 광고하려는 잡지와 정보력을 연결하는 것이다. 이 카피에서는 베네핏을 직접적으로 언급하지 않는다. 하지만 마흔두 살이나 먹었는데도 아직도 인턴이라는 점에서 광고의 의도를 파악할 수 있다. 이 잡지를 읽지 않는 사람이라면 똑똑하지 않다는 뜻이 된다. 이 사람이 만약 〈이코노미스트〉를 읽는다면 지금보다 훨씬 나아질 것이라는 뜻도 된다.

리더가 숨겨진 의미를 파악해야 하므로 이런 광고는 퍼즐을 푸는 것과 비슷하다. 퍼즐에 집중하듯 광고 카피를 파고들면 리더는 카피라이터의 기지에 더 감탄하게 되고 퍼즐을 풀었을 때의 성취감도 맛볼 수 있다. 물론 숨겨진 의미를 찾지 못하는 사람도 있을 것이다. 하지만 이 또한 광고의 의도이기도 하다. 그런 사람은 어차피 〈이코노미스트〉를 구매하지 않을 가능성이 크다.

구구절절 설명하지 않고 그냥 보여주는 방식은 이미지 광고에도 적용할 수 있다. 최근 나온 〈이코노미스트〉 포스터에는 시그니처 색상인 붉은 배경에 〈썬더버드〉Thunderbirds(1960년대에 방영된 영국 TV 드라마—옮긴이)에 등장한 가상 인물 '브레인스'가 등장했다. 이 포스터를 이해하려면 브레인스가 어디에 나온 인물인지부터 알아야 한다.

비슷하게 포드Ford도 컨버터블 자동차를 홍보하던 예전 광고에서 비숫한 전략을 구사했다. 광고에는 아주 오래전에 사용된 유아차와 함께 다음과 같은 문구가 제시되었다.

포드보다 더 많이 팔린 컨버터블은 이것뿐이죠.

이 광고를 이해하려면 컨버터블 자동차에 유아차처럼 후드가 있고 원하면 이를 뒤로 젖힐 수 있다는 점을 알아야 한다. 그리고 지금까지 생산된 컨버터블 자동차보다 유아차가 더 많다는 점도 이해해야 한다. 이러한 정보를 조합하면 포드의 컨버터블 자동차가 판매량 1위라는 점을 이해하게 된다.

문장 구조로 메시지를 강조하는 방법도 있다. 생명보험 회사 스위스 라이프SwissLife는 다음과 같은 광고 카피를 만들었다.

내가 사랑한 여자는 오직 당신뿐이야.
난 지금은 남자를 좋아하거든.

누구나 인생의 우여곡절을 겪습니다.
그에 대비할 수 있는 유연한 재무 계획을 만드세요.

헤드라인은 'I love'를 공통분모로 하여 두 개의 문장을 겹쳐놓은 것이다. '누군가를 사랑한다'는 점은 공통적이지만 각 문장의 뜻은 완전히 다르다. 광고 카피는 '상황은 언제라도 달라질 수 있으니 현재를 과신하지 말라'는 뜻을 담고 있으며 리더는 광고 카피를 읽는 것 자체로 혼란

You are the only woman I love a man now.

For all life's twists and turns:
Flexible financial plans.

→   스위스라이프는 문장 구조를 활용하여 메시지를 전달하고 있다.

을 느낀다. 〈이코노미스트〉와 달리 스위스라이프는 '우여곡절'이라는 표현을 통해 퍼즐을 해결할 실마리를 제공한다.

구구절절 설명하지 않고 그냥 보여주는 방식에서 흥미로운 점은 리더 앞에 장애물을 놓는다는 것이다. 리더는 장애물을 해결하기 위해 머리를 굴려야 한다. 그렇게 하지 않으면 광고에 숨겨진 메시지를 절대 파악할 수 없기 때문이다. 이런 광고를 본 많은 클라이언트는 광고 카피가 리더에게 전달되지 않을까 봐, 마케팅에 돈을 쏟아부은 것이 허사가 될까 봐 전전긍긍하곤 한다. 그러나 다행히도 리더는 이런 광고 카피를 오래 기억할 가능성이 크다. 설명하지 않고 그냥 보여주는 방식은 잘만 사용하면 즉시 메시지를 이해시키지는 못하더라도 오래 기억되는 효과를 얻어낼 수 있다.

10. 충격과 감정적 동요를 일으켜라

충격적인 광고 카피는 평온한 리더의 마음을 흔들거나 불편하게 하지만 광고를 끝까지 읽게 만드는 효과가 있다. 듀켄씨근이영양증Duchenne Muscular Dystrophy이라는 희귀병과 싸우는 사람들을 후원하는 영국의 해리슨 펀드Harrison's Fund 자선단체의 광고에 바로 이 방법이 사용되었다.

우리 아들이 차라리 암에 걸렸으면 좋았을 텐데요.
이제 고작 여섯 살이 된 해리슨은 듀켄씨근이영양증 진단을 받았습니다. 영

→ 해리슨 펀드의 공격적인 광고 카피
  (해리슨 펀드의 허가를 받아 게재함)

국에만 2,500명의 환자가 있지만 이들 중 대다수는 스무 살이 되기 전에 죽음을 맞이합니다. 암과 달리 이 병은 치료법이 없습니다. 사람들에게 잘 알려지지 않아서 지원금도 거의 없습니다. 저는 이 병을 연구하는 과학자들에게 가능한 한 많은 후원금이 도달하기를 바랄 뿐입니다. 과학자들은 지금 획기적인 발견을 목전에 둔 상태입니다. 여러분이 5파운드를 보내주신다면 그들의 연구에 더욱 박차를 가할 수 있습니다.

이 광고의 헤드라인은 너무 이상하고 비상식적이다. 사람들은 그 이유를 알기 위해 광고를 끝까지 읽을 수밖에 없다.[28]

또 다른 방법으로는 일부러 분열을 일으키는 문구의 사용이 있다. 리더의 기분을 좋게 해주는 말과 화를 돋우는 말을 동시에 사용하는 것이다. 리더가 제품을 절대 사지 않겠다고 할 정도로 큰 충격만 주지 않으면 된다. 존슨앤드존슨Johnson & Johnson에서 출시하는 어린이 상비약 칼폴Calpol의 광고 카피를 살펴보자.

아이를 키우는 부모라면 이해하실 겁니다.

광고는 어린아이들이 집과 정원을 뛰어다니며 저지르는 온갖 말썽들을 보여주고 나서 마지막에 이 카피를 보여준다. 부모라면 이 말이 무슨 뜻인지 금방 알아차릴 것이다. 아무도 자기가 직접 겪어보지 않으면 모른다는 것이다. 하지만 아이가 없는 사람은 이 광고 카피를 이해하지 못하거나 기분 나빠할 테고, 광고 제품을 살 마음이 싹 사라질지 모른다. 그래도 후자의 반응은 큰 문제가 되지 않는다. 어차피 아이를 키우지 않는 사람은 칼폴을 살 이유가 없기 때문이다. 이런 상비약을 남에게 선물하려고 사는 일도 사실 거의 없다. 광고 카피로 누군가는 불쾌함을 느끼겠지만 그렇다고 해서 문제가 되거나 손해볼 일은 없는 것이다.

유니레버Unilever의 팟누들Pot Noodle도 2002년에 다소 자극적인 방법을 시도했다.

더럽게 맛있는 간식The slag of all snacks

이 광고는 제작 의도나 표현 모두 분열을 초래하는 방식이다. 여기에 사용된 'slag'라는 단어는 성적으로 매우 문란한 여자를 뜻하기도 한다.[29] 이렇게 매우 자극적이고 무례한 표현을 사용한 것에 대한 항의가 빗발치면서 팟누들의 TV 광고는 방영 금지되었다. 하지만 그 덕분에 꽤 널리 알려지긴 했는데, 아마 일반적인 광고를 만들었다면 그렇게 폭넓은 인지도를 확보하지는 못했을 것이다. 유니레버에서 이 광고로 어떤 결과를 예상했는지는 알 수 없으나 불쾌감을 자극하는 방식은 일종의 '하이 리스크 하이 리턴'high-risk, high&-return이다. 많은 사람에게 알려질 것을 기대하면서 평판이 약간 나빠지는 것을 감수하는 일종의 도박인 셈이므로 신중하게 선택해야 한다.

11. 뒤집는 순간
새로운 아이디어가 탄생한다

'다르게 하라'Do different는 이스트앵글리아 대학교에서 사용하는 표어
다. 나의 아버지는 1960년대에 이 대학의 홍보를 맡으셨는데, 표어에
어울리는 학교 홍보 책자를 만들고자 애쓰셨다.

그 시절에는 고등교육 기관의 홍보 책자가 대부분 A5 사이즈로 제작
됐다. 하지만 아버지는 일부러 이스트앵글리아 대학교 홍보 책자를 정
사각형으로 제작했다. 그러다 보니 다른 홍보 책자와 책꽂이에 나란히
꽂으면 앵글리아 대학교의 홍보 책자만 툭 튀어나와서 눈길을 끌었다.
사람들은 이 대학교는 뭔가 특이할 거라는 호기심을 가지게 됐고 결과
는 아주 성공적이었다. 책자의 독특한 모양만으로 이 학교가 시시한 지
방 대학이 아니라 앞서가는 개척자와 같은 존재라는 메시지를 전달할
수 있었던 것이다.

이 사례가 전해주는 교훈은 명백하다. 남들과 정반대로 해보라는 것
이다. 다르게 하면 사람들의 눈에 띄고 그들에게 오래 기억된다. 다른
조건이 모두 같다면, 군중에 묻히지 않고 두드러지는 사람이 더 오래 기
억될 수 있다. 심리학에서는 이를 '폰 레스토르프 효과'Von Restorff effect라
고 한다.

2007년 금융위기 이래로 금융 서비스 브랜드는 부드러운 이미지
를 만드는 데 주력하는 추세다. 금융계를 주도하는 전문가인 척하지
않고 믿을 수 있는 친구처럼 사람들에게 다가가려 한다. 하이포스위
스Hyposwiss라는 스위스 프라이빗 은행 역시 금융업계의 기존 광고 방식

을 탈피하여 주요 금융사들이 자사 브랜드를 매우 중시하는 태도를 비웃는 다양한 광고 카피를 앞세우고 있다. 헤드라인 몇 가지를 소개하자면 다음과 같다.

"우리는 그저 은행에 불과합니다."
"중요한 건 당신도 아니고 우리도 아닙니다. 당신의 돈이죠."
"시간은 시간이고, 돈은 돈입니다."
"리스크는 긍정적인 관점에서 보더라도 여전히 리스크입니다."

이는 진부한 광고 카피를 완전히 타파하려는 의도로 쓰인 것인데, 다음의 슬로건이 광고의 의도를 가장 잘 드러내주고 있다.

예상되는 것을 예상하라.

수많은 금융 브랜드가 지나치게 친근한 이미지로 자신을 포장하기 바쁜 시기에 하이포스위스의 광고 카피는 단연 돋보인다. 이들은 '은행은 비즈니스에만 집중해야 한다'는 메시지를 제시하면서 다른 은행이 상대적으로 무력하고 제 할 일을 못하는 존재처럼 보이게 만든다. 자기네 브랜드만 괜찮아 보이게 하는 데서 멈추지 않고, 경쟁사 모두를 깎아내리는 효과를 가져오는 것이다.[30]

12. 정반대로 바꿔 표현하라

'사람들이 이 제품에 관해 광고 카피를 만든다면 통상적으로 어떤 표현을 사용할까?' 이렇게 고민해보고 그 결과의 정반대를 시도해보라. 그러면 참신하고 독창적인 방향을 발견할지 모른다. 첫째, 브리프를 다시 보면서 뻔하고 당연한 부분이 무엇인지 확인한다. 그런 다음에 '만약 이 부분을 정반대로 바꾸면 어떻게 될까?'라고 생각해보라.

유명한 카피라이터 닉 애스베리Nick Asbury가 연례보고서의 예시를 사용한 적이 있다.[31] 연례보고서는 원래 매우 길고 지루하다. 사실관계를 다루며 긍정적인 어조를 사용하지만 어딘가 모르게 답답하고 무미건조하다. 그런데 연례보고서를 한 편의 시나 그림책처럼 만들면 어떻게 될까? 로맨스 장르물이나 생생한 묘사를 앞세운 소설처럼 만든다면 어떨까? 사실과 다른 거짓이 섞여 있거나 농담이 등장하거나, 요점에서 벗어난 이야기를 늘어놓으면 과연 어떻게 될까? 애절함이나 아쉬움을 호소하거나 아주 멋지고 화려한 분위기를 자아낸다면 어떨까?

'정반대로 생각하기'의 전형적인 예시로 영국의 럭셔리 백화점 하비 니콜스Harvey Nichols가 진행한 크리스마스 광고를 꼽을 수 있다. 당시 쓰인 카피는 "미안해. 나를 위한 선물을 사느라 돈을 다 써버렸어."로, 광고에는 자기가 갖고 싶은 것을 마음껏 산 뒤 주변 사람들에게 터무니없이 싼 선물을 내미는 사람들이 등장한다.[32] 크리스마스 광고라면 응당 남에게 줄 선물을 준비하도록 권하는 게 일반적인데, 니콜스는 이를 뒤집어 누구에게나 좋은 물건을 갖고 싶은 욕구가 있음을 직설적으로 드러냈다. 그 결과 다른 브랜드를 착한 척하는 위선적인 존재로 만들어버렸다. 브랜드 광고 경쟁이 가장 치열한 크리스마스 시즌에 니콜스는 이 광고로 단번에 사람들의 눈길을 사로잡았다.

13. 같은 제품, 다른 관점, 뜻밖의 결과

리프레이밍reframing은 같은 대상을 다른 관점으로 보거나 다른 상황에 대입하는 것을 말한다. 어린아이들의 좋은 친구인 래브라도 리트리버가 시각 장애인에게는 없어선 안 될 안내자가 되듯이, 칼이 요리사에겐 유용한 도구지만 사이코패스의 손에 들어가면 끔찍한 무기로 전락하듯이 같은 대상이라도 다른 상황에서 쓰이면 뜻밖의 결과를 얻을 수 있다.

종종 기업은 특정 방식으로 생각하려는 경향에 갇혀서 창의적인 사고를 하지 못한다. 사람들이 왜 자사 제품을 사고, 제품의 어떤 점을 좋아하는지 오랫동안 관찰하며 고정관념이 생긴 것일 수도 있다. 하지만 새로운 시각으로 홍보 전략을 만들어야 하는 경우에는 그러한 고정관념이 방해가 된다.

앞서 제2장에서 카피라이터가 광고 카피에서 내세우고 싶은 가장 중요한 베네핏을 분별하는 방법을 살펴보았다. 하지만 가장 중요한 베네핏을 고집하는 것이 창의적인 사고를 방해한다면, '조금 덜 중요한 베네핏'으로 눈길을 돌리는 편이 차라리 낫기도 하다.

드라마 〈매드맨〉의 첫 번째 에피소드에서 광고 제작 책임자인 돈 드레이퍼는 럭키 스트라이크Lucky Strike의 임원들과 창의성 회의에 참석한다. 아이디어가 금세 바닥을 드러내자 드레이퍼는 사람들에게 담배가 어떻게 만들어졌는지 이야기해보라고 한다. 담배라는 식물을 '키운 다음 잘라서 처리한 후에 구운 것'이라고 하자 드레이퍼는 럭키 스트라이크의 새로운 슬로건을 곧바로 그걸로 정해버렸다.

잘 구웠습니다.It's Toasted

사실 모든 담배는 담배라는 식물을 열처리한 것이다. 따라서 '담뱃잎을 잘 구운 것'은 베네핏이 아니라 일반적인 특징이다. 하지만 드레이퍼는 관점을 바꾸어 담배가 건강에 해롭다기보다는 집밥처럼 뭔가 따스하고 편안한 느낌을 준다는 이미지로 포장했다. 럭키 스트라이크는 실제로 이 슬로건을 사용했다.

어느 날 나는 우편함에서 전단지 마케팅 기업 도르투도르Dor-2-Dor가 보낸 전단지에서 아래와 같은 흥미로운 헤드라인을 보게 되었다.

건강도 챙기고 돈도 챙기세요.
전단지 돌리실 분을 찾습니다. 신체 건강한 성인 구직자라면 누구나 환영합니다.

채용 광고는 베네핏을 많이 제시할 필요가 없다. 대다수 기업은 일자리를 제공하는 것만으로도 충분하다고 생각할 것이다. 전단지 돌리기처럼 별다른 기술이 필요 없고 누구나 할 수 있는 일자리를 소개할 때 그런 접근 방식을 사용하면 된다고 생각할지 모른다. 하지만 도르투도르는 이를 리프레이밍하여 건강도 챙기고 돈도 버는 기회라고 홍보했다. 나는 이 우편물을 크리스마스 직후에 발견했는데, 건강도 챙기고 돈도 벌기에 아주 적절한 시기였다.

14. 말하지 않아도 알게 하는 법

유머를 활용하면 리프레이밍이 쉬워진다. 관점을 바꾸면 베네핏을 극대화할 수 있고 동시에 사람들의 웃음을 유도할 수 있다. 유머와 베네핏을 하나로 엮으면 리더가 둘 중 하나를 떠올릴 때, 나머지 하나가 자연스럽게 생각나게 된다.

꽃은 여름에 싱그러운 향기와 아름다운 색을 연상시키지만 꽃가루 알레르기가 심한 사람들에게는 가장 큰 적이다. 존슨앤존슨의 베나드릴Benadryl은 활짝 핀 꽃을 무고한 사람에게 매정하게 테러 행위를 자행하는 범죄자로 비유하고, 자사의 알레르기 약이야말로 그들을 단죄할 정의의 사도라는 점을 강조한다.

꽃가루, 이제 제대로 혼내줍시다.

위 슬로건은 제품의 실제 베네핏은 거의 언급하지 않으면서도 상당히 효과적인 광고 카피다. 약에 대한 정보 전달보다 재미를 전면에 앞세운 덕분에 약의 효능만 강조하는 광고가 넘쳐나는 일반의약품 시장에서 베나드릴 광고는 많은 사람의 눈길을 사로잡았다.

이케아IKEA의 침실 가구 광고도 우리가 평소에 많이 의식하지 않는 점을 새로운 관점으로 다루고 있다.

> 시간이 되었습니다. 더는 망설이지 마세요. 마음먹은 대로 하면 됩니다. 아마 누군가 당신을 말리려고 하겠죠. 그러라고 하세요. 하지만 이 시간은 오롯이 당신의 것입니다. 그러니 분명히 잡으세요. 오늘 밤은 더 싸울 힘이 없을 때까지 싸우세요.
> 이기면 푹 잘 수 있습니다.

이 광고에서도 이케아는 가구의 베네핏을 전혀 언급하지 않는다. 그보다는 밤에 푹 자는 것이 어려운 사람들의 걱정을 어루만져준다. 이 문제에 대해 무력하게 가만히 있기보다 적극적으로 행동할 것을 권고한다. 일과가 끝나면 밤이 오듯이, 이러한 발상은 좋은 침대를 선택하는 것이 해결책이라는 점으로 자연스럽게 이어진다.

15. '구매자'가 주인공이 될 필요는 없다

대부분의 광고 카피는 브랜드가 직접 말을 하거나 마치 신이 말하는 것처럼 '전지적 관점'에서 출발한다. 하지만 이를 벗어나 전혀 생각지 못한 관점을 사용하는 게 효과적일 때도 있다.

물론 고객의 목소리를 사용하는 것이 가장 좋은 방법이다. 제품이나 브랜드에 대해 누구보다 더 솔직하게 말할 수 있기 때문이다. 웹사이트에 추천 글이 많이 사용되는 이유도 바로 이 때문이다. 하지만 많이 사용되는 만큼 이는 다소 진부한 느낌이 든다. 그런데 에든버러에 위치한 코완앤파트너스Cowan & Partners라는 회계사무소는 추천 글에 전혀 색다른 관점을 시도했다.

"제 회계사를 한마디로 소개해보라고요?

저보다 숫자에 능하죠."

조 트리, 뉴헤이븐 로드

코완앤파트너스와 15년째 함께하고 있는 고객

유머가 조금 가미되었더라면 이 광고 카피는 더 오래 기억에 남았을 것이다. 그래도 믿을 만한 전문가를 찾아서 한시름 놓고 싶은 고객의 마음을 잘 반영하고 있다.

제3장에서 살펴봤듯이 구매자와 최종 사용자가 항상 일치하지는 않는다. 그래서 어떤 경우에는 제품 사용자의 관점을 활용하는 것이 더 설득력을 발휘한다. 예를 들어 고양이 사료 브랜드 위스카스Whiskas는 1980년대에 진행한 광고에서 다음과 같은 슬로건을 사용했다.

고양이에게 직접 사료를 사오라고 하면 위스카스를 선택할 겁니다.

최근에는 레고Lego에서 이와 비슷한 방법으로 멋진 광고를 선보였다.

붉은 잠수함이 마라케시 거리를 항해하다가 미노타우로스가 무시무시한 사냥꾼 무리에게 사무라이 검, 외계인, 마추픽추를 발사하는 것을 보았다. 그때 히어로 팩토리Hero Factory 로봇이 다리가 다섯 개나 되는 낙타를 타고 나폴레옹과 우주비행사가 미로를 건너려는 것을 막아서자, 서커스 전체가 몹시 화를 냈고, 사자와 7번 경주용 자동차, 콜로세움은 재빨리 에베레스트산에 올라갔다. 그들은 가까스로 궁지를 벗어나 식인종과 마법의 크리스마스트리, 그리고 무시무시한 초콜릿 괴물을 제거할 해적선이 가득 들어 있는 단지를 찾으려고 산에 올라간 것이었다.

위 광고는 아이들이 주변 환경의 모든 물건을 동원하거나 상상 속의 인물 또는 사물을 자유롭게 동원하여 놀이에 사용하는 모습을 적절히 표현한 것 같다. 만약 브랜드의 관점, 아니 부모의 관점에서 광고를 제작했다면 이런 생동감 있는 표현은 절대 나오지 않았을 것이다. 다양한 등장인물에 관한 이야기는 이를 상상해낸 아이들의 입을 통해 들어야 실감이 난다.

다음 페이지에 나오는 포스터는 영국 최대 공공부문 노동조합 유니슨UNISON에서 제작한 것인데, 사회복지 부문 종사자들의 관점에서 사람들이 미처 생각하지 못한 부분을 드러내준다. 이 광고는 '견디다'라는 말을 반복 사용하여 환자의 건강을 돌보듯이 복지사의 건강도 생각해야 한다는 점을 강조한다.

저는 복지사가 없으면
견딜 수 없어요.

마거릿
고관절 수술 후 회복 중인 환자

저는 복지사로 일하는 것을
견딜 수 없어요.

알리샤
가정방문 복지사

공공서비스가 위기에 처해 있습니다.
publicservicechampions.org를 방문해보세요.

→ 유니슨이 제작한 이 포스터는 같은 상황에 대한 두 사람의 상반된 견해를 매우 직설적으로 보여준다.

또 다른 방법은 제품과 다소 거리가 있긴 하지만 제품의 베네핏을 논할 수 있는 사람의 관점을 도입하는 것이다. 다음 샌프란시스코 대학교의 홍보 문구를 한번 생각해보자.

앞으로 취업 면접을 볼 때마다 면접관이 반갑게 먼저 말을 걸어줄 겁니다. "오, 샌프란시스코라니! 제가 정말 좋아하는 곳이에요."

일반적인 카피라이터라면 "아름다운 도시 샌프란시스코에 와서 대학 생활을 즐기세요." 정도로 광고 카피를 만들었을 것이다. 하지만 미래에 만날 면접관의 말을 인용함으로써 대학 선택에 완전히 새로운 관점을 도입했다. 단지 대학에 다니는 몇 년의 기간뿐만 아니라 졸업 후에도, 아니 평생 영향을 받는 결정이라는 점을 상기시킨다.

제품 사용자를 부러워하거나 경쟁사 제품을 구매했다가 후회하는 사람, 또는 최근에 제품을 바꿔서 사용하게 된 사람의 의견을 사용할 수도 있다. 그런 사람들의 관점에서 이야기를 만들면 효과적인 광고 카피가 완성된다. 이에 대해서는 제10장의 내용을 참조하길 바란다.

제품을 사용하여 도움을 받는 쪽이 아닌 '반대 상황'에 놓인 사람의 입장을 활용하는 방법도 있다. 예를 들어 외부인의 침입을 알려주는 경보 시스템은 집주인에게 안전과 마음의 평화를 준다. 이러한 베네핏을 전면에 앞세우면 다음과 같은 광고 카피를 만들 수 있을 것이다.

홈가드3000으로 가장 중요한 것을 보호하세요.

그런데 경보 시스템은 강도 입장에서 보면 생계를 어렵게 만드는 요인이다. 이 문제에 관한 두려움을 활용해서 문제와 해결책이라는 관점으로 광고 카피를 만들 수 있다.

밖에서 강도가 호시탐탐 기회를 노리고 있습니다.
집안으로는 들어오지 못하게 합시다.

여기에 약간의 유머를 더할 수도 있다.

> 강도는 쉽게 먹고살죠.
> 더 쉽게 만들어주지 마세요.

마지막으로 광고 카피가 리더를 겨냥한 것이지만 마치 다른 대상을 겨냥한 것처럼 만들 수도 있다. 쿡카운티 산림보호구역Forest Preserves of Cook County의 안내 표지판처럼 말이다.

> 사슴에게 알리는 주의사항!
> 사람이 먹는 것은 먹으면 안 돼요~
> 사슴에게 필요한 영양분이 없는 데다 소화도 잘 안 될 거예요.
> 그리고 이가 썩을지 몰라요.
> (사슴 전문 치과의사를 찾는 게 얼마나 어려운지 알죠?)
> 그런 음식을 자꾸 먹으면 사람을 볼 때마다 무조건 다가가서 먹이를 달라고 조르게 될 거예요.
> 그러다가 질병이 퍼지면 친구들까지도 죽을지 몰라요.

이런 경고문을 아마 처음 보는 사람도 많을 것이다. 약간의 유머를 사용하여 중요한 요점을 전달하면서 리더의 호기심을 자극하고 있다. 사람은 누구나 자신에게 해당하지 않는 내용을 궁금하게 여기기 때문이다.

16. "그래서 그게 뭐요?"라는 질문에 대답하기

광고 카피에 넣을 하나의 핵심적인 베네핏이나 USP를 찾기 어렵다면 '그래서 그게 뭐요?'라는 질문에 대한 답을 베네핏으로 바꿔보기 바란다. 이렇게 하면 경쟁사를 간접적으로 비난하거나 은근히 공격하는 효과를 거둘 수 있다.

렌터카 회사 아비스Avis는 다음과 같은 슬로건으로 유명하다.

우리가 더 열심히 합니다.

당시에는 헤르츠Hertz가 업계 1위였고 아비스는 2위였다. 고객들은 대체로 1위 업체를 믿고 선택하며 2위 업체는 뭔가 부족한 것이 있으리라고 여겼다. 하지만 아비스는 1위는 안일한 태도를 보이기 쉽고, 2위는 고객의 마음을 얻기 위해 더 나은 서비스를 제공한다고 피력한 것이다.

안호이저부시 인베브Anheuser-Busch inbev가 제조하는 벨기에 맥주 스텔라 아르투아Stella Artois도 비슷한 방식으로 슬로건을 만들었다.

비싸지만 그럴 만한 맛이죠.

경쟁사보다 높은 가격은 브랜드로서 불리한 점이다. 이럴 때는 사람들에게 가격이 비싼 만큼 품질이 더 우수하다는 점을 알려야 한다. 스텔라 아르투아는 위 슬로건을 통해 자사 제품의 우수성뿐만 아니라 맥주

를 마시는 사람들이 '확신'을 얻기 위해 더 비싼 맥주를 '찾아다닐' 것이
라고 암시했다.

아래에 소개된 저스트기빙JustGiving의 이메일 광고도 이와 비슷한 방
법을 시도했다.

> 모금용 포스터를 다운로드하세요.
>
> 페이스북이 없던 외로운 시절에는 모금 운동을 하는 사람들이 조만간 열릴
> 이벤트나 활동을 알릴 때 여기저기 '포스터를 붙이는' 전통적인 방법을 사용
> 했습니다.
>
> 레트로 감성으로 계속 가보시죠.

포스터를 사용하는 것은 요즘 시대에 안 맞는다고 생각하기 쉬우나,
현학적이고 역사 교과서를 읽는 듯한 어조에 풍자적인 느낌이 가미되면
서 카피가 힙스터들이 좋아할 만한 새로운 방식으로 탈바꿈했다. 이 광
고 카피는 리더에게 무조건 반대하지 말고 직접 포스터를 제작하고 붙
이는 활동에서 재미를 느껴보라고 권유한다.

17. 제4의 벽을 깨라

미국의 TV 드라마 〈미스터 로봇〉Mr. Robot을 보면 주인공 '엘리엇'이 종
종 시청자에게 바로 말을 건네는 장면이 나온다. 그럴 때면 시청자는 주
인공의 마음속에 있는 무언의 관찰자가 된다. 엘리엇이 어떤 음모를 꾸

미든 간에 시청자는 그의 공모자가 되는 것이다.

> 안녕, 친구.
> "안녕, 친구"라고 하니 좀 어색하군.
> 이름을 따로 지어줘야 할 것 같네.
> 하지만 그건 결국 파멸로 가는 짓이야.
> 당신은 내 마음속에만 존재하니까.

이를 가리켜 '제4의 벽을 깬다'라고 표현한다. 이 벽을 깨부수면 관객이 수동적으로 연극을 지켜보는 관찰자가 아닌 극 안으로 들어가 등장인물 중 한 명이 된 것처럼 느끼게 된다. 광고 카피에서도 이와 비슷한 효과를 낼 수 있는데, 광고 카피의 화자가 독백을 하거나 리더가 광고 카피를 읽는 상황에 대해 언급하면 된다. 아래의 광고 카피는 텔레비전 라이선스 봉투 겉면에 사용된 문장으로, 요금 청구서를 이메일로 받아보도록 권고한다.

> 이 봉투가 라이선스에 관한 마지막 우편물이 되기를 바랍니다. tvlicensing.co.uk/update에 가서 이메일을 신청하세요.

이 광고는 긍정적인 행동을 촉구하기 위해 리더의 부정적인 감정을 이용하고 있다. 현관문 앞에 갈색 봉투가 쌓이는 것이 보기에 좋지 않으며, 각종 청구서를 분류하는 것이 귀찮고, 종이 청구서를 받아보는 것이 자원 낭비라고 느껴진다면 이메일 청구서로 빨리 변경하라고 행동을 촉구한다.

영국심장재단British Heart Foundation에서도 비슷한 방법으로 장문의 광고를 만들었는데, 193쪽의 광고보다 리더의 감정에 큰 영향을 준다.

> 이 광고를 읽을지 보험사 광고를 읽을지 선택하세요.

'가장 저렴한 보험료'라는 문구를 앞세운 광고가 얼마나 많은지 모릅니다. 너무 많아서 빨리 결정해버리고 싶을 겁니다. 하지만 미처 결정하기도 전에 문제가 생기면 어떻게 하죠? 심장병은 전혀 예상하지 않은 순간에 여러분의 목숨을 앗아갈지 모릅니다. 이 광고를 읽는 지금 이 순간에도 심장에 문제가 생길 가능성이 있습니다. 어떤 경고도 없이 갑자기 발생할 수 있습니다. 네, 좀처럼 받아들이기 힘든 일이죠. 하지만 이 광고를 읽는 지금 순간에도 연구는 진행되고 있습니다. 연구가 진행되면 희망이 생길 수 있죠. 우리가 다 같이 힘을 모으면 심장병을 이겨낼 수 있습니다. bhf.org.uk 웹사이트에 가입하세요. 누군가의 심장이 한 번 더 뛸 수 있도록 도와주시기 바랍니다. 이제 다음에는 어느 광고를 선택하시겠습니까? 온라인 데이트 앱인가요, 아니면 저렴한 광대역 서비스 광고인가요?

이 광고는 리더가 평소에 전혀 생각해보지 않은 점들을 예리하게 지적한다. 이를테면 리더의 눈을 이끈 광고 포스터, 주변에 있는 사람들, 그들의 심장박동, 심장에 관해 진행 중인 연구 등을 지적한 것이다. 리더의 현재 순간을 출발점으로 삼아서 삶과 죽음, 시간, 그들에게 주어진 선택과 같은 중대한 사항을 다시금 생각해보게 만든다.

지금까지 살펴본 기법을 사용할 때는 창의성이라는 미션을 늘 기억해야 한다. 베네핏을 극적인 방식으로 제시하고 브리프의 요건도 모두 충족하고 제품도 잘 팔린다면 문제 될 것이 없다. 하지만 광고를 돋보이게 하는 데에만 너무 몰두하면, 자아도취에 빠진 것처럼 보여서 오히려 반감을 살 수 있으니 주의해야 한다.

18. 인지도와 관심을 빌려오라

후속작, 유명인이 나오는 광고, 음악 협업 등은 특정 대상에 대한 사람들의 관심과 애정을 다른 대상에게도 동일하게 느끼도록 유도하는 것이다. 마케팅 업계에서는 이를 '관심을 빌려온다'borrowed interest라고 표현한다. 다른 수단에 광고 카피를 얹혀서 리더의 머릿속에 밀어넣는 방식이므로 창의적이라고 하기는 어렵다. 그렇지만 이 방법도 어떻게 사용하느냐에 따라 효과가 크게 달라진다.

유명한 대상에 무조건 제품을 연결한다고 해서 광고가 다 성공하지는 않는다. 어쩌면 리더는 유명한 대상에만 정신이 팔려 광고 카피를 까맣게 잊어버릴 수도 있다. 그러한 불상사를 막으려면 두 가지를 서로 연결할 '수긍할 만한 이유'를 만들어 리더의 관심을 붙잡아두어야 한다.

노리치 유니언Norwich Union이라는 보험사는 아비바Aviva로 이름을 바꾼 후 만든 TV 광고에서 개명을 한 후 유명해진 연예인들을 내세웠다. 광고에는 리처드 스타키Richard Starkey에서 개명한 링고 스타Ringo Starr, 빈센트 퍼니어Vincent Furnier에서 개명한 앨리스 쿠퍼Alice Cooper, 월터 윌리스Walter Willis에서 개명한 브루스 윌리스Bruce Willis 등이 등장했다. 모두 내로라하는 유명인인데다 개명이라는 공통분모가 있어서 광고는 많은 관심을 끌었다.

광고를 의뢰한 클라이언트가 브루스 윌리스 같은 사람을 광고 모델로 기용할 돈이 없더라도 법적인 문제가 없는 범위 내에서 이 방법을 간접적으로 시도할 수 있다. 나는 신선한 식재료를 정기적으로 배송하며 요리법도 알려주는 식품업체 헬로우프레시HelloFresh의 광고를 맡은 적이 있는데, 일부 내용을 소개하자면 다음과 같다.

'마스터 셰프'가 되어볼까?

"내가 시간만 있으면 저 프로그램에 출연해서 심사위원들 입을 딱 벌어지게 해줄 텐데"라고 생각한 적 있나요?

힘든 준비는 헬로우프레시에 맡기고 당신은 잽싸게 요리만 하세요.

쏟아지는 사람들의 찬사를 즐기세요.

〈마스터 셰프〉Master Chef는 워낙 유명한 TV 프로그램이므로 다들 한 번쯤 본 적이 있을 테다. 그 프로그램을 살짝 언급한 다음 "나도 저렇게 요리할 수 있으면 얼마나 좋을까?"라는 반응을 이용해서 제품을 홍보하는 것이다.

히스콕스Hiscox라는 보험사도 이와 비슷한 방법으로 광고를 만들었다.

매버릭에겐 당연히 구스가 필요하죠.

우리는 모든 클레임을 날려버리도록 전담 직원을 배정해드립니다. ('매버릭'

은 영화 〈탑건〉의 주인공 파일럿인 피트 미첼의 콜사인이며 '구스'는 그의 친구이자

부조종사인 닉 브래드쇼의 콜사인이다.—옮긴이)

이렇게 헤드라인만으로도 리더의 관심을 사로잡을 수 있다. '날려버린다'는 표현은 영화 〈탑건〉과 매끄럽게 연결된다. 하지만 이 광고는 리더가 〈탑건〉이라는 영화와 캐릭터 이름을 알아야만 효과가 있다. 이처럼 '관심을 빌리는 기법'은 양날의 검과 같아서 광고가 가리키는 대상을 알아보지 못하면 광고 전체가 무의미해지거나 완전히 어색하게 들릴 위험이 있다.

19. 타이밍이 생명, 이슈 위에 올라타기

애자일 마케팅Agile marketing은 즉각적으로 리더의 흥미를 끌어오는 방식이다. 최신 뉴스나 문화 이벤트에 광고 메시지를 접목하는 방식인데, 이렇게 하면 리더가 이미 생각하고 있거나 화젯거리로 여기는 것을 사용하여 그들에게 강력한 영향력을 행사할 수 있다.

이 방법은 창의적인 아이디어를 생각해내서 곧바로 포스팅하거나 디자인할 수 있는 공간인 소셜 미디어의 등장에 힘입어 그 진가를 발휘하고 있다. 소셜 미디어의 특성상 불과 몇 시간 만에 새로운 것이 등장하거나 사라질 수 있으며, 사람들은 빠른 속도로 새로운 이야기에 눈을 돌리곤 한다. 애자일 마케팅을 시도하려면 클라이언트가 이미 소셜 미디

어에서 어느 정도 인지도가 있어야 하며 이러한 마케팅 방식에 거부감이 없어야 한다.

2017년 아카데미 시상식에서 실수로 〈라라랜드〉가 작품상 수상작으로 호명되는 해프닝이 벌어졌다. 실제 수상작은 〈문라이트〉였다. 수상작이 재호명되는 순간 사람들이 크게 열광하는 모습에 착안하여 광고업계는 여러 가지 광고를 쏟아냈다. 그중에서도 X에 올라온 아스다Asda의 12초 광고는 아무런 효과 없이 글로만 구성되었는데도 매우 인상적이

→ 아스다는 2017년 아카데미 시상식에서 벌어진 해프닝에 착안한 광고를 곧바로 선보였다.

었다.[33]

> 올해의 최고 슈퍼마켓 상 수상자는 바로⋯
>
> 막스앤스펜서Marks and Spencer입니다.
>
> 잠시만요, 잘못 발표했네요.
>
> 수상자는 아스다입니다.
>
> 아유, 어색하네요.

2017년 프랑스 대통령 선거에서 중도 성향의 에마뉘엘 마크롱Emma-
nuel Macron은 극우파 후보 마린 르 펜Marine Le Pen을 제치고 대통령에 당선되
었는데, 로얄요르단항공사Royal Jordanian는 이를 재빠르게 광고 카피에 담
아냈다.[34]

> 프랑스가 그렇게 멀지 않잖아요⋯ 그렇죠? France is not that far....right?
>
> (far right를 붙여서 읽으면 '프랑스가 그렇게 극우파는 아니잖아요?'라는 뜻으로 해
>
> 석할 수도 있다.—옮긴이)

이 아이디어는 언어유희처럼 이벤트와 브랜드 사이에 실질적인 연결
고리를 만들었기 때문에 통할 수 있었다. 누구나 쉽게 던질 수 있는 농
담이 아니라 브랜드를 넣어야만 완성되는 농담이다. 아스다는 수상 후
보 둘을 놓고 실수를 저지른 상황을 재연했고, 로얄요르단항공사는 정
계 상황과 해외 여행을 비교했다.

반대로 무조건 올라타는 게 별로 효과적이지 않을 때도 있다. '밸런

→ 2017년 프랑스 대통령 선거 기간에 로얄요르단항공사는 마린 르펜을 의도적으로 겨냥하여 이러한 광고 카피를 사용했다.

타인데이 특별 행사' 광고지를 생각해보자. 매년 2월이면 어김없이 우편함에 이런 광고지들이 수북이 쌓이곤 한다. 밸런타인데이를 앞세우지만 사실 실제 판매하는 제품은 그날과 아무런 관련이 없으며, 수많은 광고와 같은 방식을 사용하기 때문에 눈길을 끌지도 못한다. 모든 사람이 한 대의 마차에 오르려고 하면 무게에 눌린 마차는 바퀴가 망가져서 아무 데도 가지 못하기 마련이다.

20. 레퍼런스의 활용을 주저하지 마라

아무리 노력해도 새로운 아이디어가 떠오르지 않는다면 주변에서 아이디어를 빌려오는 방법도 있다. 대놓고 표절을 하라는 말이 아니라, 다른 사람의 훌륭한 아이디어를 출발점으로 삼아 나만의 훌륭한 아이디어로 발전시키라는 뜻이다.

많은 카피라이터가 자신의 마음에 드는 광고 카피 샘플인 '스와이프 파일'swipe file을 평소에 모아놓고 좋은 아이디어가 떠오르지 않을 때 이를 참고하곤 한다. 베네핏에 관한 책이나 웹사이트도 얼마든지 찾아볼 수 있다.[35] 다른 카피라이터의 수준 높은 해결 방안을 둘러보는 것이 새로운 아이디어를 내는 좋은 자극제가 될 수 있으니 주저하지 말고 활용해보길 바란다.

다른 데서 아이디어를 '빌려오기로' 마음먹었다면 좀 더 멀리 내다보기를 권한다. 자동차나 금융업계와 같은 특정 분야의 광고를 보면 해당 분야의 광고 트렌드를 확실히 알 수 있다. 경쟁사는 흔히 상대방의 아이디어를 서로 모방하기 때문이다. 이런 틀에서 벗어나서 전혀 무관한 분야에서 사용되는 광고 스타일이나 접근법을 가져와서 자신의 브리프에 어떻게 적용할지 고민한다면 좋은 결과를 얻을 수 있을 것이다.

> 팔리는 카피를 위한 실전 연습
>
> **창의성을 활용하라**
>
> 지금 당장 눈에 보이는 물건 하나를 선택한 다음, 이번 장에 소개된 방법 중 하나를 적용하여 그 물건을 판매할 창의적인 방법을 생각해보라. 제품을 비교, 대조하여 묘사하거나 리프레이밍하는 방법, 논쟁을 유발하는 방법, 유머를 사용하는 방법, 약점을 강점으로 바꾸는 방법을 고민해보라.

09

생각이 막다른 길에 다다랐을 때

아이디어 고갈을 해소하는 여섯 가지 방법

1. 그냥 생각하라

글을 써야 한다는 압박을 받으면 결과물, 즉 생각해야 할 단어나 표현에만 집중하게 된다. 하지만 결과물만큼 중요한 것이 바로 '인풋', 즉 글에 들어갈 내용, 아이디어, 연결 관계 등이다. 일단 재료가 잘 갖춰져야 제대로 된 요리가 완성되는 것과 같은 이치다.

어찌 보면 광고 카피를 만드는 작업은 카피를 '생각해내는 것'이 전부라고 해도 과언이 아니다. 오랜 생각 끝에 만든 결과물을 글로 옮기는데에는 사실 큰 노력이 들지 않는다. 그러므로 카피라이터는 무조건 '생각'에 몰두할 수 있는 환경을 만들어야 한다. 컴퓨터, 노트북, 메모장은 잠시 덮어두고 TV, 휴대전화, 태블릿도 잠시 치우는 것이 좋다. 대신 조용한 곳에 가서 10분 정도 브리프에 대해 깊이 생각하는 시간을 가져보자. 이때는 아무것도 쓰지 않고 생각에만 집중해야 한다.

광고 카피를 길게 만드는 카피라이터라면 이 방법을 꼭 추천하고 싶다. 그런 사람들은 긴 문장을 놓고 이리저리 바꿔보는 것을 좋아한다. 그렇게 글을 써내는 것이 재능이긴 하지만 아이디어 구상 단계에서 그렇게 하면 세부 사항에 정신을 빼앗겨 큰 그림을 제대로 볼 수 없게 된다. 굵은 붓만 사용하면 굵은 선밖에 그리지 못하는 법이다.

2. 장소를 바꿔라

지금 있는 장소에서는 아무리 해도 좋은 생각이 나지 않는다면 어떻게 해야 할까? 일단 장소를 바꿔보라. 물리적인 장소를 바꿔도 좋고 정신을 다른 곳에 집중시켜도 좋다.

가장 쉽고 단순한 방법은 밖으로 나가는 것이다. 인상을 찌푸린 채 책상에 앉아서 모니터만 째려본들 아무것도 달라지지 않는다. 그럴 때는 간단한 메모 도구를 챙겨서 밖으로 나가야 한다. 바깥 풍경을 둘러보고 낯선 소리, 냄새, 느낌에 관심을 가지면서 새로운 생각이 떠오르기를 기다려보라. 집 안의 다른 방으로 가거나 사무실 옆의 휴식 공간, 카페, 공원 등에 가는 것도 좋은 방법이다.

또 다른 방법은 두뇌에 새로운 자극을 주는 것이다. 브리프만 오래

쳐다보고 있으면 같은 아이디어만 계속 머릿속에서 맴돌게 된다. 그럴 때는 브리프의 내용과 전혀 다른 분야의 책을 읽거나 영상을 보고 음악, 라디오 등에 귀를 기울이는 것이 좋다. 예를 들어 과일 주스의 광고 카피를 고심할 때는 공상과학 영화를 잠깐 보고, 요가 수업의 광고 카피를 만들어야 할 때는 강렬한 메탈 음악을 찾아서 들어보는 것이다. 그렇게 하고 나서 다시 브리프를 열어보면 전혀 새로운 아이디어가 샘솟는 경험을 하게 된다.

3. 프리라이팅을 시도하라

아무리 노력해도 좋은 아이디어가 떠오르지 않고 제자리걸음만 할 때는 프리라이팅free writing을 시도해보라. 쉽게 말해서 혼자 브레인스토밍을 해보는 것이다.

3분 정도 쉬지 않고 계속 글을 쓰거나 타자를 친다고 생각해보자. 제품에 관해 써도 좋고 광고 카피를 만드는 자신의 경험에 관해 써도 좋다. 이마저도 여의치 않으면 그저 머릿속에 떠오르는 생각들을 전부 다 쓰면 된다. 여기서의 핵심은 내용이 아니라 중간에 멈추지 않고 계속 써 내려가는 행위 자체다.

프리라이팅은 사고의 흐름에서 막힌 부분을 열어주고 무의식에 숨겨진 아이디어를 끄집어내주는 효과가 있다. 그리고 글을 쓰는 도중에 자기도 모르게 수정 작업을 하지 못하게 막아주고, 창의적인 아이디어를 생각해내는 데 집중하도록 도와준다. 어떤 카피라이터는 아침마다 짧게 프리라이팅을 시도하기도 한다. 그날의 글쓰기 작업 전체에 대한 일종의 '준비운동'을 하는 것이다.

4. 무의식을 활용하라

어떤 배우의 이름이나 노래 제목이 생각나지 않아서 발을 동동 구른 적 있는가? 그렇게 기억해내려고 애쓸 때는 생각나지 않던 것이 나중에 전혀 다른 일을 하다가 갑자기 떠오르는 경험을 누구나 해봤을 것이다. 이는 우리의 '무의식'이 작용했기 때문이다.

무의식의 특징은 자기 방식대로, 자기가 정한 속도에 따라 움직인다는 것이다. 브레인스토밍과 같은 방법에도 한계가 있다. 여러 사람이 힘을 합치고 무작위로 아이디어를 이리저리 연결하다 보면 전혀 생각지 못한 새로운 각도로 사물을 바라보게 된다. 하지만 이 작업도 결국 아이디어 공장을 돌리는 것이라서, 마감 시간이나 동료가 주는 압박을 받으며 머릿속을 마구 휘젓는 매우 힘든 작업이다.

무의식을 활용하는 가장 쉬운 방법은 바로 잠자기다. 밤새 무의식에게 문제를 처리할 시간을 주면 아침에 새로운 아이디어가 떠오를지 모른다. 만약을 대비하여 머리맡에 필기구를 준비해두는 습관을 가져보라.

우리의 신체와 정신은 서로 떼려야 뗄 수 없는 관계다. 따라서 운동도 약간의 도움이 된다. 산책이나 달리기, 수영 등 좋아하는 운동을 해보면 어떨까? 명상을 좋아하는 사람이라면 명상에 시간을 투자하는 것도 좋다. 몸을 여러 방식으로 움직이다 보면 머릿속에 새로운 아이디어가 번뜩 떠오를 수 있다.

5. '최악의 아이디어'를 생각하라

'성공은 실패의 저편에 있다'라는 말처럼 좋은 아이디어도 생각보다 가까이 있음을 기억해야 한다. 하지만 그것을 발견하기 전에 몇 가지 나쁜 아이디어를 거쳐야 할 수도 있다. 그러므로 당신이 해야 할 일은 단 하나, 종이에 계속해서 많은 아이디어를 써내려가는 것이다. 그렇게 쓰다 보면 좋은 아이디어에 점차 가까워지게 된다.

좋은 아이디어를 내야 한다는 스트레스를 완전히 벗어버리고 싶다면 '나쁜 아이디어'만 생각해내는 시도를 해보라. 종이 한 장을 준비한 다음, 가능한 최악의 아이디어를 계속 써보는 것이다. 지금 쓰는 아이디어는 다 버려야 하는 아이디어라고 생각하면 된다. 의외로 이런 과정에서 좋은 아이디어가 번뜩 생각날 수 있다.

셀 수 없이 많은 시행착오를 겪었던 토머스 에디슨도 저 유명한 말을 남기지 않았는가. "나는 실패한 것이 아니다. 그저 잘못된 방법 1만여 가지를 알게 된 것뿐이다."

6. 깨지기 쉬운 아이디어를 소중히 다루는 법

아이디어는 연약하고 힘이 없다. 그래서 우리는 아이디어를 탄생시킨 후에도 아기를 다루듯 계속 보살펴야 한다. 아이디어가 자라기도 전에 누군가에게 짓밟히면 아이디어는 쉽게 부서져버리고 말 것이다.

'네, 그리고…'는 아이디어를 개발하는 데 아주 좋은 기법이다. 누군가가 어떤 말을 하면 우리는 흔히 '네, 그렇죠. 그리고…'라는 식으로 응수한다. 아이디어에 이의를 제기하거나 아이디어를 아예 차단하는 일은 없어야 한다. 모든 아이디어는 있는 그대로 받아들여져야 하고, 타고난 수명만큼 지속되어야 하기 때문이다. 창의적인 아이디어를 얻기 위한 브레인스토밍이나 업무상 회의에서도 이 표현을 자주 사용하면 사람들이 더 많은 아이디어를 공유하거나 아이디어에 협조하도록 유도할 수 있다.

다른 사람과 공동작업을 할 때도 이 방법은 유용하다. 그리고 자기비판을 자주 하는 사람도 이 말을 적절히 활용하면 좋다. 그러면 아이디어를 깊이 생각해볼 시간적 여유가 생기고, 성급하게 가치 판단을 내리지 않고 아이디어의 진정한 가치를 음미할 수 있다.

'아니요'라고 응수하는 것이야말로 아이디어를 가장 빨리 짓밟는 행위다. 그런데 유명한 크리에이티브 디렉터 기드온 아미케Gideon Amichay가 지적한 것처럼 '아니오'가 모두 같은 뜻으로 쓰이지는 않는다. 어떤 때는 '아니요, 그런데…'이거나 '아니요, 예산이 부족하잖아요', '아니요, 시간이 없어요', '아니요, 다른 것을 시도해봅시다'라는 뜻이 된다.

이런 '아니요'는 더 많이 노력하거나 새로운 방향으로 생각하게 만드는 자극제 역할을 한다. 이 점에 관해 그는 이렇게 설명했다. "저항은 좋은 것입니다. 혁신, 첨단기술, 예술 등에서 저항은 긍정적 요소입니다. … '아니요'는 '네'의 시작이니까요."[36]

카피라이터도 클라이언트나 회계 담당자, 크리에이티브 디렉터, 같이 일하는 동료 카피라이터에게 '아니요'라는 말을 들을지 모른다. 때로는 자기 내면에서 '이건 아니잖아'라는 목소리를 듣게 되기도 한다. 그런 경우에는 '아니요, 그런데…'라고 생각해보자. 이 아이디어는 어디가 문제일까? 왜 제대로 된 효과가 나지 않지? 어떻게 바꿔야 할까? 아이디어는 그대로 두고 다른 것을 바꿔야 하는 걸까? 이러한 피드백에 대처하는 방법은 제15장에서 더 자세히 살펴볼 것이다.

10

이 광고는 대화인가? 통보인가?

리더의 귀에 '들리게' 말하는 법

'인게이지먼트'란 무엇인가?

디지털 마케팅에서 말하는 '인게이지먼트'engagement는 공유, 댓글 달기 등 온라인에서 특정 활동을 하게 만드는 것이다. 하지만 이 책에서 나는 이 단어를 훨씬 더 넓은 의미로 사용하려 한다.

리더의 인게이지먼트, 즉 참여engage를 유도하는 광고 카피를 쓰려면 리더와 대화를 이어가야 한다. 서로 좋아하는 주제로 동등한 위치의 두 사람이 편안하게 대화를 나눈다고 상상하면 된다. 상대방과 같은 표현을 사용하되, 상대를 무시하지 않고 상대의 지식이나 의견을 존중한다.

바쁘거나 지루하거나 지친 기색을 보여도 이해해주고, 상대방이 먼저 나에게 의견이나 정보를 구한 것이 아니라는 점도 잊지 말아야 한다. 내가 대우받고 싶은 대로 상대방을 대우하는 것이 가장 중요하다.

광고는 리더와 나누는 사적인 대화다

마케팅을 한마디로 정의하면 불특정 다수를 상대로 한 의사소통이라 할 수 있다. 그러므로 당신의 카피는 가능한 한 많은 사람에게 노출되고 읽혀야 한다. 그렇지만 광고 카피를 구상할 때는 불특정 다수가 아니라 단 한 명에게 말을 건넨다고 상상하면서 쓰는 편이 좋다. 실제로 성공한 광고 카피들을 보면 마치 카피라이터와 리더의 사적인 대화처럼 보인다. 반대로 혹평을 받는 광고 카피는 팀장이 직원에게 남긴 업무 지시 메모처럼 일방적인 느낌을 준다.

헬스클럽 가입을 권유하는 다음의 두 광고 카피를 살펴보자.

Before	After
플렉스 체육관Flex Gym 회원은 트레드밀, 스테퍼, 웨이트 등 다양한 기구를 사용할 수 있습니다. 정기적으로 헬스클럽에 와서 운동하면 얻을 수 있는 이점이 많습니다. 불과 몇 주 만에 몸매가 달라지고 체중이 감소할 겁니다.	우리 헬스클럽에 등록하시면 여러분은 트레드밀, 스테퍼, 웨이트 등 모든 기구를 사용할 수 있습니다. 정기적으로 오세요. 여러분은 불과 몇 주 내로 더 늘씬하고 보기 좋은 몸매를 갖게 되고 더 건강해질 겁니다.

왼쪽의 카피는 어떤 메시지를 전달하려는 건지 분명히 드러나지만 조금 밋밋하고 지루한 느낌이 든다. 같은 내용이지만 표현 방식을 조금 바꾼 오른쪽 카피를 보자. 의미만 놓고 보면 다를 게 없지만 오른쪽 광고가 좀 더 대화체로 느껴진다. 왼쪽 카피에는 '여러분'이라는 표현이 한 번도 나오지 않지만 오른쪽 카피에서는 이 표현을 자주 사용한다. 또한 '우리'라는 표현을 사용하여 리더와 가까운 관계라는 점을 암시한다. 그리고 '등록'하거나 '정기적으로 오다', '더 늘씬하고 보기 좋은 몸매를 갖게 되고 더 건강해진다'와 같은 표현으로 리더가 미래에 할 일을 구체적으로 언급한다.

리더에게 직접 말을 거는 방식이 가장 쉬우며 또 가장 효과가 좋다. '저 멀리 어딘가'에 있는 대상에게 중립적인 어투로 이야기하는 것보다 리더를 직접 마주하고 앉은 것처럼 일대일 대화를 시도해야 한다. 그러면 리더는 광고 카피에 더 강한 매력을 느끼며, 가까운 지인과 대화하듯이 대화의 내용에 몰입할 것이다.

리더는 대부분 혼자 있을 때 광고 카피를 접한다. 따라서 어떤 집단의 일원이 아니라 개인으로 대해야 효과적으로 다가갈 수 있다. 특정 집단을 겨냥한 광고에서도 '고음질 재생에 열광하는 분이라면 누구나'와 같은 표현은 일대일 대화에 참여하는 분위기를 주지 못하므로 절대 사용하지 않는다.

클라이언트가 리더라는 잘못된 생각

광고 카피를 고민하다 보면 리더에게 말을 걸어야 한다는 사실을 잊고 클라이언트 위주로 문구를 작성하기 쉽다. 또는 에이전시의 크리에이티브 디렉터나 프로젝트 담당자의 눈치를 보느라 리더의 존재를 잊어버리기도 한다. 물론 그들이 광고 카피를 의뢰한 당사자고 카피를 가장 먼저 읽어보며 최종 결정권도 가지고 있는 사람이라서 그럴 수밖에 없는 측면도 있다. 카피라이터라면 응당 카피에 대해 좋은 평가를 받고 싶고 클라이언트와 더 많은 작업을 해보고 싶을 것이다. 따라서 클라이언트의 취향에 맞추려는 마음이 들 수 있다. 하지만 그들의 개인적 취향이 프로젝트에 반드시 유리하다는 보장은 없다.

'리더는 이런 문구에 눈길을 줄 거야'가 아니라 '클라이언트가 이런 방식을 좋아할 텐데'라는 생각이 더 많이 든다면 이는 위험 신호다. 정신을 가다듬고 클라이언트가 아니라 '리더'가 어떤 문구에 귀를 기울일지 고민하라. 클라이언트에게도 좋은 인상을 주어야 하겠지만 광고 카피 자체가 아니라 광고 카피의 기반이 되는 접근 방식으로 클라이언트의 마음을 사로잡아야 한다. 예를 들어 광고 카피를 전달할 때 어떤 생각으로 이런 표현을 사용하게 되었는지 간단한 설명을 덧붙이거나 별도로 광고 전략을 간략하게 요약해줄 수 있다. 그런 설명이나 요약문을 클라이언트에게 전달할 기회가 없더라도 일단 만들어볼 만한 가치가 있다. 나중에 카피라이터 본인의 결정에 대한 근거로 사용할 수 있기 때문이다.

리더의 대답을 예측하는 대화 시나리오

광고 카피에 리더가 어떻게 반응할지 이미 알고 있다면, 리더의 반응에 대응할 표현을 미리 만들 수 있다. 아래의 맥주 광고는 해당 제품이 대중에게 아직 잘 알려지지 않았다는 점에서 착안한 것이다.

> 코파버그 과일 라거
>
> 오, 라거구나.

비교적 긴 광고에서 이 방법을 사용하면 리더를 대상으로 단방향 대화를 이어갈 수 있다. 그래서 리더가 제기할 만한 질문이나 이의에 대응이 가능하다. 물론 리더가 어떤 생각을 할지 '정확하게' 예측할 수는 없다. 그렇지만 앞에서 살펴본 '그래서 그게 뭐요?'와 같은 질문을 광고의 마지막 부분과 연결하면 꽤 유의미한 예측을 할 수 있다. 또 다른 예시를 함께 살펴보자.

광고 카피	리더의 생각
더 가볍고 더 저렴합니다 [노트북 이미지]	마침 노트북을 살 생각이었는데 이 광고를 좀 더 살펴봐야겠다.
탑랩3000은 현존하는 노트북 중 가장 얇습니다.	그래서 뭐?

크기나 무게 모두 잡지 한 권 정도라서 어디든 편리하게 가지고 다닐 수 있습니다.	가지고 다니기 편하다는 말인데, 나한테 큰 의미가 있을까?
ctium III 프로세서와 8기가 RAM이 장착되어 업무 처리나 게임에 전혀 문제가 없습니다. 배터리는 최대 10시간 지속됩니다.	스펙이 굉장하군. 가격도 비싸겠네.
최저가 499파운드로 평생 이보다 더 싸게 *탑랩*을 구매할 수 없을 겁니다.	말도 안 돼. 실제로 써보지 않고는 절대 안 살 거야.
*Laptop-R-Us*에 오시면 언제든지 직접 제품을 살펴볼 수 있습니다.	나도 한번 직접 가봐야겠네.

예시에서 볼 수 있듯이 이 방법을 사용하면 광고 카피에 자연스러운 흐름이 생긴다. 리더의 현재 위치를 시작점으로 잡고, 리더를 어디로 이끌어갈 것인지 정한 다음, 예상되는 리더의 반응을 중간 단계로 사용하면 된다.

'당신'이 아닌 '우리'

리더를 '상대방' 또는 '당신'이라고 생각할지 모르지만 기업이나 브랜드는 리더에게 말을 건넬 때 '우리'we라는 관점을 사용해야 한다. 물론 브랜드나 프로젝트의 특성에 따라 그 표현이 잘 어울리는 경우가 있고 그렇지 않은 때도 있겠지만 항상 이 점을 가장 먼저 시도해봐야 한다. 그렇지 않으면 앞서 살펴본 '플렉스 *체육관*'의 예시처럼 자신을 3인칭으로 만들어버린다. 실제 대화에서 자신을 3인칭으로 두면 매우 어색하게 들릴 것이다. 따라서 광고 카피에서도 브랜드를 스스로 3인칭화해서는 안 된다.

그보다는 제품을 의인화하여 리더에게 직접 말을 건네는 방식을 시도할 수 있다. 일례로 영국 고속버스 차량 뒷면의 광고 카피를 살펴보자.

미리 예매하시면 저를 훨씬 저렴하게 사용하실 수 있습니다.

정말 단순한 문구가 아닐 수 없다. '저'라는 표현을 사용하지 않으려면 '이 버스' 또는 '이 버스로 이동하시려면'과 같은 표현을 써야 하는데, 그러면 광고 카피의 효과가 줄거나 아예 문구 전체를 바꿔야만 한다. 그러나 지금 이 문구는 표를 예매하기도 전에 이미 승객과 버스가 한 팀이라는 이미지를 주기 때문에 매우 강력한 효과가 있다.

이번에는 구세군 밴에 부착된 광고 카피를 살펴보자.

저를 희망으로 가득 채워주세요.
한 꾸러미씩 기부하실 때마다 그걸 정말로 필요로 하는 사람들에게 희망을 선물하시는 겁니다. 감사합니다!

다정한 어투, 그리고 밴을 의인화해서 팀의 일원처럼 표현한 것이 광고 카피의 효과를 높여준다. 어떤 사람은 사물을 이렇게 의인화하는 방식이 유치하거나 지나치게 감상적이라고 생각하기도 하지만 내가 보기에 그것은 어디까지나 개인적인 취향일 뿐이다.

최고의 글은
말처럼 들린다

광고는 일종의 대화이므로 구어체 느낌이 들어야 한다. 하지만 어떤 카피라이터는 특정 스타일을 고집하곤 하는데 글이란 '당연히' 그래야 한다고 생각하기 때문이다. 어떤 내용을 광고로 전달해야 할지 잘 알고 있으며 말로 설명해보라고 하면 거침없이 이야기하면서도 키보드 앞에 앉으면 자기도 모르게 '글쓰기에 빠져들어서' 지나치게 격식을 차리거나 화려하고 복잡한 문장을 구사하는 것이다. 이런 분위기에서 리더에게 어떤 행동을 요구하면 상황은 더 악화할 수 있다. 격식을 갖춘 요구는 자칫 명령처럼 들릴 수 있기 때문이다.

내가 동네 카페에서 본 광고 카피를 잠깐 소개하겠다.

> 알림
>
> 고객분들께 정중히 요청합니다. 사용한 휴지와 생리대는 변기에 넣지 마시고 화장실 내에 마련된 쓰레기통을 사용해주시기 바랍니다.
>
> 감사합니다.

이 문구의 핵심은 매우 간단하다.

휴지와 생리대는 변기에 넣지 마세요.

변기에는 아무것도 버리지 마세요. 쓰레기통에 넣어주세요.

감사합니다.

아이러니하게도 격식을 갖춘 문구를 만드는 것이 더 빠르고 쉽다. 주로 글 쓰는 사람의 관심사나 문제들을 논할 때 그런 느낌이 드는데, 아무래도 자기가 겪는 문제를 고민하기는 쉬워도 리더에게 집중하는 데에는 좀 더 노력이 들기 때문이다. 또는 인쇄물로 글을 읽는 것에 익숙해져 있어서 빈 페이지를 보면 글로 가득 채워야 마음이 편해지는 탓도 있다. 이유가 무엇이든 간에 완성된 초안이 지나치게 격식을 차린 글처럼 보인다면 좀 더 대화체 느낌이 들도록 수정해야 한다. 유명한 소설가 엘모어 레너드Elmore Leonard는 "글을 쓴 것처럼 보인다면 다시 써라."라고 말하기도 했다.

글을 말하듯이 쓰려면 짧고 간단한 단어나 문장으로 쓰면 된다. 줄임말을 써도 좋고, 완전한 문장이 아니라 짧은 구를 사용해도 된다. 쉽게 말해 광고 카피를 소리 내서 읽었을 때 실제 대화에 쓰는 말처럼 자연스럽고 편안하게 들려야 한다. 특정 부분에서 막히거나 불필요한 표현이 많다면 즉시 수정하도록 한다.

20세기 초 미국에서 활동했던 카피라이터 존 케네디John E. Kennedy는 광고를 가리켜 '종이에 인쇄된 판매술'이라고 표현했다. 가능하다면 실제로 고객을 응대하는 판매원이나 현장 스태프와 직접 대화해보기 바란다. 그들은 제품이나 서비스, 베네핏을 매우 효과적으로 설명하는 요령을 알고 있지만 그들의 노하우가 아직 기업의 마케팅이나 광고 카피에 반영되지 않았을 확률이 높다. 실례가 되지 않는다면 "제가 처음으로 이 매장/사무실에 찾아온 고객이라고 생각하고 이 서비스를 저에게 한 번 설명해주세요."라고 간단한 역할극을 요청해 실제 대화에 가까운 광고 카피를 구상해보자.

광고 카피를 친구에게 그대로 말할 수 있는가?

유명한 미국의 광고 전문가 페어팩스 콘Fairfax Cone은 카피라이터에게 종종 이런 질문을 던지곤 했다.

"그 광고 카피를 친구에게 그대로 이야기할 수 있습니까?"

자신이 쓴 광고 카피가 너무 격식을 차린 글처럼 보인다면 이 질문을 적용해보기 바란다. 문장 하나하나를 분리한 다음 "지금 앞에 누군가를 앉혀 놓고 이 문장을 한 글자도 바꾸지 않고 그대로 상대방에게 말할 수 있을까?"라고 자문해보는 것이다. 또는 직접 소리 내서 읽으면서 그 문장이 대화처럼 느껴지는지 생각해보기 바란다. 반대로 누군가가 그 문장을 그대로 자신에게 들려준다면 어떤 느낌이 들지 상상해볼 수도 있다.

제3장에서 살펴본 것처럼 페르소나를 만들면 리더를 이해하는 데 많은 도움이 된다. 이참에 페르소나를 한번 만들어보면 어떨까? 지금 상상하는 인물이 현실에 존재하지 않아 다소 막막하다면 실제로 아는 사람을 리더로 삼아서 광고 카피를 작성해볼 수 있다. 배우자, 친구, 부

모, 형제자매, 오랫동안 함께 근무한 동료 중에서 제품을 살 만한 사람을 선택하여 어떻게 구매하도록 설득할지 한번 생각해보자.

리더는 결코 광고 카피를 읽으려고 대기하거나 느긋하게 기다려주지 않는다. 그들은 자기 일을 처리하거나 재미있는 일에 빠져서 정신없이 시간을 보낸다. 더 현실적으로 생각한다면 제품과 아무 상관이 없는 상황에서 누군가에게 제품을 광고한다고 상상해야 한다. 예를 들어 친구와 신나게 게임을 하거나 같이 놀러 나가려고 준비를 하는 사람에게 보험 광고를 하려면 어떻게 말을 꺼내야 할까? 상대방이 시간을 허비한다는 느낌이 들면 안 되므로 간결하게 핵심만 제시해야 한다. 어설픈 농담이나 지나친 미사여구를 사용하지 않도록 주의하여 상대방이 꼭 알아야 할 점만 알려주고, 궁금해할 만한 점에 답변해주고, 확신에 찬 태도로 강하게 보험 가입을 권해야 한다. 이것 외에도 광고 카피를 만들 때 생각할 점이 많겠지만 이 정도면 상당히 좋은 출발이라고 할 수 있다.

일상의 단어를 그대로 사용하라

리더와의 대화가 자연스럽게 이어지려면 리더가 평소에 자주 쓰는 단어를 사용해야 한다. 리더가 사용하는 표현에 맞춰주면 리더는 당신이 하는 말을 훨씬 빨리 이해할 것이다. 또한 카피라이터인 '당신'이 고객인 '상대방'을 충분히 이해하고 있다는 확신을 줄 수 있다. 당신과 상대방이 동등한 자격으로 대화를 나누고 있으며 상대방에게 호감과 존중심을 갖고 있다는 간접적인 증거가 된다. 또한 이 대화를 가치 있게 여기며 서로에게 유의미한 결론을 내리기를 원한다는 인상을 줄 수 있다.

반대로 모호한 표현, 지나치게 격식을 차리는 표현, 전문 용어를 사용하면 어떻게 될까? 우선 리더가 대화 내용을 제대로 이해하지 못할 가능성이 크다. 마치 리더인 자신을 무시하거나 별로 좋아하지 않는다는 느낌을 받을 수도 있다. 상대방이 어떻게 생각하는지 별로 관심이 없고, 당신이 하는 말이 무슨 뜻인지 알아서 파악하라는 듯한 느낌을 준다. 처음에는 대화 내용을 이해하고 싶었던 사람도 점차 내용을 파악하기 어려워지면서 감정적으로 위축되고 결국 마음의 문을 닫게 된다.

최근에 현금인출기를 사용하려고 줄을 서서 기다리는데, 내 앞에 있던 여자가 화면의 안내 문구가 무슨 말인지 모르겠다며 나에게 도움을 요청했다. 거기에는 다음과 같이 쓰여 있었다.

요구된 금액을 여러 장의 10파운드 지폐 단위로 입력해주십시오.

'금액', '여러 장', '요구된'과 같은 표현 때문에 사용자가 금방 이해하기 어려웠다. 이런 상황은 별로 놀랄 일이 아니다. 사실 12세 수준의 독해 능력이면 이해할 수 있는 안내 문구지만 영국의 평균 문해력 연령은 9세에 불과하다.[37] 영국 성인의 4분의 1이 교육부가 출제하는 독해 시험을 통과하지 못하는 수준이므로[38] 현금인출기 안내 문구가 어렵게 느껴지는 것도 이해 못할 일은 아니다. 그러니 비영어권 국가에서 온 외국인, 학습장애가 있는 사람, 치매를 앓는 사람은 얼마나 더 힘들지 상

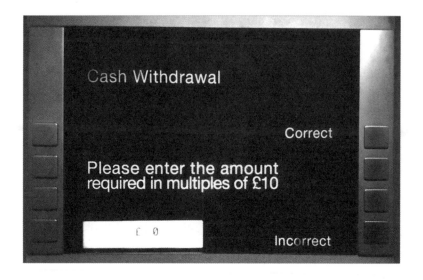

Cash Withdrawal

Correct

Please enter the amount
required in multiples of £10

[0

Incorrect

→ 적절하지 않은 표현, 즉 맞지 않는 표현을 사용하면 리더 앞에 장애물을 놓는 것과 같다.

상이 되고도 남는다.

현금인출기는 남녀노소를 불문하고 많은 사람이 사용하는 기기이므로 대부분의 사람이 이해할 수 있는 표현을 제시해야 한다. 앞의 안내 문구를 다음과 같이 바꾸면 훨씬 이해하기 쉬울 것이다.

찾으려는 금액을 입력하세요. 이 인출기에서는 10파운드 또는 20파운드 지폐만 뽑을 수 있습니다.

굉장히 투박한 표현이라고? 그렇다. 하지만 쉽고 명료해서 어린아이도 이해할 수 있는 문장이다. 변경한 안내 문구는 7세의 독해 수준에 맞춘 것이다. 리더에게 접근할 때 카피라이터는 이러한 마음가짐을 가져야 한다. 상대방의 문장 이해력이 어느 정도이든 상관없이, 누구나 이해하게 만들어주어야 한다. 종종 어떤 기업들은 제품의 이미지를 부풀려 포장하려 한다. 예를 들어 '보일러 수리'보다는 '난방 문제 해결'이라고 표현하는 것이다. 하지만 그런 표현이 고객에게 고급스러운 이미지를 남길 가능성은 적다. 오히려 고객은 '그래서 우리 집 보일러를 수리해줄 수 있다는 거야? 없다는 거야?'라며 답답한 기분을 느낄 것이다.

사람들이 온라인에서 제품을 찾는 방식을 생각해보면, 이렇게 쉽게 표현하는 것이 더 중요하다는 생각이 든다. 고객이 '나무 자르기'라고 검색할 경우 '정원 관리 및 조경 해결책'이라고 광고한 기업의 사이트를 찾을 수 있을까? 검색 마케팅을 고려하면 기업은 선택의 여지가 없다. 고객이 구글에 입력하는 검색어에 맞추지 않으면 경쟁업체에 온라인 고객을 뺏기고 말 것이다.

다행히도 구글 트렌드(trends.google.com)에서 사람들이 요즘 무엇을 검색하는지 확인할 수 있다. 사람들이 자주 검색하는 단어나 어구를 추적해줄 뿐만 아니라 대안도 알려준다. 일례로, 이 책을 집필하는 시점을 기준으로 지난 1년간 검색어를 찾아보면 '보일러 수리'는 67퍼센트고 '난방 해결책'은 12퍼센트였다. 하지만 가장 많이 입력된 검색어는 '가스 보일러 수리'로서 100퍼센트를 기록했다. 따라서 보일러 수리를 홍보하는 온라인 광고 카피를 쓴다면 '가스'를 반드시 포함시켜야 한다. 문맥상 가스 보일러를 가리키는 것이 분명하다고 해서 '가스'라는 단어를 생략해서는 안 된다. 이렇게 데이터 기반 도구를 사용하면 리더가 주로 쓰는 표현을 쉽게 파악할 수 있다. 카피라이터가 어떤 좋은 표현을 제안하더라도 클라이언트가 여기에 이의를 제기하는 경우가 있다. 각자의 생각을 내세우며 대립하기보다 구체적인 데이터를 잘 살펴보고 리더가 사용할 만한 표현을 최대한 활용하기 바란다.

리더의 입장에서 생각하라

이 책의 처음에 나온 카피라이팅은 다리를 놓는 것과 같다는 비유를 기억하는가? 카피라이터와 리더는 다리의 양쪽 끝에서 마주 보고 서 있다. 카피라이터는 리더가 다리를 건너오게 만들어야 한다. 어떻게 해야 리더의 마음을 움직일 수 있을까?

제자리에 서서 큰 소리로 상대방을 부르며 이쪽이 좋으니 이리로 건너오라고 하면 어떨까? 아니면 직접 상대방이 있는 쪽으로 가서 이야기를 나누거나 그 사람의 주변을 둘러본 다음, 훨씬 나은 이유를 제시하며 반대쪽으로 넘어가자고 설득할 수도 있다. 후자의 경우, 리더는 당신이 본인과 상대방, 즉 리더의 상황을 다 이해한다고 여길 것이다. 그리고 리더를 건너오게 하기 위해 당신이 고래고래 소리를 지르지 않아도 된다.

이렇게 리더를 설득하기 위한 대표적인 방법 중 한 가지는 제품의 베네핏을 리더의 상황과 연결 짓는 것이다. 다음 도표에 나온 사례를 살펴보자.

왼쪽의 문구도 그리 나쁘지는 않다. 하지만 다리를 건너 상대방의 입

Before	After
아무런 방해가 없는 홈오피스 *워크팟*WorkPod은 정원에 쏙 들어가는 나만의 사무실입니다. 집이 시끄럽고 북적북적한 분위기라도 혼자 숨어서 아무런 방해도 받지 않고 조용히 일할 수 있는 공간이 보장됩니다.	**내 목소리도 안 들릴 정도로 시끄러운 곳에서 어떻게 업무에 집중할 수 있을까요?** 아이들은 신나게 소리를 지르며 놀고 TV 소리까지 더해져서 매우 시끄럽습니다. 게다가 전화벨까지 울리네요. '집에' 있지만 '집안의 분위기에 휩쓸리지 않는' 조용하고 편안한 사무공간을 갖고 싶지 않으세요?

장을 직접 들여다보면 더 좋을 것이다. 리더의 상황을 출발점으로 정하고, 그다음에 제품의 베네핏을 제시하는 방식으로 바꾼 오른쪽 문구를 살펴보자. 이 카피는 카피라이터가 하고 싶은 말이 아니라 리더가 바꾸고 싶은 문제를 지적하며 시작한다. 평소 이 문제를 고민하고 있던 리더라면 카피의 첫 줄을 보자마자 마음을 열 가능성이 크다. 먼저 리더에게 공감을 표현한 후에 설득의 기초를 닦는 것이다. 이런 방식의 헤드라인 작성은 누구나 거리낌 없이 시도할 수 있을 정도로 쉽다.

개념이 아닌
구체적인 표현을 사용하라

광고 카피를 작성할 때 피해야 할 좋지 않은 예시를 하나 소개하겠다. 그리고 이런 광고 카피를 어떻게 하면 바람직한 예시로 바꾸는 지도 함께 살펴보고자 한다. 실제 광고가 아니라 내가 만든 가상의 광고다. 두 가

좋지 않은 예	바람직한 예
DBD 온라인 포털 사이트에서 신청서를 제출할 수 있습니다. 추가 서신을 보낼 수 없으므로 신청자는 신청 절차를 시작하기 전에 정확하고 완전한 정보를 기재할 수 있도록 먼저 잘 확인하기 바랍니다.	우리 회사 웹사이트에 오셔서 신청해주세요. 이메일을 보내주셔도 답장해드릴 수 없으므로 알려주어야 할 사항을 모두 기재했는지, 잘못 기재한 부분이 없는지 잘 확인해주시기 바랍니다.

지 예시를 통해 어떻게 광고 카피를 작성해야 리더가 헷갈리지 않고 우리가 전달하고자 하는 베네핏을 제대로 이해할 수 있는지 배울 수 있을 것이다.

왼쪽의 카피는 추상적인 용어를 많이 사용하며 답답하고 모호한 느낌을 준다. '구체적인 대상'이 아니라 '개념' 위주로 설명하고 있기 때문이다. 개념 설명만으로는 실제 상황에서의 어려움을 표현하기가 힘들다. 왼쪽의 카피를 좀 더 구체적인 표현으로 다듬은 오른쪽 카피를 보자. 오른쪽의 문구가 더 현실에 가깝다고 할 수 있는데, 리더가 일상생활에서 접하는 이미지를 더 많이 제시하고 있기 때문이다. '서신'이라는 말 대신 '이메일'이라고 했고 '신청자'라는 말은 사용하지 않았다. 리더가 추상적인 표현을 일일이 해석할 필요가 없으므로 어떻게 행동해야 하는지 직관적으로 알 수 있다.

종종 사람들은 이런 구체적인 표현이 격식을 필요로 하는 비즈니스 상황과 어울리지 않는다고 생각한다. 혹은 구체적인 표현을 쓰면 어린아이가 보는 그림책처럼 수준이 낮아 보일까 봐 걱정한다. 하지만 추상적이고 격식을 갖춘 어조를 고집했을 때의 불리한 점이 더 많다. 특히 영어가 모국어가 아닌 사람들을 겨냥한 광고 카피에서는 격식을 갖추는 것이 오히려 방해가 된다. 조금이라도 의심스러우면 평소에 사용하는 구체적이고 명확한 표현을 사용하는 편이 더 낫다.

명사보다는 동사를, 수동태보다는 능동태로

앞에서 살펴본 바람직한 예시의 또 다른 특징은 명사보다 동사를 많이 사용한다는 점이다. 왼쪽의 카피에는 '신청서', '서신', '정보', '신청 절차'와 같은 명사가 잔뜩 나오는데, 오른쪽의 카피에서는 이 단어들이 모두 '신청하다', '답장하다', '알려주다'와 같이 동사로 바뀌었음을 볼 수 있다. 이렇게 동사를 사용하면 카피를 더 간단하고 명확하고 짧게 표현할 수 있다.

또한 동사를 사용하여 실제 상황을 묘사하면 의미가 더 분명해진다. 예를 들어 사과를 먹거나 숲길을 걷는 모습을 상상해보라고 하면 우리는 이를 별로 어렵지 않게 시각화할 수 있다. 하지만 신선한 과일을 먹을 때의 '느낌'이나 수목이 빽빽한 곳을 답사하는 '느낌'을 시각화해보라고 하면 어떨까? 기본적인 의미는 같지만 후자는 그 뜻을 선뜻 이해하기가 어려워 머릿속에 무슨 이미지를 떠올려야 할지 망설이게 된다.

사람들은 종종 어떤 상황이 벌어지는지, 그 상황에 처한 사람이 누구인지 외부에 알리고 싶지 않을 때 일종의 방어 수단으로 명사 또는 명사구를 사용한다. 또는 '신청서', '서신', '신청자'와 같이 개인 업무에서 자주 쓰는 표현을 버릇처럼 사용하는 경우도 있다. 하지만 이미 언급했듯이 광고 카피는 카피라이터의 관심사나 걱정거리를 들여다보는 것이 아니라 리더를 향해 '얼굴을 바깥으로 돌려야' 효과가 있다.

또한 수동 표현이 아닌 능동태를 써야 말하고자 하는 바를 정확하게 전달할 수 있다. 일반적으로 문장의 주어는 어떤 동작을 하는 사람이나 사물이고, 목적어는 그 행동의 대상이다. '나는 문을 열었다'라는 문장에서 주어는 '나'고 목적어는 '문', 동사는 '열었다'라는 단어다. 수동태 문장은 문장의 주어가 동작의 대상이므로, 실제로 누가 동작을 하는지가 불분명하다. '문이 열렸다'라는 문장에서 '열리다'라는 상황과 그 대상이 '문'이라는 것은 알 수 있지만 누가 그 상황을 만들었는지는 파악하기 어렵다.

아래의 도표에서 왼쪽 문장은 수동태고 오른쪽 문장은 같은 의미를 능동태로 표현한 것이다.

수동태	능동태
신청서를 제출하실 수 있습니다. 어떤 서신도 수신되지 않을 것입니다. 신청자들에게 알려드립니다.	당신은 신청할 수 있습니다. 우리는 답장해드릴 수 없습니다. 기억하시기 바랍니다.

능동태를 사용하면 누가 무엇을 해야 하는지가 명확하게 드러난다. '당신'으로 표현된 리더는 신청하거나 기억해야 하며 '우리'로 표현된 기업은 답장을 하지 않는다고 분명히 고지하고 있다.

많은 경우에 능동태가 바람직하지만 간혹 수동태가 필요한 상황도 있다. 어떤 상황을 묘사하되, 직접적으로 누가 책임져야 하는지 언급하고 싶지 않을 때는 수동태가 제격이다. 예를 들어 '당신이 또 오븐을 끄지 않았잖아'라고 고래고래 소리를 지르는 것보다 '오븐이 또 켜진 상태로 방치되어 있네'라고 말할 수 있다. 고객의 실수를 지적하거나 고객이 어떤 절차를 깜박 잊어버렸다는 점을 알려줘야 할 때는 재치 있게 접근해야 하는데, 이럴 때 수동태를 사용할 수 있다. '귀하의 계정이 아직 활성화되지 않았습니다'처럼 말이다.

단어와 현실 사이의 괴리를 줄여라

리더에게 강렬한 인상을 남기고 싶을 때 '강력한', '혁신적인', '포괄적인'과 같은 단어를 내세우기 쉽다. 하지만 이런 단어는 추상적인 단어를 사용할 때와 비슷한 약점이 있다. 단어와 현실 사이의 괴리가 너무 크기 때문이다. 이런 단어를 자주 쓰면 말만 거창할 뿐 속 빈 강정이라는 이미지가 생길 우려도 있다. 그러므로 리더에게 구체적인 증거를 제시해서 광고 카피에 담긴 주장을 명확히 이해시키고 더 나아가 경쟁업체와의 차별성을 보여주어야 한다.

이때 '어떻게?'라는 질문을 사용하면 구체적으로 표현하는 데 도움이 된다. 거창한 단어를 마구 남발하지 말고 '어떻게 이 제품/서비스가 ~한가?'라고 질문해보는 것이다. 그러면 광고 카피에 사용할 만한 구체적인 표현을 빨리 찾을 수 있다. 몇 가지 예시를 함께 살펴보자.

구체적이지 않은 주장	질문하기	구체적인 주장
'프리랜서 찾기' 서비스는 매우 혁신적입니다.	어떻게 혁신적이지?	귀사의 프로젝트를 실제로 경험해 본 사람과 실시간으로 직접 대화할 수 있는 최초의 서비스입니다.
우수한 고객 서비스를 제공합니다.	어떻게 우수하다는 거지?	고객의 이메일에 24시간 이내에 답변해드립니다.
루브라이트는 매우 효과적인 변기 세정제입니다.	어떻게 효과적이라는 거야?	세균을 99.9퍼센트 제거합니다.
여러 개의 프로젝트를 동시에 처리할 수 있는 강력한 온라인 플랫폼을 제공합니다.	어떻게 강력하다는 거야?	한 번에 최대 20개의 프로젝트를 처리할 수 있으며, 각 프로젝트의 팀원은 10명까지 가능합니다.

관련 수치가 있다면 정확한 수치 자료를 제시하는 편이 좋다. 그렇게 하면 거창한 말로 자신을 포장하지 않고도 제품이나 서비스에 자신감이 있음을 드러낼 수 있다. 아래에 소개된 카피는 '언바운드'Unbound라는 크라우드펀딩 출판 플랫폼의 온라인 광고 카피인데, 수치의 효과가 얼마나 강력한지 한눈에 확인할 수 있다.

전 세계 13만 4,079명이 언바운드 프로젝트를 지지하고 있으며 이 아이디어를 현실화하는 데 도움을 주었습니다. 지금까지 280권을 출간했으며 이는 언바운드 커뮤니티의 전적인 후원이 있었기에 가능한 일이었습니다.

수치를 제시하면 좋은 이미지를 남길 수 있다. 물론 '좋다'의 의미는 문맥에 따라 달라진다. 만약 언바운드에서 출간된 책이 고작 아홉 권이라면 광고 효과가 그리 높지 않을 테다. 반대로 수천 권을 출간했다면 이 광고를 본 작가들은 출판의 수준이 너무 낮다고 생각할 것이다. 280권은 상당히 신뢰할 만하면서도 질적 수준까지 보장해주는 적정 수치라 할 수 있다.

구체적인 수치나 증거 등은 세부 사항에 해당하므로 제목이나 시작 부분이 아니라 광고 내용 어딘가에 슬쩍 끼워 넣어야 한다고 생각하는 사람도 있다. 하지만 구체적인 정보에 중요한 베네핏이 포함되어 있다면 제목이나 도입부처럼 잘 보이는 곳에 제시해도 된다. 저널리스트가 '리드를 파묻지 마라'라고 하는 이유도 바로 여기에 있다.

아래의 광고는 런던메트로폴리탄 대학에서 미래의 지원자들을 겨냥

→ 강력하고도 구체적인 주장으로 리더의 눈길을 사로잡는다.
(런던메트로폴리탄 대학의 허가를 받아 게재함)

해서 만든 광고인데, 지원자들이 주로 걱정하는 요소 중 하나를 직접적으로 언급하고 있다.

사장님들이 우리 학교를 아주 좋아합니다.

우리 학교 졸업생의 95퍼센트가 6개월 이내에 취업 또는 진학을 합니다.

리더가 이 문구를 접하는 시점에 대학 진학을 고민하지 않거나 해당 대학에 대해 전혀 들어보지 못한 상태일 수도 있다. 하지만 어느 대학에 진학할지 고민하거나 미래의 진로를 조금이라도 고민해본 사람이라면 커리어에 대한 확고한 보장이 상당히 큰 베네핏으로 느껴질 것이다.

듣고 보고
만질 수 있게 해주어라

앞에서 제품을 실제로 판매하는 요소는 제품 자체가 아니라 제품을 사용하는 경험이라고 이야기한 바 있다. 소시지로 치자면 소시지가 지글지글 익는 소리가 실제 매출을 유도한다는 것이다. 광고 카피는 바로 그런 경험을 잘 살려서 리더가 그 경험을 해보고 싶다고 생각하게 만들어야 한다.

러시아의 문예 비평가 빅토르 쉬클로프스키Viktor Shklovsky는 "예술이 존재하는 이유는 삶의 감각을 회복하기 위함이다. 예술이 있기에 우리는 사물이 존재함을 느끼고, 돌을 돌이라고 느낀다."라고 말했다.[39] 또한 그는 가장 효과적인 예술은 '낯설게 하기'defamiliarization인데, 일상생활에서 보고 듣고 느낀 것을 완전히 새롭고 흥미롭게 만들어 사람들이 전혀 다른 관점으로 보게 해주는 것이라고 말했다. 어찌 보면 카피라이팅도 제품을 사용할 때 보고 듣고 맛보고 손으로 느끼는 질감을 표현하는 감각적인 언어를 사용하여 그와 비슷한 효과를 낼 수 있다.

감각적 경험은 사람의 기억에 바로 영향을 주며, 그러한 기억은 강렬한 감정을 유발하는 힘이 있다. 따라서 감각적 언어를 사용하면 제품을 사용할 때의 '느낌'은 물론이고 경험에 대한 기억을 고스란히 떠올리게 된다.

마케팅 업계에서 쓰는 표현 중 '진실의 순간'moments of truth이라는 말이 있다. 사람들이 제품을 처음 접하고 구매 여부를 결정하는 시기가 최초의 진실의 순간이고, 실제로 제품을 사용한 후 제품을 판단하는 시점이 두 번째 진실의 순간에 해당한다. 세 번째 진실의 순간은 재구매 여부 또는 다른 사람에게 해당 제품을 추천할지 말지 결정하는 순간이다. 광고에서 감각적 언어를 써야 하는 이유는 그렇게 해야 리더의 머릿속에서 첫 번째 진실의 순간에서 두 번째 순간으로의 '이동'이 일어나기 때문이다. 제품에 관한 세부 사항이나 베네핏을 알아가는 과정을 지나서, 머릿속에서 제품을 '미리 경험'해보고 실생활에서 그 제품을 어떻게 활용할지 구상해보는 것이다. 여기서 핵심은 미리 경험하려면 일단 '제품을 이미 구매하기로 결정'해야 한다는 것이다. 이렇게 감각 언어를 통해 이미 제품을 구매했다고 상상하고 나면 현실에서 제품을 구매하는 것이 당연하게 느껴진다.

감각적 언어가 가장 많이 사용되는 분야는 단연 음식 광고다. 식당의 메뉴판을 떠올리면 쉽게 이해될 텐데, 맛이나 식감에 대한 생생한 표현이 많아서 머릿속으로 맛을 그려볼 수 있다. 우리가 메뉴를 살펴보고 주문할 음식을 결정할 때가 되면 이미 메뉴에 있는 모든 음식을 상상 속에서 전부 맛본 듯한 느낌을 받게 된다.

포테이토 스킨
볶은 버섯과 화이트와인, 잘게 다진 양고기, 잣으로 속을 가득 채웠으며 겉은 매우 바삭합니다.

이 문구를 읽으면 누구나 포테이토스킨을 한 번쯤 먹어보고 싶다는 생각이 들지 않겠는가?

제품 사용 경험도 어떻게 소개하느냐에 따라 감각적인 언어를 사용할 여지가 있다. 데이비드 로이드 클럽David Lloyd Club이라는 영국의 스포츠 및 피트니스 클럽 체인은 2016년에 다음과 같은 TV 광고를 만들었다.[40]

휴대전화, 열쇠, 일에 관한 걱정, 교통 체증 등 '모든 것'은 로커에 그냥 넣어버리세요. 망설이지 마세요. 당신의 심장이 뛰고 있음을 느끼세요. 온몸의 감각들이 깨어나는 것을 느끼세요. 얼마나 빠르게 달리고, 얼마나 무겁게 드는지는 상관없어요. 이렇게 하루를 마무리하고 침대에 몸을 누일 때면 '오늘 하루가 정말 좋았구나'라고 생각하실 겁니다.

이러한 광고 카피가 흘러나오면서 사람들이 운동을 시작하는 모습이 화면에 등장한다. 예전에는 운동을 귀찮고 힘들게 여겼지만, 이제는 신나고 즐거운 일로 생각하는 것을 알 수 있다. 감성적인 측면을 보자면 '모든 것을 로커에 넣는 것'은 하루의 걱정과 스트레스를 다 잊으라는 뜻을 잘 전달할 수 있는 효과적인 비유다(제8장 참조).

온라인 은행 퍼스트 다이렉트First Direct의 광고 카피를 살펴보자.

미래의 당신은 새 차의 독특한 냄새를 맡게 될 겁니다.

자동차 금융 상품 자체는 딱딱한 느낌을 준다. 하지만 새 차를 사는 즐거움을 강조한 덕분에 감성적 요소가 전혀 없던 광고 대상이 기쁨을 보장하는 약속으로 바뀌었다. 그리고 '미래의 당신'이라는 표현은 차를 구매하고 결제하는 과정은 생략하고, 새 차에 처음 탈 때 리더가 느끼게 될 기쁨에 집중하게 만든다.

어떤 경우에는 리더가 한 번도 경험하지 못한 것을 권유해야 하는데, 이때는 리더의 경계심을 풀어주고 새로운 경험이 즐겁고 안전하고 쉽다는 점을 피력해야 한다. 탄산음료 제조사인 닥터페퍼Dr. Pepper는 항상 틈새시장을 공략하는 전략으로 유명한데, 새로운 경험에 대한 경계심에 착안하여 다음과 같은 광고 카피를 만들었다.

최악의 상황이라고 해봤자 얼마나 심각하겠어요?

반대로 리더가 이미 잘 알고 있거나 친숙하게 여기는 상품이나 서비스에 관해 사람들이 잘 모르는 점을 강조하거나 새로운 경험의 가능성을 보여줘야 할 때도 있다. 켈로그 콘플레이크도 이런 관점에서 광고 카피를 만들었다.

얼마나 맛있는지 잊어버리신 건 아니겠죠?

그런가 하면 제품을 사용해서 부정적인 경험을 예방, 개선할 수 있다는 취지의 광고를 만들 때도 있다. 다음에 나오는 예시는 퍼스트 다이렉트의 또 다른 광고 카피다.

한밤중 배관 파열에 대비한 보험

이 광고 카피를 보면 리더는 '절대 경험하고 싶지 않은 일'에 집중하게 된다. 만약 불행히 그런 일을 겪게 되어도 도움을 청할 곳이 있다면 한결 나을 것이다.

B2B 광고 카피에서도 감각적인 표현을 피해야 할 이유는 없다. 그렇지만 B2B 서비스는 비교적 장기간 지속되거나 광범위하게 적용되는 특징 때문에 단 하나의 생생한 경험으로 압축해서 표현하기가 무척 어렵다. 따라서 서비스 구매 과정을 자세히 알려주고 사용법을 소개하는 편이 더 효율적이다.

운동선수는 중요한 경기를 앞두고 훈련할 때 자신이 경기에서 이기는 모습을 이미지 트레이닝하곤 한다. 현실이 아닌 상상이라 하더라도 한 번 경험한 것이 훨씬 익숙하게 느껴지기 때문이다. 상상해본 일을 현실에서 경험하면 '처음이 아니므로' 경계심이나 부담을 크게 덜 수 있다.

아래의 광고 카피는 리더에게 B2B 서비스를 미리 체험해보라고 권한다.

> 우리 서비스는 처음 연락할 때부터 고객의 필요에 온전히 집중하고 고객의 만족을 위해 최선을 다합니다. 우리 회사의 지원팀이 설치 단계부터 현장에 나가서 도와드리며 귀사의 팀원들이 소프트웨어 사용법을 잘 숙지하도록 성심성의껏 안내합니다. 소프트웨어를 사용하시는 중에 어려움이 생겼다면 언제든 전화나 이메일로 연락주세요. 어떤 것이든 기꺼이 도와드리겠습니다.

전반적으로 굉장히 담백한 어조를 써서 서비스를 안내하고 있다. 리더는 광고를 통해 어떤 단계가 진행되는지 미리 '볼 수' 있고 각 단계가 대략 어떤 모습일지 파악할 수 있다. 그래서 해당 서비스에 관해 문의하기 꺼려지던 마음이 많이 누그러지게 된다. 감정적인 측면을 보자면 '만족하다', '듣다', '필요', '도와주다'와 같은 표현들이 리더를 안심시키는 효과가 있다. 또한 리더는 이 서비스가 기업 간 거래로 끝나지 않고 사용자와 서비스 제공자가 밀접한 관계를 맺는 형태로 제공된다는 점에 마음을 열 수 있다.

하지 말라고 할수록 더 하고 싶은 법

인간의 정신은 '~을 하지 마세요'라는 표현을 이해하지 못한다. '코끼리를 생각하지 마'라는 말을 들었을 때 곧장 코끼리가 떠오르는 것처럼 말이다. 문장은 부정형이지만 코끼리 이미지가 떠오르는 것을 우리는 어찌할 수가 없다. 이처럼 구체적인 단어는 매우 강력해서 문법적 요소를 무력하게 만들어버린다.

이와 같은 정신적 과정은 개인이 내리는 결정에도 큰 영향을 준다. 일례로 흡연자는 건강이나 경제적 이유 때문에 담배를 끊고 싶어 한다. 그러나 '담배 끊기'라는 목표를 세우면 반대로 담배를 더 생각하게 된다. 자신이 그토록 피하려는 것을 온종일 머릿속에 떠올리게 된다는 얘기다. 그보다는 돈을 아끼거나 건강을 개선하고 담배로 인해 망가진 외모를 다시 가꾸는 데 집중하도록 하는 편이 금연을 시작하고 유지하는 데 더 효과적이다.

따라서 광고 카피를 만들 때는 '~을 하지 마라'는 부정형보다는 긍정형 표현을 사용해야 한다. '하지 말아야' 할 행동이 아니라 '하면 좋은' 행동을 부각해야 한다. 몇 가지 예시를 제시해보면 다음과 같다.

피해야 할 표현	더 나은 표현
살을 빼세요.	더 날씬해지세요.
쓰레기를 줄입시다.	자원을 더 잘 사용합시다.
업무량을 줄입시다.	더 많은 자유시간을 누리세요.
우리는 일을 대충 하지 않습니다.	우리는 언제나 여러분과 함께 있습니다.
기다리지 마세요.	지금 바로 행동하세요.
비용을 줄이세요.	돈을 절약하세요.

복잡한 건 다 버리세요.	단순화하세요.

그렇다면 이중 부정은 어떨까? 부정어를 두 번 겹쳤으니 결국 긍정적인 의미가 되지 않을까? 표면적인 의미는 긍정이지만 실제 느낌은 그와 조금 다르다. 마제스틱 와인Majestic Wine 봉투에 쓰인 문구를 한번 생각해보자.

실제 문구	개선안
마음에 들지 않는 와인에 돈을 낭비하지 않는 네 가지 방법	마음에 쏙 드는 와인만 구매하는 네 가지 방법

실제 문구에서는 '마음에 들지 않는'과 '낭비하지 않는'을 연결해서 이중 부정을 적용했다. 하지만 리더는 이 문장을 수학 문제 풀 듯이 하나하나 분석해야 한다. '돈을 낭비하지 않는 것'은 항상 효과적인 문구이므로 아마 이 문구를 사용하려고 이중 부정을 시도한 듯하다. 하지만 부정으로 바꾸어도 이미 돈을 쓴다는 의미가 포함되어 있어서 바람직하지 않다. 해당 문구는 오른쪽과 같이 수정하면 더 효과적이다.

하지만 부정어를 반드시 강조해야 할 때도 있다. 제6장에서 살펴본 것처럼 제품으로 문제를 해결할 수 있다고 강조하려면, 해결책을 제시하기 전에 '문제를 먼저 언급'해야 한다. 다음은 레이크랜드Lakeland 카탈로그에서 비누 만드는 기계를 소개한 광고 카피의 일부다.

단 한 번으로 비누를 완성하세요.

팬이나 틀처럼 번거로운 도구는 다 필요 없답니다.

　이 문구는 제목에 하나의 구체적이고 명확한 긍정적 베네핏을 제시한 다음, 제품을 사용할 때 어떤 부정적인 요소, 즉 불편이 사라지는지 설명해준다. 두 번째 문장은 긍정적인 표현으로 바꾸기가 어려워 보인다. 팬이나 틀에 상응하는 긍정적 도구가 아예 존재하지 않기 때문이다. 비누 만드는 기계가 등장한 이상, 그런 자질구레한 도구는 모두 자취를 감추게 된다는 것이 이 광고의 핵심이다.

전문 용어나 클리셰는 가능한 피하라

지금까지 살펴본 내용을 돌이켜보면서 광고 카피에 '전문 용어나 클리셰는 절대 사용하지 말라고 하겠지?'라고 생각할지 모른다. 답답한 업무 용어나 틀에 박힌 문구로는 절대 리더의 마음을 움직일 수 없다고 생각할 것이다. 과연 그럴까?

　카피를 쓸 때 절대적으로 금지하는 것은 없다. 사실 상황에 따라 전문 용어나 클리셰 역시 용인될 때도 있다. 전문 용어를 먼저 생각해보자. 모호한 말로 읽는 사람을 혼란스럽게 만들거나, 친숙하지 않은 유행어나 신조어를 남발하면 리더는 어떻게 생각할까? 대다수 리더는 그런 광고 카피에 선뜻 마음을 열지 못할 것이다. 하지만 모든 전문 용어가

다 그런 결과를 가져오지는 않는다. 전문 용어가 오히려 친숙하고 편한 집단을 대상으로 한 광고라면 얘기가 다르다. 카피라이터 본인이 익숙한 표현이라면 특정 집단을 겨냥해 일부러 전문 용어를 사용하기도 한다.

트랜스IP TransIP라는 업체는 이 방법을 매우 극단적으로 사용한 사례에 속한다.

```
<ul>
<li> 99.99% uptime </li>
<li> KVM </li>
```

〈li〉 100Gb/s network 〈/li〉

〈/ul〉

많은 사람이 '이게 무슨 말이지?'라며 고개를 갸우뚱할 것이다. 사실 나도 이 광고 카피를 전혀 이해하지 못한다. 하지만 어차피 나 같은 사람을 겨냥한 광고가 아니므로 내가 이해하지 못해도 전혀 문제가 되지 않는다. 알 수 없는 단축어와 HMTL 태그를 보면 인터넷 전문가를 대상으로 하는 광고라는 점을 알 수 있다. 또한 이 광고는 특징을 굳이 베네핏으로 포장하지 않아도 되는 사례라고도 할 수 있다. 광고가 타깃으로 삼은 리더가 알아서 베네핏을 척척 파악할 수 있기 때문이다.

젊은 층의 리더를 공략할 때 이모티콘을 활용하고, 책을 좋아하는 리더를 대상으로 할 때는 문학적인 비유를 사용하고, 특정 취미를 가진 사람들이나 특정 대상을 선호하는 사람들에게는 그들만의 전문 용어나 은어를 사용할 수 있다. 이런 광고에는 메시지가 일종의 매개체 역할을 한다. 리더에게 특정 메시지를 전달한다기보다 그들의 세계에서만 통하는 언어를 구사하는 것을 보여줌으로서 그들의 감정, 생각, 선호도를 누구보다 잘 안다는 점을 피력하는 것이다.

하지만 이렇게 특정 영역에 최적화된 언어는 그 분야를 자신이 잘 알 때만 사용해야 한다. 해당 영역에서 조금이라도 맞지 않은 상황에 적용하면 리더가 이를 금방 눈치채게 되고, 그러면 광고 카피에 대한 흥미나 신뢰도가 급격히 떨어지게 되기 때문이다. 클라이언트는 해당 분야를 잘 아는 사람이므로 특화된 언어를 사용할 때는 클라이언트에게 적절한 감수를 받는 것이 좋다.

그렇다면 클리셰는 어떨까? 클리셰도 절대적으로 피해야 할까? 우선 클리셰란 지나치게 오랫동안 사용되어 사람들에게 강렬한 이미지를 주지 못하는 은유나 비유를 뜻한다. 조지 오웰의 유명한 에세이 《정치와 영어》Politics and the English Language 에서는 기자들에게 '글에서 자주 본 은유나 직유 등은 절대 사용하지 말라'고 조언한다.[41] 흔해 빠진 글일수록 무시되기 쉬우며, 사람들을 생각하게 만들지 못하면 광고 카피에 담긴 아이디어가 전달될 가능성도 그만큼 적어진다. 반대로 참신한 표현을 사용하면 리더에게 신선한 이미지를 선사하여 관심을 두고 계속 생각하게 만들 수 있다.

조지 오웰의 에세이는 1946년에 발표되었으나 요즘 기사를 읽다 보면 기자들이 오웰의 에세이를 제대로 숙지하지 않은 것 같다. '정계 유력 인물', '쏟아지는 찬사', '알려지지 않은 영웅', '압도적인 승리'와 같은 표현들을 심심찮게 볼 수 있으니 말이다. 이래도 괜찮은 걸까?

물론 어떤 표현은 너무 많이 사용되어서 사람들이 지겹다고 생각하지만 반대로 또 어떤 표현은 여전히 풍부한 의미를 전달하며 자주 사용되기도 한다. 우리가 클리셰를 사용하는 데는 다음의 다섯 가지 합리적인 이유가 있다.

첫째, 클리셰는 특정한 목소리의 전형적인 특징으로 사용될 수 있다. 어떤 기자가 고위 장관을 가리켜 '정치계의 쿼터백' 또는 '웨스트민스터의 스모 선수'라고 한다면 사람들은 그가 신입 기자거나 영어를 모국어로 쓰지 않는 사람이라고 생각할 것이다. 그가 사용한 표현은 전례가 없어 참신하다고는 할 수 있으나 적절하다고는 생각되지 않기 때문이다. 상황에 맞는 도구를 잘 사용해야 권위가 생기는데, 신문 기사와 같은 글에서는 언어가 바로 가장 중요한 도구다. 권위에 관한 점은 제12장에서, 어조에 관한 점은 제15장에서 자세히 살펴보기로 하자.

둘째, 클리셰는 일종의 지름길과 같다. 원래 그 표현이 널리 사용된 이유도 바로 특정 사상이나 아이디어를 기가 막히게 잘 표현했기 때문이다. 글을 쓰는 사람의 입장에서는 매번 새로운 표현을 생각해내기보다 클리셰를 가져다 쓰는 편이 더 편리하고 효과적이다. 그리고 리더 역시 그리 부지런한 사람이 아니다. 사람은 누구나 머리 쓰는 것을 귀찮게 생각한다. 따라서 클리셰는 글을 쓰는 사람과 읽는 사람 모두에게 편리한 지름길이 될 수 있다.

셋째, 널리 사용되는 표현은 세상 사람 모두가 인정하는 사실을 표현하기 때문에 설득력이 크다. '여우와 신포도'라든가 '양치기 소년'처럼 아주 짧은 단어만으로도 도덕적 교훈이 담긴 이야기나 심리학적인 사실을 강조할 수 있다.[42] 또한 이런 표현을 사용하면 리더와 공유하는 문화를 기반으로 내가 하고 싶은 말을 효과적으로 전할 수 있다. 리더가 흔쾌히 동의할 수 있으며 많은 사람이 받아들이는 일상적인 지혜를 사용하면 리더도 이를 훨씬 편안하게 받아들일 것이다.[43] 이 또한 사회적 증거로 볼 수 있는데, 자세한 점은 제12장을 참조하기 바란다.

넷째, 이미 잘 알려진 표현은 생생하고 구체적인 의미를 전달할 수 있다. B2B 리더를 겨냥한 광고 카피를 만든다면 '일상적인 프로젝트'day-to-day projects보다는 '돈이 되는 일'bread and butter work이라는 표현이 더 와닿을 것이다. 추상적인 표현이 쉽게 이해되지 않는 상황에서는 단어 하나, 비유 하나만 잘못되어도 리더는 광고의 의미를 원래 의도와 전혀 다르게 해석할 우려가 있다.

마지막으로 클리셰는 누구나 다 아는 표현이므로 리더에게 편안함을 준다. 친숙한 표현은 친숙한 만큼 이해하기가 쉬워서 사람들이 경계하지 않으며 신뢰도가 높다. 그런 까닭에 클리셰가 행동과 관련된 것이라면 행동에 옮기기도 쉽다. 심리학에서는 이를 '인지 유창성'cognitive fluency이라고 한다.[44] 따라서 리더를 편안하게 만들거나 리더에게 확신을 주는 어조를 사용하려면 단어나 표현 선택에서 지나친 모험은 삼가야 한다.

일례로 데어리리Dairylea 치즈 스프레드는 다음과 같이 매우 고전적인 광고 카피를 사용한다.

> 아이들은 소들이 집에 올 때까지till the cows come home('언제까지나', '영원히'를 뜻하는 관용적 표현—옮긴이) 이 치즈를 먹을 겁니다.

아주 오래된 관용구를 사용한 탓에 광고 카피가 다소 평범해 보일지 모른다. 하지만 심신이 지친 부모라면 파격적인 광고 카피보다 이런 진부한 표현이 오히려 편안하게 느껴질 수 있다. 다른 예로 데어리 크레스트Dairy Crest에서 나오는 체다 치즈인 체즈Chedds의 광고 카피는 파격적이다 못해 다소 기이한 느낌을 준다.

> 체즈는 체다가 되고, 체다는 체즈가 되지. Chedds be Cheddar. Cheddar be Chedds

내 말을 부디 오해하지 않길 바란다. 일부러 진부한 표현을 사용해서 광고 카피의 이미지를 깎아내리라는 말이 아니다. 특정 상황에서는 사람들에게 친숙한 클리셰를 '선택적으로' 사용하는 것도 나쁘지 않다는 뜻이다. 그 상황에서 클리셰를 사용하는 것이 리더에게 가장 효과적이라고 생각된다면 주저 말고 시도해보기 바란다.

카피라이터의 강력한 무기, 스토리텔링

스토리텔링은 카피라이터의 강력한 무기 중 하나다. 요즘은 인기가 좀 시들해졌지만 마케팅 업계에서는 이 방법을 수십 년간 사용해왔다. 많은 브랜드가 '최고 스토리텔링 책임자'Chief Storytelling Officer를 기용하기 시작한 것도 그리 놀랄 일은 아니다. 기업 활동에서 스토리텔링의 역할이나 효과가 그만큼 상당하기 때문이다.

이야기는 우리가 세상을 이해하기 위해 써왔던 가장 오래된 방식이라고 할 수 있다. 인간은 말을 시작할 무렵부터 많은 이야기에 노출되고 그렇게 이야기는 우리의 가장 깊은 감정과 기억에까지 침투한다. 어린 아이에게 이야기를 읽어주면 아이는 이야기를 통해 사물이 움직이거나 상황이 전개되는 방식을 이해하고, 직접 경험해보지 못한 많은 상황에도 대비하게 된다. 성인은 주로 자신의 기억, 감정, 고민거리, 다른 사람과의 관계에 관해 이야기한다. 이야기는 그저 인생에 관한 것이 아니라 '인생 그 자체'라고 해도 과언이 아니다.

그렇기에 이야기는 마법 같은 효과를 가져올 수 있다. 우리가 처한 현실과 전혀 다른 곳으로 데려가기도, 아주 친숙한 상황으로 데려가기도 하기 때문이다. 인지심리학자 키스 오틀리Keith Oatley는 이야기를 읽을 때 "자신만의 새로운 픽션이 생겨나거나 새로운 꿈이 만들어지고, 자신만의 연출이 시작된다."라고 말했다.[45] 이야기를 들으면 우리 뇌에서는 마치 실제로 그 사건을 지켜보거나 경험하는 것처럼 관련 부분이 활성화된다. 그리고 과거의 경험 중 관련된 부분이 떠오르기도 한다.

이야기는 매우 강력한 힘을 발휘할 수 있다. 일단 이야기에 빠져들면 우리는 그 흐름에 휩쓸려 간다. 스토리텔러는 전지전능한 신과 같이 리더의 생각, 감정을 지배하고 리더는 이야기 속의 관점대로 사물이나 상황을 바라보게 된다. 적어도 이야기를 듣는 동안에는 그렇다. 그리고 결말이 너무 궁금하므로 이야기를 끝까지 읽지 않고는 못 배기는 상태가 된다. 이런 점을 종합해보면 이야기는 단순한 글쓰기 기법 그 이상이라는 사실을 알 수 있다. 우리는 이야기를 읽으며 단순히 정보를 얻거나 베네핏을 비교하는 것과는 전혀 다른 경험을 하게 된다. 그만큼 이야기는 매우 독특하다.

이야기는 광고 카피를 만드는 데도 여러 가지 방법으로 도움이 된다. 사람들이 꼭 알아야 할 사항을 쉽게 기억하게 만들고, 현실에 있는 인물, 사건, 감정을 활용해 다소 딱딱해지기 쉬운 메시지에 인간적인 면모를 추가해주기도 한다. 사람은 태생적으로 이야기에 집중하고 거기에서 얻은 교훈을 기억하도록 만들어져 있으므로 스토리텔링은 다른 기법보다 훨씬 설득력이 크다고 할 수 있다.

특히 고객 경험에 대한 글을 쓸 때 자연스럽게 이야기 형태로 광고 카피를 만들 수 있다. 런던에 있는 용접 수리 서비스 회사인 웰드픽스Weldfix의 광고 카피가 좋은 예시다.

이 문의 경첩 부분은 녹이 슬고 부서져 있습니다. 하지만 용접 수리 후에 다시 잘 움직이고 있죠. 출입문 수리가 필요하시면 우리에게 연락주시기 바랍니다.

매우 간단한 광고 카피지만 문제, 행동, 해결책이라는 기본 3요소를 다 갖추고 있다. 이는 유명한 신화, 소설, 연극 및 영화에 등장하는 '주인공의 여정'hero's journey과 같은 형태다. 주인공은 모험을 떠나자는 요청을 받은 후에 어려움을 극복하게 되고, 집에 돌아올 즈음에는 완전히 다른 사람으로 바뀌어 있다. 이야기에 쓰이는 이 공식을 대부분의 제품이나 서비스에도 적용할 수 있는데, 어떻게 문제를 해결하거나 변화를 만들 것인지, 또는 어떻게 고객이 제품이나 서비스를 사용하게 되는지 보여주면 된다.

기업 광고의 경우라면 기업의 역사를 하나의 이야기로 만들 수 있다. 또는 특정 제품이 만들어지거나 개발된 과정을 이야기로 정리해도 좋다. 일례로 나는 영국의 발열 의류 브랜드 히트홀더스Heat Holders의 제품 포장에 착안하여 다음과 같이 이야기 형식의 광고 카피를 만들었다.

히트홀더스의 이야기

오래전인 2006년, 히트홀더스의 발명가 데이비드 도티David Doughty는 아들이 럭비하는 모습을 지켜보다가 아이의 발이 꽁꽁 얼어 있다는 사실을 알게 되었다. 소위 '발열' 효과가 있는 양말을 신고 있는데도 도움이 되지 않았다. 그때 도터는 새로운 제품, 즉 겨울이라는 것을 잊을 정도로 따뜻한 발열 양

사례 연구, 고객 여정, 문제와 해결책

문제 → 해결책 → 결과

주인공의 여정

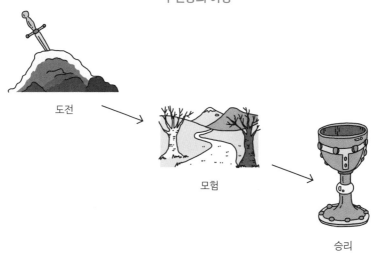

도전 → 모험 → 승리

→ 사례 연구와 스토리텔링 마케팅은 사실 같은 기본 구조를 사용해서 주인공의 여정을 만든 것이다.

말을 만들기로 마음먹었다.

2년간 고생한 끝에 드디어 히트홀더스만의 독자적인 제품이 탄생했다. 사람들은 모두 이 양말을 극찬했으며 다들 특허를 내야 한다고 입을 모았다. 그 후로 우리 회사는 모자, 장갑, 레깅스 등 제품의 범위를 널리 확장했으나 '무조건 따뜻해야 한다'는 제품 철학은 그대로 유지하고 있다.

이 광고에서 몇 가지 배울 점이 있다. 우선 이 이야기는 기업, 제품, 특징이 아니라 사람, 사건, 감정 위주로 전개된다. 둘째, 처음에는 자신이 없었다가 나중에 효과적인 제품을 발견하는 경험은 누구나 한 번쯤 해보았기 때문에 이 이야기는 메시지를 쉽고 명확하게 전달하며 기억에도 오래 남는다. 끝으로 광고가 너무 화자 위주로 흐르지 않고, '우리'라는 표현을 사용한다. 또한 발명가 데이비드 도터와 그의 제품을 좋아하는 사람들이 등장할 여지도 허용한다.

흥미로운 이야기는 반드시 시련과 우여곡절을 포함한다. 극적인 위기나 심각한 갈등을 겪은 후에 비로소 해피엔딩이 등장하는 것이다. 이 야기의 주인공이 집으로 돌아오기 전에 크고 작은 위기에 봉착하는 것과 비슷하다. 경쟁자나 적을 만나기도 하고 위험한 상황에 처하거나 예기치 못한 일을 겪기도 하며 자연재해를 당하기도 한다. 혹은 실력을 더 키우거나 약점을 극복하느라 자기 자신과 힘겨운 싸움을 벌이기도 한다. 히트홀더스의 광고에서는 발열 기능이 없는 양말이 문제였고, 도터는 더 나은 제품을 만들어서 이 문제를 해결했다.

이노센트 드링크Innocent Drinks(영국의 유명한 스무디 브랜드―옮긴이)의 웹사이트에도 다음과 같은 기업 스토리가 소개되어 있다.[46]

누가 봐도 뻔한 내용

창립자 세 사람은 사업계획서를 작성했다. 하지만 선뜻 투자하겠다고 나서는 사람은 아무도 없었다. 더 정확히 말하자면, 사업계획서 자체가 누가 봐도 진부하고 뻔한 내용이었다. 그들은 사업계획서를 무려 11번이나 새로 작성했다. 하지만 런던에 있는 은행, 벤처자본가 및 엔젤투자자들은 모두 고개를 저었다.

핀토 씨에게 감사드립니다.

그들은 주변의 모든 지인에게 절박한 심정을 담아 이메일을 보냈다. 메일 제목은 "혹시 주변에 좋은 투자자가 있으면 좀 소개해주세요."였다. 그렇게 해서 핀토 씨라는 점잖은 남자를 알게 되었다….

사실 기업으로서는 투자자를 찾느라 고생한 내용을 공개하고 싶지 않을 것이다. 결국 적당한 투자자를 만나서 일이 잘 풀렸더라도 그전까지의 과정을 자랑스럽게 여길 리 없다. 사업계획서가 그만큼 빈약했다는 약점이 드러나기 때문이다. 하지만 이노센트 드링크는 한때 어려움을 겪었다는 점을 솔직하게 인정했고 자화자찬으로 끝내지 않은 덕분에 기업 이야기에 인간미와 솔직함을 더할 수 있었다. 또한 '누가 봐도 뻔한 내용'이라는 자아비판적 문구가 아이러니컬하게도 오히려 사람들의 관심을 자극할 수 있었다.[47]

어떤 브리프는 어려움을 많이 언급하거나 '어려움만' 언급하는 이야기를 일부러 요구하기도 한다. 아래의 광고는 알코올 의존증에 시달리는 사람들을 도와주는 자선단체에서 만든 것인데, 환자가 털어놓은 참혹한 이야기를 그대로 인용했다.

안녕하세요, 저는 쉰두 살이고 사울레라고 합니다. 열네 살 때부터 맥주를 마시기 시작했는데 점점 독한 술에 중독되었어요. 그렇게 하루에 1리터 이상 마시게 되었죠. 가족들은 저와 같이 못 살겠다며 모두 떠났습니다. 지금은 혼자 지내고 있으며 간경변증 위험이 매우 큰 상태입니다. 이대로 죽고 싶지 않아요. 제발 도와주십시오.

이제 광고를 읽은 리더가 이 이야기에 행복한 결말을 만들어주어야 하는데, 그 방법은 바로 자선단체에 기부하는 것이다. 사울레의 상황이 문제 제시라면 리더의 반응이 해결책이 되는 셈이다.

마지막으로 한 가지 주의할 점이 있다. 이야기가 매우 효과적인 기법이긴 하지만 모든 것을 해결하는 마법은 아니다. 이야기를 제시한다고 해서, 특히 인간미 넘치는 인물이 등장하거나 심금을 울리는 전개를 사용한다고 해서 사람들이 무조건 관심을 보이지도 않는다. 또한 매우 강력한 이야기를 제시해도 사람들은 새로운 것에 더 끌릴지 모른다. 어떤 때는 페이스북에 새로 올라오는 글이나 사진이 사람들의 관심을 가장 많이 끄는 것처럼 보이기도 한다. 그러므로 이야기를 활용해 광고 카피를 작성할 때는 그것이 자기 전에 읽어주는 동화책이 아니라 길모퉁이에서 우연히 마주치는 글이므로 흥미가 생기지 않으면 리더가 언제라도 발걸음을 옮길 수 있다는 사실을 기억해야 한다. 따라서 카피라이터 본인부터 읽고 싶다는 생각이 드는 이야기를 제시하는 것이 좋다. 그렇게 한다면 리더가 보이는 관심을 귀하게 여기고 존중할 수 있다.

옛날옛적에…

자신의 인생을 돌아보고 한두 가지 소재를 찾아 이야기를 만들어보라. 어떤 어려움을 겪었으며 어떻게 극복했는가? 리더가 푹 빠져들 정도로 재미있는 이야기로 만들려면 어떻게 구성해야 할까?

11

모든 초고는 쓰레기다

카피에 생명력을 더하는 퇴고 전략

고치고 고치고
또 고치고

이 책의 집필 과정을 설명하기 시작하면 여러분이 지루해할 게 분명하므로 여기서 그 이야기를 하지는 않겠다. 하지만 굳이 한마디를 하자면 이 책의 초고는 지금과 많이 달랐다(정말이지 그 원고는 아무에게도 보여주고 싶지 않다). 초고를 완성하는 것보다 퇴고 작업에 세 배 이상의 시간이 더 들었던 것 같다.

카피라이팅도 마찬가지다. 창의적인 아이디어는 갑자기 번뜩 생각나지만 완성도 높은 광고 카피를 얻으려면 처음에 만든 문구를 고치고 또 고쳐야 한다. 많은 경우에 초안이 완성된 '후에' 표현 기교가 적용되거나 흔히들 말하는 '영감'이 떠오르곤 한다. 어니스트 헤밍웨이도 '글쓰기는 사실 퇴고 작업이 전부'라고 말했다.

퇴고 작업 시 유의할 점을 정리하면 아래와 같다. 표의 내용 중 일부는 뒤에서 따로 자세히 살펴볼 것이다.

길이	• 광고 카피가 너무 길거나 너무 짧지 않은가? • 필요한 내용을 모두 담고 있는가? 군더더기가 있거나 지나치게 생략된 부분이 있지 않은가? • 문구의 내용만으로 상대방의 마음을 움직이기에 충분하다고 여겨지는가?
초점	• 주제가 단 하나이며 명확한가? 광고 카피가 길다면, 섹션이나 문단마다 명확한 주제가 드러나는가? • 헤드라인에서 약속한 내용을 본문에서 잘 설명하는가? 광고 카피가 길다면 각 섹션은 소제목의 내용과 부합하는가? • 동시에 두 가지 효과를 노린 부분은 없는가? 만약 있다면 하나씩 따로 분리해야 하는가? 아니면 그대로 두는 편이 더 효과적인가? • 주장이 다소 빈약한 부분이 있다면 이를 삭제할 것인가? 그렇게 하면 전체적인 문구가 주는 효과가 커지는가? • 광고의 핵심에서 벗어나는 부분이 있는가? 그런 부분은 순서를 바꾸거나 아예 삭제해야 하는가?
반복	• 베네핏, 설득, 정보 제공, 어조나 느낌의 측면에서 각 부분은 저마다 유의미한 역할을 맡고 있는가? • 같은 점을 두 번 언급한 곳은 없는가? 있다면 둘 중 어느 부분을 삭제할지 결정한다. • 같은 단어, 표현을 두 번 반복한 부분이 있는가? 도메인 용어나 검색엔진 최적화에 필요한 경우가 아니라면 같은 표현을 반복하지 말고 다르게 바꿔서 표현하는 것이 훨씬 낫다.

순서	• 여러 가지 아이디어가 논리적 순서로 제시되어 있는가? 연결이 자연스럽지 않거나 단계를 잘못 제시한 곳은 없는가? • 핵심 베네핏을 먼저 소개하고 부차적인 베네핏은 나중에 제시하는가? • 여러 가지 요점이 서로 연관되거나 상호 연결되는 경우, 각 요점을 적절한 순서로 배치했는가?
속도	• 광고 카피는 일정한 속도로 전개되는가? • 광고 카피의 분위기와 어울리는 속도인가? 특정 부분이 너무 빠르게 전개되거나 너무 느리지 않은가? • 속도를 달리할 때는 그럴 만한 이유가 있는가? 속도를 바꾸면 어떤 효과를 낼 수 있는가?
문단	• 문단마다 하나의 주요 아이디어가 명확히 드러나는가? • 전체 흐름상 적절한 부분에서 문단을 나누었는가? • 인쇄물, 디지털 매체, 모바일 등 광고 매체에 따라 문단의 길이가 적절하게 쓰였는가? • 모든 문단의 길이가 같은가 아니면 다양하게 변화를 주었는가?
문장	• 문장 대부분이 명확한 어순에 따라 전개되는가? • 수동태를 사용했다면 그렇게 한 이유는 무엇인가? • 문장을 나누거나 어순을 바꿔서 좀 더 단순한 문장으로 다듬을 수 있는가? • 한 번의 호흡으로 문장을 편하게 읽을 수 있는가? 그렇지 않다면 너무 긴 문장이므로 적절히 조정해야 한다. • 긴 문장과 짧은 문장을 적절히 조합했는가?
구절	• 한 단어로 바꿀 수 있는가? • 모호한 표현이나 클리셰를 사용했는가? 일부러 사용했다면 그럴 만한 이유가 있는가?
단어	• 표현하려는 내용을 잘 전달할 수 있는 단어인가? • 더 쉽고 많이 사용되는 유의어로 바꿀 수 있는가? 그렇게 바꾸는 게 더 나은가? • 추상명사를 구체적인 동사로 바꾸었을 때 더 효과적인가? 예를 들어, '발굴'은 '땅을 파다'라고 표현할 수 있다.

	• 약어, 과학 용어, 전문 용어 등 설명이 필요한 단어를 사용했는가? 설명을 덧붙이지 말고 아예 그 단어를 사용하지 않는 방법은 어떤가?
설명과 묘사	• 설명이나 묘사 부분은 광고의 목적에 잘 부합하는가?
	• 형용사와 부사는 필요한가? 동사로 바꾸어 표현하는 편이 더 낫지 않은가?
	• 사진 등 다른 방법으로 설명하면 더 분명하게 전달할 수 있는가?

→ 광고 카피를 수정할 때 고려해야 할 사항

짧게 써라,
그러면 읽힐 것이다

광고 카피는 무조건 짧을수록 좋다고 해도 과언이 아니다. 이렇게 말할 수 있는 이유는 다음과 같이 총 여섯 가지로 정리할 수 있다.

- 단순한 단어가 가장 기본적이면서도 중요하다: 어린아이들은 쉬운 단어부터 배운다. 그래서 많은 사람이 쉽고 단순한 단어에 가장 익숙하다. 사람들이 아는 지식은 대부분 그런 단어로 이루어져 있다. 어릴 때 가지고 놀던 장난감처럼 일정 나이가 차면 외면하는 것이 아닌 평생 머릿속에 남아 있는 표현이다.
- 단순한 단어는 강력한 힘을 가지고 있다: 단순한 단어는 명확하고 신뢰할 만하다. 모호하지 않고 확정적이다. 데이브 트롯은 "모든 힘은 단순함에 있고 모든 약함은 복잡함에 있다."라고 말했다.[48]
- 단순한 단어는 솔직함을 드러낸다: 그리스의 비극 시인 에우리피데스Euripides는 "진리의 언어는 단순하다."라고 말했다. 자신의 글에 진실을 담으면 리더에게 신뢰를 얻고 리더를 설득하기가 한결 쉬워질 것이다. 단순한 단어에서는 진실성이 느껴지는데 우리 인생에서 가장 중요한 메시지를 전할 때 주로 그러한 단어들이 사용되기 때문이다. '당신을 사랑해', '우리 아기가 딸이래요', '나드디어 취직했어'와 같은 표현들을 생각해보면 이 점을 쉽게 수긍할 수 있다.

- 단순한 단어는 명확하다: 단순한 단어는 모든 사람이 이해할 수 있는 한 가지 의미만을 가진다. 카피라이터의 아이디어를 단순한 단어에 담아내려면 카피라이터의 머릿속에 아이디어가 명확히 정리되어야 한다. 그리고 연구에 따르면 사람들은 복잡한 단어가 아니라 단순한 단어를 사용한 글에서 '더 지적인' 느낌을 받는다고 한다.[49]

- 단순한 단어는 쉽다: 단순한 단어를 사용할수록 사람들은 내용을 쉽고 빠르게 이해할 수 있다. 달리 말해 단순한 단어의 사용은 상대방에 대한 존중의 표현이다. 단순하게 표현하는 것은 '당신이 바쁘다는 걸 잘 알아요. 그리고 이 광고 카피는 처음부터 원했거나 요청한 것도 아니죠. 그래서 당신의 시간과 노력을 뺏지 않으려고 최대한 읽기 쉽게 만들었습니다'라고 말하는 것과 같다.

- 단순한 단어는 포괄적이다: 단순한 단어를 사용하면 더 많은 사람이 이해할 수 있다. 단순한 단어는 가장 많은 사람에게 다가가는 방법이다. 콘텐츠 전문가 사라 리처드Sarah Richards는 단순한 단어를 사용하는 것은 "어리석은 짓이 아니라 사람들의 마음을 활짝 여는 방법"이라고 했다.[50]

정리하자면 단순하게 표현할수록 리더가 더 명확하게 이해하고, 광고 카피를 더 오래 기억하며, 광고의 제안을 더 거부감 없이 받아들일 가능성이 크다. 이는 모든 카피라이터가 궁극적으로 지향하는 목표와 일치한다.[51]

그러나 읽기에 단순한 광고 카피를 쓴다는 게 말처럼 그리 쉽지는 않

간단한 단어는…

가장 기본적이면서도 중요하다.
우리는 어릴 때 단순한 단어를 먼저
배우며 그런 단어를 평생 기억하고
사용한다.

강력한 힘을 가지고 있다.
단순한 단어는 명확하고
신뢰할 만하다.

솔직함을 드러낸다.
단순한 단어는
진리의 울림을 가지고 있다.

명확하다.
단순한 단어는 모든 사람이
이해할 수 있는 한 가지 의미만 가진다.

쉽다.
단순한 단어는 리더에게
큰 노력을 요구하지 않는다.

포괄적이다.
단순한 단어를 사용하면
더 많은 사람이 이해할 수 있다.

→ 간단한 단어가 더 효과적인 이유

다. 광고 카피 작업은 엄청난 집중력을 요구하므로 무거운 벽돌을 나르는 일 못지않게 심신이 지치게 된다. 물론 리더는 카피라이터의 이러한 고충을 전혀 알지 못할 것이다. 이렇게 알아주는 사람은 없지만 카피라이터는 묵묵히 제 갈 길을 가야 한다. 너새니얼 호손Nathaniel Hawthorne이 "쉽게 읽히는 글을 쓰기란 얼마나 어려운 일인지 모른다."라고 한 것도 이해할 만한 일이다.

자신이 처음으로 작성한 광고 카피가 가장 단순한 표현이라고 생각할지 모르지만 실상은 반대인 경우가 더 많다. 대부분의 광고 카피 초안은 복잡하고 길게 늘어진다. 깊이 생각하지 않고 생각나는 대로 단어나 어구를 나열하거나 무작위로 글을 써 내려가기 때문이다. 그러다 보면 요점에서 빗나간 엉뚱한 표현이 나오기도 한다. 교정 단계에서 복잡한 표현을 걷어내고 가장 명확하고 단순한 표현만 남겨야 한다.

단순하게 표현하려면 해당 분야에 대해 잘 알아야 하고 머릿속에 아이디어가 명확히 정립되어야 한다. 알버트 아인슈타인은 "단순하게 설명하지 못한다면 그건 충분히 이해하지 못한 것"이라고 말한 바 있다. 카피라이터는 제품과 베네핏, 리더를 잘 알아야 광고 카피에 어떤 표현을 넣고 뺄지를 결정할 수 있다. 무조건 카피의 길이를 줄인다고 능사가 아니다. 상황에 맞는 '적정 길이'를 찾는 것이 관건이다.

가장 기본적인 방법은 '한 가지만 언급'하는 것이다. 헤드라인에는 가장 포괄적인 주제나 한 가지 주요 베네핏만 제시한다. 섹션이 여러 개로 나뉜다면 섹션마다 하나의 주제를 정하고 소제목에 주제를 명확하게 드러내준다. 각 문단도 하나의 아이디어만 다루되, 첫 문장에 해당 아이디어를 소개한다. 그리고 각 문장에는 한 가지 요점만 언급한다.

또 한 가지 유의할 점은 '같은 말을 두 번 반복하지 않는' 것이다. 단어나 어구, 문장 하나로 표현할 수 있다면 굳이 두 개 이상의 단어, 어구, 문장을 사용할 필요가 없다. 단어 하나하나가 고유한 역할을 해야 한다.

그리고 '목적을 늘 염두에 두고' 작업하는 것이 좋다. 광고 카피의 모든 부분은 제5장에서 살펴본 광고의 목적에 기여해야 한다. 목적과 무관한 표현을 어쩔 수 없이 사용해야 할 때가 있는데, 그런 표현을 삭제하려다가 중요한 부분마저 날리는 일은 없어야 한다. 장미 덤불을 손질하는 이유는 꽃을 더 풍성하게 많이 피우기 위함이다. 문장을 손볼 때도 전반적인 표현을 개선하는 쪽에 중점을 두어야 한다.

그리고 문장 구조는 되도록 단순하게 유지한다. 밥 레빈슨Bob Levenson은 카피라이팅 업계에서 역사적인 인물로 손꼽히는 인물이자 1960년대 폭스바겐 광고를 만든 주인공이다. 광고 산업의 선구자로 불리는 빌 번벅Bill Bernbach은 레빈슨이 만든 카피는 '주어-동사-목적어'의 구조를 벗어나지 않았다고 평가했다.[52] 우리도 어린아이처럼 레빈슨의 문장 스타일을 따라 하려고 의도적으로 노력해야 한다.

The cat   sat   on the mat
주어   동사   목적어

('고양이가 매트 위에 앉았다'는 뜻. -at으로 끝나는 단어들을 써서 운율을 맞추었다.—옮긴이)

짧고 간단한 문장은 온라인 광고, 특히 모바일 광고에서 매우 중요하다. 영국 정부의 공식 사이트에 올라가는 글을 쓰려면 문장당 25단어가 넘지 않아야 한다는 규칙을 따라야 한다.[53] 모바일에서는 한 번에 화면에 보이는 글자 수가 제한되기에 화면 스크롤 없이 내용을 전달하기가 더 어렵다. 그리고 사용자가 화면 내용을 대충 보거나 다른 시각 요소들에 쉽게 주의가 분산될 수 있고, 특정 정보를 빨리 검색하거나 급하게 처리할 업무가 있을지 모른다. 따라서 구두점이 둘 이상 사용된 문장은 모바일 광고에 적합하지 않다.

광고 카피에 사용하는 단어는 짧고 친숙하며 의미가 구체적인 것이 좋다. 문맥에 따라 의미가 달라지는 단어나 다의어는 가능한 배제하고 뜻이 하나뿐인 단어 위주로 사용하도록 한다. 그래야 해당 언어가 모국어가 아닌 사람을 포함하여 모든 사람에게 명확하게 의미를 전달할 수 있다. 보편적인 쓰임을 벗어난 표현이나 시적 표현은 의미가 다소 모호해져도 사람들의 흥미를 자극하는 베네핏이 더 클 때만 사용해야 한다.

마이크로소프트 워드 프로그램에는 철자나 문법 오류를 찾아주는 기능이 있다. 단어나 문장의 평균 길이를 알려주며 가독성 지수 및 문장 난이도 검사도 할 수 있다. 가독성 지수는 리더의 학력을 기반으로 문장 이해도를 예측하는 것인데, 90~100점은 아주 쉬운 문장이고 0~30점은 대학 졸업자가 이해할 수 있는 고급 문장을 뜻한다. 광고 카피는 평균 60~70점에 맞춰 작성하는 것이 좋다. 문장 난이도 검사 결과에 5를 더하면 독서 연령이 나오는데, 광고 카피의 독서 연령은 낮을수록 유리하다. 하지만 특정 주제를 다루거나 특정 스타일을 반드시 사용해야 할 때는 어쩔 수 없이 독서 연령이 높아지기도 한다.[54]

반대로 광고 카피가 너무 단순해서 문제가 생기는 경우도 있을까?

물론 그럴 가능성도 있다. 단순한 표현과 문장 구조를 추구하는 것이 바람직하지만 그래도 단조로운 느낌과 특정 표현의 중복을 피하려면 다양성을 추구해야 한다. 그리고 브리프의 요건이나 브랜드의 어조 때문에 미묘하고 모호한 표현, 심지어 복잡한 표현을 반드시 사용해야 하는 경우도 생긴다. 그러나 항상 단순하게 핵심 아이디어를 표현하는 것을 카피라이팅의 출발점으로 삼아야 한다. 기초를 튼튼하게 세우지 않은 상태에서 어떤 커튼을 달지 고민하는 것은 아무런 의미가 없다.

'이건 좀 잘 썼네'라는 생각이 들수록 조심하라

광고 업계에는 '자신만의 아이디어를 너무 아끼지 말라'는 말이 있다. 처음에는 누구나 의아하게 생각할 만한 표현이다. 카피라이터는 종종 새로운 표현이 생각나자마자 매우 흡족해하며 곧바로 광고 카피에 이를 포함시킨다. 그리고 얼마 후에 그 광고 카피를 다시 검토하면서 그 표현을 다듬을지 원래대로 둘지 고심하게 된다. 사실 광고 브리프에 딱 맞는 표현이 아니라는 사실을 알지만 자기가 만들어낸 그 표현이 무척 마음에 들기 때문에 좀처럼 포기하지 못하는 것이다. 그러나 그럴수록 소중한 것을 포기할 줄 알아야 한다.

당신이 카피를 '읽는' 사람이 아니라 카피를 '쓰는' 사람이라는 것을 명심하라. 쉽게 말해 관객이 아니라 연기자라는 얘기다. 광고 카피의 어떤 부분이 리더와 제품의 베네핏을 하나로 묶지 못한다면 그 부분은 과

감히 버려야 한다. 또한 클라이언트에게도 광고 카피의 타깃이 되는 대상은 클라이언트가 아니라 리더라는 점을 상기시켜줘야 한다. 이 점에 관해서는 제15장에서 더 자세히 설명할 것이다.

어떤 대상에 오래 집중할수록 관점이 흐려지기 쉽다. 믿을 만한 친구나 동료에게 카피를 보여주었는데 '소중하게 여기는' 부분을 가장 먼저 지적하면 어떻게 할 것인가? 그들의 조언을 함부로 무시해서는 안 된다. 그들도 리더처럼 광고 카피를 처음 본 사람으로서 솔직한 느낌을 말해준 것이기 때문이다. 어쩌면 소중하게 여기는 부분을 잘라낸 카피가 당신에게는 너무 단순하고 투박하게 느껴질지 모른다. '이게 다야? 이걸로 될까?'라는 생각이 들 수도 있다. 하지만 그런 단순한 문장이 오히려 천재적이라는 평가를 받곤 한다. 브리프에서 요구하는 바를 가장 자연스럽게 표현한 카피가 가장 효과적이기 때문이다.

그렇다고 해서 창의성을 아예 포기하라는 뜻은 아니니 오해 말길 바란다. 브리프의 목적에 부합하는 창의적인 아이디어라면 포기할 이유가 없다. 필요하다면 그 아이디어를 지키기 위해 다른 부분을 희생해야 한다. 하지만 카피라이터가 자기 고집을 내려놓고 광고 카피를 흘러가는 대로 내버려두어야 할 때도 있다.

듣기 좋은 이야기만 늘어놓지 않았는가?

형태가 없는 추상적인 베네핏을 논하다 보면 종종 '사다리 오르기'laddering

up를 할 위험이 있다. 처음에는 유형의 베네핏에서 시작했으나 점차 무형 베네핏을 논하면서 감정적인 측면을 고조시키는 방식인데, 결국에는 제품과는 아무런 상관이 없고 그저 듣기 좋은 일반적인 이야기를 늘어놓는 위험을 뜻한다.

사다리를 계속 오르다 보면 사회적 베네핏까지 언급하게 되는데, 이를테면 해당 제품이 세상을 더 나은 곳으로 만들어준다는 식이다. 그러나 세상의 '모든' 제품은 이 세상을 더 나은 곳으로 만들어주며 기여도가 각자 다를 뿐이다. 그런 광고 카피는 리더가 굳이 '이 제품'이나 '이 기업'을 선택할 이유가 되지 못한다.[55]

영국의 수영용품 제조 브랜드인 스피도Speedo의 슬로건을 한번 분석해보자.

수영 한 번으로 당신의 기분은 확 달라집니다.

매우 강력한 이미지를 남기는 광고 카피다. 짧고 강렬해서 오래 기억에 남으며, 현실적이고 직접적인 표현으로 구성되어 있다. 그리고 수영복이 아니라 수영 그 자체에 초점을 맞추고 있다. 이 카피의 가장 큰 문제는 수영을 하면 리더의 기분이 좋아지겠지만 꼭 스피도 수영복을 입어야만 기분이 달라지는 것은 아니라는 사실이다. 따라서 이 광고 카피를 본 리더는 '그래, 스피도 수영복을 사야겠어'라기보다는 '그래, 수영하러 가야겠다'라고 생각하게 된다.

수식어의 바다에서
빠져나와라

형용사는 사물을 지칭하는 명사를 수식하고 부사는 행동이나 사건을 묘사하는 동사를 수식한다. '빨간 자동차가 순식간에 출발했다'라는 문장에서 '빨간'이 형용사고 '순식간에'는 부사인데, 둘 다 다른 단어, 즉 '자동차'와 '출발했다'를 꾸며준다.

이처럼 묘사하는 표현을 광고 카피에 자주 사용하려는 카피라이터가 많다. '제품에 대해 알려주고 제품 사용 경험을 사실적으로 표현하려면 당연한 일 아닌가?'라고 반문할지도 모르겠다. 물론 맞는 말이다. 그렇지만 묘사하는 표현을 쓸 때도 주의를 기울여야 한다. 때론 수식어가 없는 문장이 더 효과적이기 때문이다. 초안에 사용한 형용사와 부사 중 일부는 더 나은 단어를 찾기 전까지 자리를 채워주는 역할을 한다고 생각하라. 카피라이터가 더 자세히 표현하거나 더 강한 효과를 내기 위해 고심한 흔적으로 봐도 좋다.

이 교육과정은 귀사의 매출을 늘려주는 대단한 방법입니다.

위 광고 카피에서 '대단한'이라는 형용사는 '아주 좋은'과 비슷한 뜻으로 강한 임팩트가 없다. 하지만 '늘리다'라는 동사를 좀 더 구체적인 표현으로 바꾸면 카피는 더 짧아지지만 더 생생하고 강한 이미지를 전달할 수 있다.

이 교육과정으로 귀사의 매출이 급증합니다.

마찬가지로 부사도 동사의 의미를 오히려 약화시킬 수 있다.

Stainaway quickly gets rid of tough stains.
(스테인어웨이는 짙은 얼룩을 빨리 제거해줍니다.)

광고의 요지는 스테인어웨이 세제로 짙은 얼룩을 없앨 수 있다는 것이다. 하지만 '빨리'라는 부사가 군더더기처럼 사용되었다. 이 단어만 없다면 주어-동사-목적어 어순이 명확히 드러나고 리더의 머릿속에 해당 제품으로 얼룩을 없애는 이미지가 더 선명하게 떠오를 것이다. 그러나 속도가 이 제품의 베네핏임을 꼭 전달하고 싶다면 어떻게 해야 할까? 부사를 사용하지 않고 다른 방식으로 베네핏을 강조해보자.

Stainaway gets rid of tough stains in a snap.
(스테인어웨이는 순식간에 짙은 얼룩을 제거합니다.)

여기서 '짙은'이라는 형용사는 그대로 사용해도 무방하다. 의미를 명확하게 해줄 뿐만 아니라 중요한 의미를 더해주기 때문이다. 그리고 '짙은 얼룩'을 대체할 만한 한 단어도 찾기 어렵다. 그리고 리더가 예전에 얼룩을 제거하느라 고생한 기억을 떠올리게 하고 싶다면 이 표현을 그대로 사용하는 편이 더 나을 것이다.

때로는 부사와 동사를 사용하기보다 의미가 같은 동사 하나로 바꾸는 것이 유리하다.

새 주방을 마련하면 집 안 분위기가 완전히 바뀌고 집의 가치도 상당히 증가합니다.

'완전히'라든가 '상당히' 같은 부사는 '바꾸다'와 '증가하다'라는 동사를 조금 강조해준다. 이런 부사와 동사의 의미를 모두 가지고 있는 한 단어 동사로 바꿔보자.

새 주방을 마련하면 집 안 분위기가 전환되고 집의 가치도 급등합니다.

수식어가 다 불필요하지는 않다. 다만 형용사나 부사를 쓸 거라면 확실하게 의미를 강조할 수 있어야 한다. '새로운', '단순한', '독특한'과 같은 형용사는 중요한 의미를 전달하거나 핵심적인 베네핏을 표현하기에 좋은 단어다. 그리고 약간의 감각적인 표현도 리더에게 큰 효과를 줄 수 있다. 예를 들어 '육즙이 넘치는 스테이크'라는 표현은 그냥 '스테이크'라고 할 때보다 훨씬 맛있을 거라는 기대감을 불러일으킨다. 관련된 점은 제10장의 내용 중 '듣고 보고 만질 수 있게 해주어라'를 참조하기 바란다.

부사도 확실한 의미의 차이를 보여주는 경우에만 사용한다. '무의미하게 밀고 나가는' 것은 '용감하게 밀고 나가는' 것과 완전히 다른 뜻이다. 어떤 경우에는 부사 하나로 가장 빠르고 쉽게 의미를 전달할 수 있다. 'capable of being recognised in an instant'(순식간에 알아볼 수 있는)보다는 'instantly recognisable'(바로 인식 가능한)이 훨씬 더 나은 표현이다.

마음에 쏙 드는 단어가 빨리 생각나지 않는다면 유의어 사전을 활용하라. 사전에 의존하면 안 된다고 말하는 사람도 있는데, 이미 아는 단어를 생각해내는 데 도움을 얻거나 표현을 다듬는 데 참고하는 것은 전혀 문제가 되지 않는다. 다만 정확한 뜻이나 맥락을 모르면서 그저 화려하고 특이한 단어를 쓰려고 사전을 파고드는 일은 없길 바란다.

유명한 카피라이터 토니 브리널Tony Brignull은 "형용사와 부사는 각각 500파운드짜리로 취급하라. 하지만 동사는 돈이 하나도 들지 않는다."라고 말했다.[56] 실제로 광고 카피를 완성한 후에 형용사나 부사 하나당 500파운드를 낼 의향이 있는지 자문해보라. 기꺼이 낼 수 있다고 대답할 수 있다면 그 형용사나 부사는 꼭 필요한 것이다. 하지만 고개를 갸우뚱하게 된다면, 형용사나 부사의 의미를 동사에 흡수시키거나 더 강한 의미의 단어로 바꾸는 편이 낫다.

정답은 없다, 최적의 길이만 있을 뿐

광고 카피의 길이는 짧은 게 좋을까, 긴 게 좋을까? 이 문제는 매우 열띤 논쟁으로 이어지기 쉽다.

긴 광고를 좋아하는 사람들은 오래전 사용됐던 전형적인 인쇄 광고를 선호하는데, 그들은 긴 광고 카피가 일종의 '잃어버린 예술'이라서 반드시 이를 되살려야 한다고 주장한다. 한편 짧은 광고 카피 애호가는 X 같은 소셜 네트워크 플랫폼을 생각하면 요즘 시대의 리더에게는 빨리 작성하고 쉽게 공유할 수 있는 '마이크로카피'microcopy(매우 짧은 광고 카피—옮긴이)가 제격이라고 주장하기도 한다.[57]

한마디로 말하자면 긴 광고 카피는 구식이고 짧은 광고 카피는 현대식이라는 얘기다. 실제로도 최근의 광고 카피는 점점 짧아지는 추세를 보이고 있다. 심지어 어떤 마케팅 책임자는 오늘날 사람들의 집중력이 줄어든 까닭에 광고 카피도 그만큼 짧아졌다고 주장했다.[58]

하지만 주변을 잘 살펴보면 꼭 그렇지도 않은 것 같다. 긴 광고 카피와 짧은 광고 카피가 고루 사용되고 있으니 말이다. 처음에 언급한 하워드 고시지의 인용구를 살짝 변형하자면, "사람들은 자기가 좋아하는 것만 읽는다. 그것이 짧을 때도 있고 길 때도 있다."

요즘에는 SNS 글이나 GIF 파일처럼 시각적으로 두드러져서 사람들이 매우 좋아하며 자주 공유하는 디지털 형식의 정보가 많다. 일부는 오프라인까지 진출해서, 이모티콘이 등장하는 인쇄물 광고를 지금은 심심찮게 볼 수 있다. 하지만 이렇게 짧고 간단한 것이 인기를 끈다고 해서 사람들이 긴 카피를 더는 이해하지 못한다거나 좋아하지 않는다고 생각할 필요는 없다. 많은 사람이 고양이가 등장하는 GIF를 수시로 공유하며, 동시에 《왕좌의 게임》(1996년에 출간되어 현재까지도 집필 중인 대하 판타지 소설. 방대한 세계관으로 유명하다.—옮긴이)에도 열광하기 때문이다. 사람들이 이런 것에 푹 빠지는 이유는 길이가 아니라 '내용'이다. 마찬가지로 광고 카피의 성공 여부도 길이보다는 '얼마나 흥미를 자극하느냐'에 달려 있다.

지금까지 살펴보았듯이, 리더의 관심은 매우 중요한 요소이며 카피라이터는 리더의 관심을 조금도 낭비해서는 안 된다. 광고지를 비롯한 각종 마케팅 수단의 내용이 너무 짧다고 불평하는 사람은 없다. 짧을수록 단순하고, 단순할수록 효과가 좋다. 그렇지만 이야기에 푹 빠지면 시간 가는 줄 모르고 계속 읽는다. 줄거리가 재미있어서 읽을 때도 있고 유용한 점을 배울 수 있어서 읽을 때도 많다. 리더가 마지막 한 글자까지 집중해서 읽게 만드는 광고 카피라면 절대로 지나치게 길다고 말할 수 없다.

카피라이터가 보기에 광고 카피는 광고 효과를 낼 수 있는 길이를 넘어서지만 않으면 된다. 앞서 제7장에서 우리는 리더마다 제품에 대해 가진 정보가 천차만별이며, 광고 카피를 만들 때 베네핏을 꼭 고려해야 한다고 배웠다. 어떤 리더는 이미 제품을 구매할 마음이 있어서 광고를 통해 자신의 선택이 옳다는 확신만 얻으면 된다. 이런 경우에는 광고 카피가 짧아도 상관없다. 하지만 이런 제품이 존재하는지도 몰랐던 리더에게는 광고를 통해 정보를 제공해야 한다. 다시 말해 리더의 현재 위치에서 다리를 건너 카피라이터가 있는 곳으로 넘어오라고 설득해야 하므로 광고 카피가 다소 길어질 수밖에 없다.

광고 카피가 더 길거나 짧아야 효과가 생기는 상황도 있다. 스카치위스키의 잡지 광고를 만든다고 생각해보자. 한 가지 방법은 '역사의 한 방울'과 같이 간단한 헤드라인을 만들고 위스키 이미지로 광고 카피를 대신하는 것이다. 또는 제조공장의 이야기를 들려주는 방법도 있다. 그곳에 근무하는 다양한 사람들, 다양한 제조 과정이나 절차, 그곳에서 벌어지는 에피소드를 적절히 사용하는 방식이다. 두 방법 모두 기본적인 전략은 같다. 전통을 앞세워서 품질을 보증하는 것이다. 하지만 광고 카피는 네 단어로 끝날 수도 있고 400단어의 긴 글이 될 수도 있다.

광고 카피의 길이만으로도 리더에게 특별한 메시지를 전달할 수도 있다. 이 경우에 문구의 내용은 별로 중요하지 않다. 데이비드 오길비는 "이 주장을 뒷받침할 자료는 찾아보지 않았지만 광고 카피를 길게 작성하면 '뭔가 중요하게 전할 말이 있는' 것처럼 보인다. 실제로 사람들이 카피를 다 읽느냐 마느냐는 별로 중요하지 않다."라고 말했다.[59] 반대로 매우 짧은 카피도 극적인 효과를 준다. 단순 명확하고 자신만만하며 강력한 임팩트를 전달할 수 있다. 짧은 광고 카피를 쓸 때의 원칙은 단순하다. 짧지만 효과가 있다면, 그게 곧 정답이다.

빨리 가야 할 때와 느리게 가야 할 때

픽션에서는 속도를 어떻게 조절하는지 이미 잘 알 것이다. 스릴러물은 여러 가지 사건이 급물살을 타고 전개되는 반면, 로맨스 장르에서는 상황이나 인물의 묘사, 등장인물의 독백 등이 어우러져야 하므로 상황 전개가 빠르게 이루어지지 않는다.

광고 카피의 전개 속도는 광고 카피가 노리는 효과나 제품 경험과 어울려야 한다. 예를 들어 테이크아웃 전문 샌드위치 가게의 광고라면 친절하고 빠른 서비스를 강조해야 한다. 하지만 고급 레스토랑을 광고한다면 편안하고 여유로운 분위기에서 식사를 즐기는 이미지를 부각해야 한다.

특정한 분위기를 연출하고자 일부러 속도를 느리게 만들 수도 있다. 일부 자선 광고 단체는 광고나 메일에서 리더의 도움이 필요한 사람들이 얼마나 힘든 상황에 놓여 있는지 매우 자세하게 언급한다. 리더가 관심을 가지고 광고를 읽다 보면 그들의 상황에 깊은 연민을 느끼게 되므로 기부에 참여하려고 마음먹게 될 가능성이 커진다.

귀에 꽂히도록 리듬을 만들어라

일련의 단어 배열에서 강세가 있는 음절과 강세가 없는 음절이 어우러져서 만들어지는 패턴을 리듬이라고 한다. 다른 사람의 말을 잘 들어보면 기계처럼 단조롭게 말하지 않고 특정 음절을 강조하는 것을 알 수 있다. 어떤 부분을 살짝 크게 말하거나 모음을 더 길게 표현하기도 하고, 글을 쓸 때 쉼표나 마침표를 사용하듯 말을 할 때도 특정 단어 사이를 살짝 쉬어가기도 한다.

우리는 글을 읽을 때 마치 누가 글을 읽어주는 것처럼 내용을 머릿속으로 듣는다.[60] 광고 카피의 설득력을 높이려면 광고 카피를 실제로 소리 내 읽지 않더라도 말이 리더의 귀에 딱 '꽂히도록' 만들어야 한다. 그리고 일상 대화에서 사용하는 리듬을 카피에 반영하여 편안한 대화체로 들리게 해야 한다. 그렇게 하려면 가장 기본적으로 적절하게 강세를 가진 음절을 배치하여 듣기 좋은 리듬을 만들고, 긴 단어와 짧은 단어를 적절히 섞어서 사용하며, 한 가지 요점이 끝날 때마다 잠시 숨을 고를 수 있도록 문장을 나누거나 끊어서 제시하면 좋다.

직접 광고 카피를 소리 내 읽어보거나 다른 사람이 광고 카피를 읽을 때 잘 들어보면 큰 도움이 된다. 대신 읽어줄 사람이 없다면 텍스트를 음성으로 변환해주는 앱을 사용하라. 광고 카피를 음성으로 들어보면 리듬을 금방 파악할 수 있다.

광고 카피가 어색하게 들린다면 리듬을 손봐야 하는데, 단어 순서를 바꾸거나 유의어를 사용하거나 쉼표나 마침표의 위치를 변경하는 등의 방법으로 이를 수정할 수 있다. 문장을 더 짧게 나누거나 짧은 문장을 합쳐서 긴 문장으로 바꿀 수도 있고, 축약어를 사용하거나 축약된 표현을 다시 분리해볼 수도 있다. 어법상 생략 가능한 단어를 뺄지 그대로 사용할지 다시 생각해보는 것도 좋은 방법이다.

다음의 카피를 통해 더 나은 리듬을 만드는 방법에 대해 살펴보자.

Choose from loads of beautiful patterns, including smart stripes, fun spots and sophisticated Argyll.
(깔끔한 줄무늬, 재밌게 생긴 도트 무늬, 세련된 아가일 등 예쁜 패턴이 정말 많으니 하나를 골라 보세요.)

당신은 이미 어색한 부분을 찾았을지 모른다. 'Choose from loads of'는 단음절 단어가 네 개 연달아 등장하기 때문에 리듬감이 거의 느껴지지 않는다. 반면에 'smart strips'(스마트 스트립스)와 'fun spots'(펀 스팟츠)는 짧은 단어가 붙어 있어서 발음할 때 강조되는 음절이 서로 너무 붙어 있다는 느낌이 든다. 그리고 'sophisticated Argyll'(서피스티케이티드 아가일)은 강세가 없는 음절이 한참 이어져서 리듬이 늘어진다.

위 카피를 의미에는 전혀 영향을 주지 않는 정도에서 살짝 변형해보았다. 변형한 부분은 밑줄로 표시했다. 소리를 내어 한번 읽어보자. 자연스러운 리듬이 느껴지면서 훨씬 편안하게 들릴 것이다.

Choose from dozens(더즌스) of beautiful patterns, including snazzy (스내지) stripes, funky(펑키) spots and classy(클래시) Argyll.
(세련된 줄무늬, 펑키한 도트, 고급스러운 아가일 등 수십 가지 아름다운 패턴 중에서 골라보세요.)

그다음으로 생각해볼 점은 문장이 주는 리듬감이다. 단어나 음절의 리듬을 고려할 때와 마찬가지로, 문장도 짧은 것과 긴 것을 적절히 섞어서 사용하는 편이 좋다. 그렇지 않으면 반복되거나 단조로운 리듬 때문에 지루한 느낌을 줄 수 있다. 짧은 문장은 한두 단어만 사용해도 충분하며 긴 문장은 노래 가사 한 줄처럼 중간에 쉬지 않고 한 번에 말할 수 있을 정도의 길이가 적당하다. 이보다 더 긴 문장은 다시 짧게 만들거나 여러 문장으로 나눠라. 문장을 나누는 기준은 여러 가지가 있으므로 적절히 판단하기 바란다.

마지막으로 문단이 주는 리듬도 고려해야 한다. 하나의 문단에는 하나의 아이디어만 제시하는 편이 좋다. 문단을 나누는 것은 이제 하나의 요점이 끝났으므로 잠시 쉬면서 생각을 정리해도 좋다고 리더에게 말하는 행위다. 문단을 잘못 나눠서 하나의 요점이 마무리되기 전에 문단을 끝내버리면 읽는 사람은 혼란을 느끼게 된다. 반대로 문단을 적절히 나누지 않고 글이 너무 길어지면 읽는 사람은 너무 길고 많은 내용에 부담을 느낄 것이다.

중요한 점을 크게 강조하려면 그 부분을 하나의 문단으로 떼어 따로 제시한다. 짧은 문장 하나가 곧 하나의 문단을 구성하는 것이다. 이렇게 하면 '멈추고 생각해보는' 효과를 낼 수 있다. 리더의 눈앞에서 크게 손뼉을 쳐서 정신을 번쩍 차리게 만드는 것과 같다.

바로 이 문장처럼 말이다.

하지만 이 방법은 가끔씩만 사용해야 한다. 너무 자주 사용하면 오히려 효과가 반감되어 리더에게 외면당할 수 있기 때문이다. 짧고 간결한 문장은 눈길을 끈다. 하지만 지나치면 문제가 된다. 그것은 사람을 지치게 만든다. 집중력에 방해가 된다. 머리를 더 아프게 만든다. 어떤가? 일부러 짧은 문장을 몇 개 나열해보았다. 이제 왜 이 방법을 남용하면 안 되는지 충분히 느꼈을 것이다.

재밌게 들리게
라임을 맞추게

요즘 광고 업계는 편안한 대화체를 사용하거나 추상적인 태그라인을 만드는 추세가 강한 편이다. 경쾌한 라임을 사용한 슬로건을 요즘 광고에서는 잘 찾아보기 힘든데, 강력한 라임의 효과를 생각하면 안타까운 일이 아닐 수 없다. 심리학 연구에 따르면 사람들은 라임을 맞춘 표현이 그렇지 않은 표현보다 22퍼센트 더 맞다고 판단한다.[61] 라임을 맞춘 표현이 이해하기 쉬워서 더 정확한 내용을 담고 있다고 여기기 때문이다.

테스코의 배송 서비스 문구가 이러한 라임을 잘 사용한 예시라고 할 수 있다.

You shop(숍), we drop(드롭).

(당신은 쇼핑만 하세요. 배송은 우리가 할 테니.)

위 문구는 짧고 기억하기 쉬워서 광고 효과가 매우 크다. 단어의 운을 맞춘 덕분에 해야 할 일이 확실히 나누어지며 고객이 누리는 베네핏까지 분명히 드러난다. 고객은 온라인 쇼핑만 하면 되고, 물건을 집까지 가져오는 힘들고 귀찮은 부분은 염려할 필요 없다는 것이다. 테스코의 광고가 성공하자 아스다에서도 비슷한 광고 카피를 만들었다.

From our store(스토어) to your door(도어).

(매장에서 집 앞까지)

P&G의 세탁세제 아리엘Ariel도 비슷한 효과를 노린 빈티지 광고 카피를 만들었다.

When the stain says hot(핫), but the label says not(낫).

(얼룩을 지우려면 뜨거운 물이 필요하지만 옷의 라벨을 보면 온수 세탁을 하지 말라고 하죠.)

이 광고 카피도 라임을 맞춘 덕분에 내용이 더욱 대비된다. 뜨거운 물에 빨아야 얼룩이 지워질 것 같은데 온수 세탁을 하면 옷감이 상한다고 하니 매우 난감한 상황이다. 이런 문제를 바로 아리엘이 해결해줄 수 있다는 얘기다.

두운으로
두각을 드러내라

같은 소리로 시작하는 단어를 여러 개 사용하면 두운 효과를 낼 수 있다. 라임과 비슷하게 두운도 광고 카피의 효과를 배가시킬 수 있다. 한 가지 다른 점은 리더의 관심을 다른 데로 끌지 않으면서도 특정한 내용을 강조하기 위해 광고 본문에 이 효과를 적용할 수 있다는 것이다.

라임을 맞추는 방법과 마찬가지로 단어나 아이디어의 흐름에 맞게 두운을 적용하면 제품이나 서비스의 베네핏을 부각할 수 있다. 더블 다이아몬드Double Diamond 맥주의 고전적인 광고 카피를 살펴보자.

A Double Diamond Works Wonders.

(더블 다이아몬드는 기적을 가져옵니다.)

브랜드명에도 이미 두운이 들어가 있는데, 'works wonders'를 덧붙여서 두운 효과를 또 한 번 시도함으로써 균형이 잘 잡힌 문구를 완성했다.

최근에 이 방법을 적용한 사례로는 루코제이드Lucozade 에너지 음료 광고를 들 수 있다.

Show Busy Who's Boss.

(누가 바쁜지, 누가 대장인지 보여줘)

너프Nerf 장난감 총의 광고 카피도 빼놓을 수 없다.

It's Nerf or Nothin'.

(너프가 아니면 다 싫어요.)

고작 네 단어로 된 짧은 문구지만 강력한 비교를 제시하며 조금의 경쟁도 허용하지 않는다. 아이들은 이 광고 카피를 금방 기억할 것이고, 부모에게 장난감을 사달라고 조를 때는 물론이고 다양한 상황에서 이 광고 카피를 따라 할 것이다. 그래서 너프가 좀 비싸긴 하지만 아이들에게 정말 인기가 많은 주요 브랜드임을 널리 알리는 효과도 있다.

짧고 굵게
핵심만 전달한다

제5장에서 살펴본 것처럼 헤드라인을 명령문으로 만들면 리더에게 더 직접적인 영향을 줄 수 있다. 헤드라인이 아닌 다른 부분에도 이 기법을

적용할 수 있는데, 특히 베네핏을 강조할 때 효과적이다.

일례로 B2B 베네핏을 강조하는 고객관리용 소프트웨어의 광고 카피를 함께 살펴보자.

C-Base를 사용하시면 모든 고객을 산업별, 생애 가치별, 지출 점유율에 따라 분류 및 관찰할 수 있습니다. 따라서 매출 잠재력이 가장 높은 고객을 집중적으로 타기팅할 수 있습니다.

B2B 광고 카피는 주로 '할 수 있다', '~하도록 도와드립니다'와 같은 표현을 비즈니스 베네핏과 연결하는데, 이런 표현이 너무 많이 사용되면 오히려 역효과를 낼 수 있다. 따라서 다음과 같이 명령문 형태로 베네핏을 제시하는 방법을 시도하면 좋다.

모든 고객을 산업, 생애 가치, 지출 점유율에 따라 구분해 관찰하세요.
매출 잠재력이 가장 큰 고객을 집중적으로 타기팅할 수 있습니다.

여기에서 한 걸음 더 나아가 더 강력한 광고 카피로 바꿀 수도 있다. 이때는 문법 파괴도 대수롭지 않게 여겨야 한다. 우선 바꾸기 전의 광고 카피는 다음과 같다.

모든 고객 데이터를 한 자리에서 확인하세요.
한 번의 클릭으로 모든 세부 사항을 볼 수 있어요.

다음과 같이 바꾸면 더 강력한 광고 효과를 낼 수 있다.

모든 고객 데이터가 한 자리에.

한 번 클릭으로 세부 사항 보기.

이제는 동사가 없으므로 문장도 아니고 명령문도 아니다. 엄밀히 보면 문법적으로 맞지 않지만 내용은 명확히 그리고 확실하게 전달된다. 특히 온라인 환경에서는 리더가 모든 내용을 천천히 읽지 않고 빠르게 훑어보거나 새로운 메뉴 등을 클릭할 가능성이 크므로 온라인 광고에서 이 방법을 시도해보면 좋다.

규칙은 때론 깨부숴야 제맛

문법이나 철자는 늘 정확해야 한다고 생각하는가? 물론 글쓰기에서 이는 아주 중요한 기본사항이다. 하지만 문법이나 철자를 고집하는 것이 광고 카피의 효과에 방해가 된다면 차라리 규칙을 어기는 편이 나을 때도 있다.

유명한 카피라이터라면 문법이나 철자가 조금 틀렸다고 해서 기발한 광고 아이디어를 포기하는 일은 절대 없다. 만약 그랬다면 하인즈Heinz의 유명한 광고가 다음과 같이 수정되었을 것이다.

282

Beans Mean Heinz.

(콩 하면 하인즈죠.)

하지만 실제로 유명해진 하인즈의 광고 카피는 다음과 같다.

Beans Meanz Heinz.

('mean' 뒤에 'z'를 붙이는 의도적인 오타를 통해 라임을 맞추었다.— 옮긴이)

'이건 여섯 살짜리 아이가 쓴 건가?'라고 오해하는 일이 없기 바란다. 광고 업계에서 둘째가라면 서러워할 실력을 자랑하는 유명한 크리에이티브 디렉터 모리스 드레이크Maurice Drake의 작품이니 말이다. 일부러 규칙을 탈피하되 그렇게 해서 광고의 효과가 높아진다면 이 방법도 나쁘지 않다는 뜻이다. 부주의해서 실수를 저지르는 것과 일부러 규칙을 무시하여 더 큰 효과를 노리는 것은 전혀 다른 문제다.

규칙을 알고 있다면 언제 어떤 방식으로 규칙을 탈피해야 극적인 효과가 나오는지도 파악할 수 있다. 일례로 'you're'와 'your'를 혼동한 것처럼 보이는 카피는 극적인 효과 없이 보는 사람의 인상만 찌푸리게 한다. 이런 시도는 광고 효과를 높이지 못한다. 하지만 '그러나', '그리고'와 같은 접속사를 문장 첫머리에 사용하는 방식은 글의 흐름상 권장되지 않지만 광고 카피의 효과를 크게 높일 수 있다. 그리고 문법이나 맞춤법에 크게 집착하는 사람이 아니라면 대다수는 이것을 문제 삼지 않을 것이다.[62]

작가로 활동하는 닐 게이먼Neil Gaiman은 "문법에 너무 집착하지 마세요. 집착할 대상이 필요하다면 명확성에 집착하는 편이 낫습니다. 최대한 명확하고 분명하게 표현하세요."라고 조언한다. 카피라이터에게도 정말 필요한 조언인 것 같다. 명확성과 정확성 중 하나를 선택해야 한다면 전자를 선택하기 바란다.

새로운 눈으로 오류를 점검하라

광고 카피 하나에만 매달려 작업하는 시간이 길어질수록 문구에 포함된 실수를 쉽게 찾아내지 못할 가능성이 커진다. 클라이언트도 오류를 찾아낼 수 있겠지만 그들을 전적으로 믿어서는 안 될 것이다. 광고 카피의 오류를 찾아내는 사람은 어디까지나 카피라이터여야 하며, 언제나 세심하고 꼼꼼하게 살펴야 한다.

최종 점검을 할 때는 우선 광고 카피를 인쇄한 다음 소리 내어 읽어 본다. 이렇게 하면 화면만 쳐다보고 작업할 때보다 정확성을 크게 높일 수 있다. 명확하고 읽기 쉬운 폰트를 선택하고 글자 크기는 12 이상, 줄간격은 16 이상으로 설정한다. 그리고 광고 카피를 다 쓰고 어느 정도 시간이 흐른 뒤에 인쇄해서 점검하는 것이 좋다. 그래야만 새로운 시각으로 잘못된 부분을 찾을 수 있다.

더 좋은 방법은 제3자에게 광고 카피 교정을 의뢰하는 것이다. 당신이 만든 광고 카피를 처음 보는 사람이면 더 좋다. 교정 업무를 전문으로 하는 프리랜서는 요율이 별로 높지 않으며, 교정 작업의 질적 수준도 어느 정도 보장된다. 규모가 큰 프로젝트라면 교정부호의 사용, 약어, 전문 용어 등이 일관성 있게 사용되었는지 확인해야 한다. 또한 교정 작업에 더해 개선할 만한 좋은 아이디어를 얻을 수도 있다.

팔리는 카피를 위한 실전 연습

현미경 아래에 놓고 들여다보라

다른 사람의 글을 자세히 분석하면 많은 점을 배울 수 있다. 좋아하는 광고 카피를 찾아서 어떤 기법이 사용되었는지 분석해보라. 반대로 싫어하는 광고 카피를 찾아서 어떻게 고치면 좋을지 생각해보라.

12

절대 거절할 수 없는 제안을 하라

광고 카피의 설득력을 높여주는 여섯 가지 원칙

분명한 베네핏에도
설득되지 않는 이유

친구 사이인 팀과 올리는 40대 남성이다. 팀은 건강 관리에 관심이 많지만 올리는 진정한 에일 맥주와 푸짐한 영국식 아침 식사를 고집하는 편이다. 팀은 올리가 할 수 있는데도 자기 관리를 안 한다고 생각하며 노력만 하면 1킬로그램 정도는 쉽게 감량할 수 있다고 여긴다. 반면 올리는 쓸데없는 죄책감 때문에 좋아하는 것을 마음껏 즐기지 않는 팀을 이해하지 못한다.

어느 날 팀은 웨어러블 피트니스 트래커를 샀다. 팀은 이 제품이 아주 마음에 들었다. 그는 올리야말로 이 트래커가 반드시 필요하다고 생각했다. 어떻게 말해야 올리가 트래커를 사고 싶은 마음이 생길까?

어느 일요일, 팀은 오전 조깅을 마치고 와서 슬그머니 말을 건넸다. "이 트래커가 정말 좋은 것 같아." 그는 숨을 헐떡이며 말했다. "이게 있으니까 운동할 마음이 생겨. 너도 이거 하나 사면 몸무게를 줄일 수 있을 거야. 이걸 차고 운동하니까 기분이 훨씬 좋아. 사람들도 내가 날씬해진 것 같다고 하더라."

하지만 올리는 일요일 신문에 얼굴을 묻고 관심 없다는 듯이 콧방귀를 뀌었다. 이래서는 올리가 트래커를 사고 싶은 마음이 생길 리 없다. 팀은 다른 방식을 시도해보기로 한다.

"다들 이거 쓴단 말이야." 팀은 올리가 모르는 사실을 알려주기로 한다. "공원에서 본 사람들 전부 다 이걸 손목에 차고 있었어."

그러자 올리는 또다시 부루퉁한 표정으로 "나는 그런 사람들이 아니잖아."라고 응수했다.

"데이브도 이거 가지고 있어. 너도 데이브 알지? 데이지라는 강아지 키우는 데이브 말이야."

"말도 안 돼. 데이지가 그걸 어떻게 갖고 있다는 거야?" 올리가 삐딱하게 받아쳤다.

"아니, 데이지는 강아지 이름이고, 데이브가 갖고 있다고. 의사가 하나 사라고 했대. 건강 검진을 했더니 혈압이 아주 높게 나왔나 봐."

그러자 올리가 소파에 자리를 고쳐 앉으며 이렇게 대답한다. "나는 아무 문제가 없어. 우리 할아버지가 100살까지 사셨어. 할아버지도 계단 오르기를 하라고 명령하는 기계를 손목에 차본 적이 없으시단 말이지."

"이거 백화점 할인 기간에 40파운드나 싸게 샀어. 아직 몇 개 남아 있을 거야."

올리는 하는 수 없다는 듯이 "알겠어. 다음에 백화점 가면 한번 알아볼게."라고 말했다.

"1월에 마음 잡고 열심히 해보기로 약속했잖아. 새해 첫날 파티 끝나고 얘기한 거 기억나지? 나는 노력하고 있는데, 너도 이 정도 성의는 보여야지."

"알았어. 알았다구." 올리가 고개를 끄덕였다. "나도 한번 알아볼게. 하지만 내가 그걸 손목에 차고 술집에 가도 넌 나를 말리지 못할 거야."

위 이야기에서 팀은 트래커의 베네핏을 알려주는 것으로 대화를 시작한다. 건강 관리를 도와주고 체중 감량에 유용하다는 실질적인 베네핏과 기분이 좋고 사람들에게 날씬해졌다는 말을 듣는다는 추상적인 베네핏도 언급했다. 하지만 팀이 피트니스 트래커가 왜 필요한지, 어떤 기능이 있는지 설명해도 올리는 듣는 둥 마는 둥 한다. 물론 올리도 트래커가 있으면 자신에게 좋으리라는 것을 알지만, 별로 사고 싶은 마음이 들지 않는다.

베네핏만 설명해서는 올리를 설득할 수 없다. 그가 이 제품에 대한 정보가 부족해서 그동안 시큰둥했던 것이 아니었기 때문이다. 올리는 자신만의 생각, 감정, 신념이 있었다. 사람이면 누구나 그렇듯, 올리는 변화하려는 마음이 전혀 없었다. 그는 지금 이대로가 좋다고 생각한다. 편안한 소파에 드러누워서 늘 하던 일을 하면 마음이 아주 편하기 때문이다. 그는 늘 같은 장소에 머무르면 안전하고 마음이 놓이지만 변화를 시도하는 것은 위험하고 불안한 일이라고 생각한다. 그래서 팀이 그렇게 열심히 설명해도 올리에게는 전혀 효과가 없었던 것이다.

흔히 설득은 사람들이 원하지 않는 일을 하게 만드는 것, 다리를 건너게 '등을 억지로 떠미는' 행동이라고 생각한다. 하지만 그것은 설득이 아니라 협박이나 강요다. 이 세상의 어떤 카피라이터도 리더가 원하지 않는 행동을 억지로 시킬 수 없다. 만약 리더가 제품을 '절대' 구매하지 않을 사람이라면, 그는 애초에 타깃 고객이 아니라고 봐야 한다.

리더를 설득하려면 그들의 감정을 살짝 자극할 수 있는 주장을 잘 선택해야 한다. 광고 카피가 요구하는 행동을 할 때 얻는 베네핏이 광고를 무시하고 아무것도 하지 않을 때 누리는 베네핏을 능가해야 한다는 얘기다. 일단 거기까지 가면, 리더의 생각과 감정이 움직이고 리더는 광고 카피에 따라 행동할 준비를 갖추게 된다.

목적 없는 설득은 공허한 메아리일 뿐이다

설득은 단순하고 명확한 결과를 겨냥할 때 가장 효과적이다. 팀은 한 번의 대화로 올리가 운동에 열광적으로 반응하리라 생각하지 않았다. 그는 단지 올리에게 피트니스 트래커를 구입해 손목에 차보라고만 권유했다. 일단 거기까지 가면 팀의 시도는 일차적으로 성공한 것이다.

마찬가지로 광고 카피의 목적은 '설득'이지 리더의 세계관을 완전히 바꾸는 데 있지 않다. 그저 리더가 제품을 시범적으로 사용하거나 회사에 연락해보는 정도의 행동만을 유도하면 된다. 리더는 광고 카피의 모든 말에 동의하지 않더라도 제품을 한번 사용해보거나 회사에 문의하는 행동을 해볼 수 있다. 제품이 어느 정도 가치가 있을 거라는 점만 믿으면 그 정도의 변화는 어렵지 않을 것이다.

리더의 생각이나 태도가 전혀 변하지 않을 때도 있다. 그러나 제품을 실제로 사용해본 후에 변하기도 하므로 너무 조급해지는 말자. 자신의 경험을 돌이켜보는 것도 도움이 된다. 각자 굳게 믿고 있는 신념은 주변에서 듣거나 읽은 내용이 아니라 자신이 직접 겪은 일에 기반을 두는 경우가 많기 때문이다.

사람의 마음을 사로잡는 여섯 가지 설득의 기술

팀은 여섯 가지 설득의 원칙을 동원해서 올리를 구슬리고 있다. 여섯 가지 설득의 원칙이란 사회적 증거, 호감, 권위, 희소성, 일관성, 상호성을 말한다. 이는 수십 년간 설득을 연구한 협상 전문가이자 작가인 로버트 치알디니Robert Cialdini가 제안한 것이다.[63] 이 여섯 가지에 대해 자세히 살펴보자.

1. 사회적 증거: '나 빼고 다들 이걸 쓰고 있다고?'

팀은 올리에게 '다들' 피트니스 트래커를 쓴다고 말했는데, 이는 사

여섯 가지 설득의 원칙

사회적 증거
우리는 사람들이 하는
행동을 (따라) 한다.

호감
우리는 사람들이 좋아하는 것에
더 귀를 기울인다.

권위
우리는 사람들이 존중하는
사람의 말에 순종한다.

희소성
희소성이 높을수록
더 갖고 싶어진다.

일관성
단순한 단어는 리더에게
큰 노력을 요구하지 않는다.

상호성
호의를 입으면 호의를 표현하고
빚을 지면 갚아야 마음이 편하다.

→ 로버트 치알디니가 말하는 여섯 가지 설득의 원칙

회적 증거라는 원칙을 적용한 설득의 한 방법이다.

사람은 본래 자신만 남들과 다르다는 느낌을 매우 싫어해 사회적 증거에 쉽게 설득당하곤 한다. 그래서 대다수의 사람은 주변 사람을 관찰하면서 자신이 어떻게 행동해야 하는지 적절한 힌트나 단서를 얻는다. 이때 동료, 친구, 가족이 제공하는 단서가 우리에게 가장 강력하게 영향을 미친다. 하지만 잡지에서 본 패션이나 소셜 플랫폼에 언급되는 최신 이야깃거리처럼 일반적인 단서도 사람들에게 영향을 줄 수 있다.

카피라이터가 동년배 친구가 주는 그런 단서를 제공하기는 힘들다. 사람들은 친구와 수다를 떨거나 페이스북을 볼 때 그런 단서를 얻을 것이다. 하지만 카피라이터는 리더가 '알아야 할' 최신 트렌드나 많은 사람이 좋아하는 대상이 있다는 점을 넌지시 보여줄 수는 있다. 쉽게 말해 '정말 많은 사람이 지금 이렇게 하고 있으니, 당신도 그렇게 해보셔야 해요'라는 메시지를 전달하는 것이다. 베터웨어Betterware(가정용품을 주로 판매하는 영국의 네트워크 마케팅 회사—옮긴이)는 바로 이 방법을 사용하여 다음과 같은 광고를 만들었다.

> 700만 명이나 사용하고 있는데, 그 사람들이 다 바보일 리 없잖아요.
> 700만 명의 사람들이 아주 쉬운 3단계를 통해 편하게 쇼핑을 하고 있습니다.

사람들은 확신이 부족한 분야에서 사회적 증거에 더 많이 의존하곤 한다. 특정 상황에 대해 자신이 잘 모른다고 생각하면 더 잘 아는 사람이 있을 테니 그런 사람을 찾아내서 따라 하려고 마음먹는 것이다. 그래서 수많은 앱과 전자상거래 사이트 및 서비스 소프트웨어 기업들은 보통 가격대의 '가장 인기 있는' 옵션을 제시하면서 그것이 마음 놓을 수 있는 '올바른' 선택이라는 점을 강조한다. 특히 처음으로 자가를 구입하는 사람, 면허를 딴 지 얼마 안 된 초보 운전자, 새로운 취미를 시도하는 사람처럼 시장에 대해 잘 모르는 리더를 겨냥할 때는 사회적 증거를 최대한 활용하는 게 좋다.

시장점유율이 높은 브랜드는 사회적 증거를 활용하기에 매우 유리한 입장일 것이다. 앞서 소개한 고양이 사료 브랜드 위스카스의 광고가 가장 적절한 예시다.

10명 중 8명이 고양이가 이걸 더 좋아한다고 말했습니다.

이 광고에서 말하는 '10명'은 고양이를 키우는 사람들을 가리킨다는 것이 분명하며 매우 높은 비율이 위스카스를 좋게 평가했다. '다른 어떤 제품'과 비교했을 때 위스카스를 더 좋아하는지는 알 수 없지만 그것은 큰 문제가 아니다. 어차피 대다수 리더는 그렇게 세부적인 사항까지 궁금해하지 않기 때문이다. 고양이가 뭘 좋아하는지 잘 모르는 초보 집사라면 가장 잘 팔리는 제품을 사는 게 가장 안전한 선택일 것이다.

서로 다른 사람들이 모두 같은 의견을 제시하면 그런 사회적 증거는 더 신뢰의 대상이 된다. 다양한 집단이나 관점, 입장을 가진 사람이 특정 행동을 지지하면 그 행동을 자연스럽게 인정하고 받아들일 수 있다. 위스카스의 TV 광고에도 고양이를 키우는 사람이 여러 명 등장하는데, 약간의 차이는 있지만 다들 긍정적인 의견을 제시한다.

또한 유명한 브랜드의 광고 카피를 제작하는 경우가 아니더라도 참조 집단을 적절히 선택하면 사회적 증거를 효과적으로 활용할 수 있다.

> 뱅가드Vanguard는 영국에서 수천 명이 넘는 밴 이용자가 선택한 브랜드입니다.

이 광고 카피에서 말하는 '수천 명'이 영국의 전체 밴 이용자에서 얼마나 많은 부분을 차지하는지 실제로 확인할 필요는 없다. 뱅가드 사용자가 아주 많다는 이미지만 리더에게 전달하면 성공이기 때문이다.

사람들은 특히 자신과 입장이 비슷한 사람이 제시하는 사회적 신호에 민감하게 반응한다. 팀은 올리에게 '다들' 트래커를 가지고 있다고 말했는데, 그 말은 실제로 세상 모든 사람이 한 명도 빠짐없이 트래커를 가지고 있다는 말이 아니라, 팀이나 올리와 비슷한 사람 중 상당수가 트래커를 가지고 있다는 뜻이었다. 이처럼 광고 카피에서는 구체적으로 어떤 사회 집단을 지칭하는지가 명확히 드러나야 하고, 리더도 그 집단을 즉시 이해할 수 있어야 한다. 한발 더 나아가 리더에게 광고 카피에 언급된 사회 집단과의 연결 고리를 만들어보라고 권유할 수 있다.

> 당신과 비슷한 처지에 있는 수백 명의 주택 소유자가 이미 이렇게 바꾸기로 결정했습니다.

사회적 증거는 다른 사람들이 제품에서 어떤 베네핏을 누리는지 보여주는 방식을 통해 간접적으로 리더의 관심을 불러일으킨다. 하지만 누군가를 돕는 일에 참여하라는 호소처럼 리더가 아닌 다른 사람이 '구매'에서 발생하는 베네핏을 누리는 경우라면 어떨까? 그때도 이러한 방법이 효과가 있을까? 오웨인 서비스Owain Service와 로리 갤러거Rory Gallagher의 《아주 작은 생각의 힘》에는 영국 정부에서 제작한 NHS 장기 기증 서약을 권유하는 광고가 소개되었다.[64] 광고 카피는 다음과 같다.

> 매일 수천 명이 이 웹페이지를 보고 장기 기증을 서약합니다.

이 광고 카피를 내보내고 오히려 서약하는 사람이 줄어들면서 이 카피는 결국 잠깐 사용되고 사라졌다. 이 카피의 문제는 리더에게 '서약하지 않아도 되는 이유'를 제공해주었다는 데 있다. 매일 수천 명이 서약을 한다고 하니 '굳이 내가 나서서 서약하지 않아도 되겠네'라는 생각을 하게 만들었기 때문이다. 차라리 희소성의 원칙을 적용하여 장기 기증을 서약하는 사람이 얼마나 '부족'한지 강조하는 편이 더 나았을 것이다. 리더가 행동하지 않으면 본인이 손해를 본다고 말하는 것이 아니라, 리더가 행동하지 않으면 '다른 사람'이 손해를 본다는 점을 알리는 것이다.

2. 호감: 아는 사람의 이야기가 더 믿음직스럽다

올리는 데이브라는 또 다른 친구가 피트니스 트래커를 사용한다고 했다. 그를 설득하려고 데이브에 대한 호감을 이용한 것이다.

사람은 누구나 자기가 좋아하는 사람의 말을 들어주려는 경향이 있다. 그래서 친구나 가족이 추천한 제품은 크게 망설이지 않고 수용한다. 반대로 구매를 강요하거나 귀찮게 구는 판매 사원에게는 거부감을 느낀다. 판매사원이 권하는 대로 하면 자신에게 베네핏이 주어진다 해도 감정적으로 거부하는 것이다.

로버트 치알디니는 타파웨어Tupperware(미국의 밀폐용기 브랜드—옮긴이) 파티를 예시로 들어 호감의 원칙을 설명해준다. 손님들은 타파웨어 제품을 잘 모르지만, 파티 주최자가 어떤 사람인지 잘 알고 그 사람에게 호감이 있기 때문에 그가 타파웨어 제품을 권하면 주저 없이 사들인다. 하지만 광고 카피는 타파웨어 파티 주최자와 달리, 사람들에게 인지도나 호감이 없는 상태다. 리더는 광고 카피를 처음 보는데 그 광고 카피가 코앞까지 와서 물어본 적도 없는 정보를 들이미는 것이다. 게다가 광고 카피의 '화자'인 브랜드에 대해서도 전혀 들어본 적이 없다면 어떨까? 이런 경우라면 광고 카피가 편안한 친구처럼 느껴지기는커녕, 자기 마음대로 끼어들어서 이래라저래라하는 존재로 느껴질 수 있다. 그러면 호감의 원칙을 어떻게 적용해야 할까?

한 가지 방법은 앞에서 살펴봤듯이 관심을 빌려오는 것이다. 유명인사를 등장시키거나 사람들이 좋아하는 영화를 언급하면 광고하려는 제품에 대한 호감을 빠르게 높일 수 있다. 또는 고객의 추천 글이나 사용후기를 사용하는 방법도 있다. 리더가 '다른 사람이 제품에 관해 이야기하는' 것에 귀를 기울이면 결국 그들의 말을 믿을 가능성이 크다. 이 경우에 호감의 원칙은 사회적 증거와 연계된다.

만약 위의 두 가지 방법이 여의치 않다면 리더의 상황을 이해한다는 점을 피력하는 것도 좋다. 베네핏을 적극적으로 제시하기 전에 공감대를 형성하면 브랜드나 제품에 대한 호감을 쉽게 높일 수 있기 때문이다.

영국의 대형 소매 체인인 부츠Boots의 광고 카피를 함께 살펴보자. 부츠에서 사진을 인화하면 고객은 다음과 같은 문구가 쓰여진 봉투에 사진을 받게 된다.

> 부츠는 여러분의 추억이 얼마나 소중한지 잘 알고 있습니다. 그래서 부츠에서 일하는 전문가는 모든 사진을 일일이 확인하기 전에 가장 좋은 품질의 재료를 사용합니다.

이 광고 카피의 기본 논리는 "우리는 당신의 입장을 이해합니다. 그래서 이렇게 품질에 많은 노력을 기울입니다. 이제 우리 브랜드와 우리 서비스를 더 좋아하게 되셨죠?"라는 것이다.

또 다른 방법은 리더의 기분이 좋아질 만한 친절한 표현을 사용하는 것이다.

> 부모라면 시간을 쪼개서 생활한다는 게 어떤 건지 이미 잘 아실 겁니다. 아이들 싸움을 말리고 우선순위를 정해 끝없이 쌓인 일들을 처리해야 하죠. 이제 여러분의 걱정거리를 하나 덜어 드리려고 합니다.

이 광고 카피를 보고 어떤 부모는 자기도 모르게 고개를 끄덕이며 긴 한숨을 내쉴지 모른다. 그렇다면 그 사람의 감정을 움직이는 데 일단 성공한 것이다. 하지만 현실에서 공감을 얻어내려면 진심을 표현하면서도 상대방의 신뢰를 얻을 만한 표현을 사용해야 한다. 그렇지 않으면 리더는 광고 카피의 실제 의도를 금방 꿰뚫어볼 것이다. 또한 제6장에서 살펴본 것처럼 리더가 이미 아는 내용을 이야기해서는 리더의 짜증만

돋울 뿐 호감을 얻지 못한다. 불필요한 내용으로 리더의 시간을 낭비하지 않고 핵심만 언급하는 것이 호감을 얻기에 가장 좋은 방법이다.

3. 권위: 흰 가운과 제복이 주는 힘

팀은 의사가 데이브에게 건강을 관리하라고 조언했다는 점을 언급했다. 이것은 권위의 원칙을 사용한 방법이다.

대개 우리는 권위를 가진 사람의 말을 잘 듣는다. 특히 무엇을 해야 할지 모르는 상황에서는 권위를 가진 사람의 말에 크게 의존한다. 권위를 행사하는 사람은 부모, 교사, 정치인, 유명인사, 경찰, 직장 상사, 과학자, 전문가 등 여러 분야에 존재한다. 폭넓은 지식, 공식적인 지위, 다른 사람에게 부여받은 권위나 자격에서 권위가 나오는 경우도 있고 본인의 성격에서 권위가 느껴지게 만드는 사람도 있다. 사람뿐만 아니라 조직이나 출판물, 브랜드가 어느 정도의 권위를 나타내기도 한다.

모든 형태의 권위는 양방향으로 작용한다. 반대편에 있는 상대방이 권위를 나타내는 사람을 인정하거나 복종할 때만 권위의 효과가 발휘된다는 얘기다. 그러므로 광고 카피에 권위의 원칙을 적용하려면 리더가 보기에 실제로 권위가 있는 대상을 등장시켜야 한다. 올리가 팀의 말에 수긍한 이유는 의사가 데이브에게 한 말이 올리 자신에게도 바로 적용된다고 생각했기 때문이다. 올리와 마찬가지로 데이브는 체중 관리가 꼭 필요한 40대 중년 남성이었다. 데이브가 70대 노인이었다면 올리는 의사의 조언이 자신에게는 적용되지 않는다고 반발했을 것이다.

리더가 이미 권위자에 대해 들어본 경우라면 자세하게 설명할 필요가 없으므로 일이 쉬워진다. 반대로 리더가 권위자가 누구인지 모를 가능성이 크다면, 리더가 권위자를 처음 접했을 때 쉽게 권위를 인정할 것인지 잘 판단해야 한다. 1인칭 시점으로 광고 카피를 작성한다면 화자에게 적절한 권위를 부여해야 한다. 필요하다면 적절한 근거를 제시하여 권위를 세우도록 하라.

보통 권위의 원칙은 샴푸, 치약, 얼굴에 바르는 크림 등 화장품이나 건강 관련 제품에 많이 사용되곤 한다. 과학자나 의사가 흰 가운을 입고 직접 출연해 제품에 대해 설명하는 TV 광고를 많이 봤을 것이다. 이렇게 전문적인 지식이나 연구 결과를 인용하면서 제품의 효능을 보장해줌으로써 광고 효과를 높일 수 있다.

어떤 권위를 사용하든 권위의 원칙을 적용할 때는 단순하고 명확하면서도 긍정적인 표현을 사용하여 자신감을 드러내는 것이 좋다. 이런 표현에 관해서는 제10장을 다시 참조하기 바란다. 자신감이 없거나 확신이 부족하면 권위를 내세워도 상대방을 설득하지 못할 것이다.

4. 희소성: '한정판'의 마법

팀이 백화점 세일에서 트래커를 구매했다고 말한 것은 희소성의 원칙을 사용한 것이다. 사람들은 부족한 것을 더 가치 있게 여기고 풍족한 것은 귀하지 않다고 생각하기 때문이다.

당신이 크리스마스에 작은 초코 쿠키 박스를 선물 받았다고 해보자. 처음에는 그중 몇 개를 아무 생각 없이 먹어 치웠을 것이다. 그리고 손님들에게도 맛을 보라고 내어주었을 것이다. 그렇게 해도 당신은 아직 박스 안에 과자가 많이 남았다고 생각했다. 하지만 어느새 박스 안의 과자가 거의 다 사라지고 딱 한 개가 남았다는 것을 알게 된다. 그러면 불과 몇 분 전에는 기분 좋게 우걱우걱 먹던 과자가 이제는 너무 귀하게 느껴지고 너무 맛있어서 먹기 아깝다는 생각이 든다.

양이 많거나 넉넉하면 그만큼 선택의 자유도 커진다. 하지만 양이 줄어들어서 매우 희귀한 상태가 되면 자유도 줄어든다. 원래 내 것으로 생각했던 자유가 사라지면 우리는 매우 큰 고통을 느낀다. 그래서 사람은 아주 적게 남아 있는 그것에 집착하며 그동안 누리던 자유를 조금이라도 더 잡아두려 한다.

희소성은 잘못된 선택을 할지도 모른다는 우리의 두려움을 극대화시킨다. 어떤 자원이나 물건 등이 매우 희귀해지면 결국 '바닥을 드러내는' 순간이 올까 봐 걱정하게 되고, 그 순간이 얼마나 우울할지 미리 걱정한다. 이런 상상이 커지다 보니 단지 미래에 후회하지 않으려고 그 물건을 당장 사게 되는 것이다. 그 물건이 필요해서 구매한다기보다 그저 마음이 편해지려고 구매한다는 얘기다. 적지 않은 사람이 신년맞이 세일 소식을 듣고 매장으로 달려가서 꼭 필요하지 않은 물건이나 가방 따위를 잔뜩 사서 양손 무겁게 집으로 돌아오곤 한다. 사지 않으면 나중에 후회할까 봐 그렇게 사들이는 것이다.

이 같은 심리를 활용하여 광고하려는 제품을 어떤 방식으로든 희소성이 있어 보이게 포장하면 광고 효과가 높아진다. 가장 편리하고 직접적인 방법으로 제품의 수량을 활용해보라. 어떤 제품의 수량이 한정되어 있다고 말하면 사람들은 그 제품의 가치를 높게 평가하는 경향이 있다.

멋진 도안을 자랑하는 〈스타트랙〉 기념 접시의 특별 한정판이 딱 500개만 제작되었습니다.

두 번째 요소는 시간이다. 리더는 제한된 시간 내에 구매를 하거나 제안을 받아들일지 결정해야 한다. 이지젯easyJet은 시간의 희소성을 활용하여 다음과 같은 광고 카피를 제작했다.

최대 25퍼센트 할인

모든 노선, 모든 좌석, 모든 날짜에 할인이 적용됩니다.

서두르세요! 화요일 자정이면 할인 행사가 종료됩니다!

그와 비슷하게 경쟁심을 자극하는 방법도 있다. 다른 사람들이 먼저 차지하면 기회가 없을 수도 있다고 피력하는 것이다.

이렇게 저명한 콘퍼런스에 참석하려는 사람들이 굉장히 많을 것으로 예상됩니다. 마감일은 5월 30일이지만 지금 바로 얼리버드 티켓을 예매하세요!

선별된 몇몇 사람에게만 특별한 기회를 제공하는 경우도 있다. 이러한 독점권은 리더를 우쭐하게 만들어준다. 리더는 특별히 자신에게 신경을 써준다는 느낌 때문에 이 제안을 '거절하면 안 되겠구나'라고 생각한다.

론모우어 월드Lawnmower World의 이전 구매 고객으로서 귀하는 이번에 새로 만들어진 놀라운 구독 이벤트의 안내 대상으로 선정되셨습니다.

마지막으로 초대장을 사용하는 방법도 있다. '친구 추천'과 비슷한 개념인데, 앞에서 말한 독점권과 비슷하기도 하지만 특정 집단이 아닌 리더 개인을 겨냥한다는 점에서 차이가 난다. 스포티파이Spotify는 사업 초기에 이 방법을 사용해서 수요를 창출하고 사람들의 관심을 얻었으며 구독자들이 서비스를 지속적으로 사용하도록 유도했다.

> 스포티파이 프리Spotify Free는 현재 초대 전용 방식으로 운영합니다. 귀하는 이 서비스에 접근할 초대 토큰을 받으셔야 합니다.

희소성의 원칙을 사용할 때 제7장에서 살펴본 콜투액션을 제시할 수 있다. 그러면 '나중에 천천히'가 아닌 '지금 당장' 행동해야 한다는 점을 강력하게 어필할 수 있다.

마지막으로 희소성의 원칙은 제품이나 서비스가 실제로 희소성을 갖지 않았더라도 사용할 수 있다. 제품이 판매되는 방식을 바꾸어서 희소성을 만들어도 되고, 해당 제품이나 서비스가 마치 희귀한 것인 양 과장해도 된다. 위 스포티파이 광고도 그런 경우에 속하는데, 사실 스포티파이의 초대를 받은 신규 고객 한 명은 10개의 초대권을 받게 되므로, 사실상 새로운 초대권은 수량 제한이 없다고 말할 수 있다. 그런데도 '초대받은 사람'만 서비스 이용이 가능하다고 제한을 두어서 해당 서비스가 독점적이고 매우 특별한 것처럼 포장해 구독자를 끌어들었다.

5. 일관성: 변덕쟁이가 되지 않기 위한 노력

팀이 올리에게 함께 건강을 잘 챙기기로 결심한 것을 상기시키는 행동은 일관성의 원칙을 적용한 것이다.

우리는 어떤 약속이나 맹세를 하면 그것을 지키려고 애쓴다. 스스로 일관성이 있고 거짓 없는 사람이 되고 싶으며, 다른 사람에게도 그런 사람으로 비치기를 바라기 때문이다. 약속이나 맹세를 지키지 않으면 자신이 믿을 수 없는 사람이고, 신뢰할 만한 가치가 없는 존재라는 뜻이 된다.

일관성의 간단한 예시로는 '교차 판매'cross-sell를 들 수 있다. 특정 제품에 대한 리더의 관심이나 선호도를 활용해서 또 다른 제품의 구매를 권유하는 것이다. 유니레버Unilever 그룹이 만든 마요네즈 브랜드 헬만Hellmann의 교차 판매 예시를 살펴보자.

헬만을 좋아하세요? 그러면 이 제품이 마음에 쏙 들 겁니다!

또는 자연스럽게 더 좋은 옵션이나 상위 버전의 제품을 사도록 유도하는 '업셀'up-sell을 시도할 수도 있다.

인정하세요. 당신이 쓰고 있는 그 카메라는 이미 오래됐다는 걸요. 이제 캠코CamCo의 첫 번째 DSLR로 업그레이드할 때입니다.

이것은 소위 '한번 시작했으면 끝을 봐야지'라는 태도를 고객에게 심어주는 방법이다. 이미 고객 여정을 시작했으니 또 다른 제품도 구매하라고 리더에게 제안하는 것이다. 여기에는 이번에 또 사지 않으면 제자리에 머물러 있거나 지금까지 온 길을 거슬러 되돌아가는 것과 마찬가지라는 의미가 내포되어 있다.

그런가 하면 리더가 지금까지 잘 지켜왔거나 진지하게 생각하는 책임감을 자극하는 방법도 있다.

우리 체육관에 오시면 자연스럽게 신년 목표를 달성할 수 있습니다.

구체적인 목표를 세우고 이를 실천하려는 리더를 겨냥하여 광고 카피를 작성한다면 그 목표를 벗어나지 않도록, 즉 일관성을 유지하도록 격려하는 것이 좋은 방법이다.

〈*카피라이팅 월드*〉Copywriting World를 구독해주셔서 감사합니다. 지난 1년간 정말 많은 아이디어를 수집했고 새로운 지식도 많이 알게 되셨으리라 생각합니다. 이러한 배움의 여정을 계속하기 위해 오늘 구독을 갱신하시기 바랍니다. 그러면 많은 고민거리가 해결되실 거예요.

위 광고 카피의 기본 논리는 지금까지 이 잡지를 구독하여 만족했는데, 이제 와서 구독을 중단하면 그건 일관성 없는 태도라는 것이다.

앞서 제5장에서 질문을 활용해서 리더의 마음을 사로잡는 방법을 살펴보았다. 질문에 대해 리더가 머릿속으로 '그렇다'라고 답하면 광고 카피에 좀 더 긍정적인 반응을 보이는 경향이 있다.

은행에 저축하는 돈으로 더 많은 이자를 받는 방법을 알고 싶으세요?

리더는 당연히 '그렇다'라고 생각할 것이다. 광고에서 소개하는 상품의 이자율이 훨씬 높은데도 이 광고를 무시한다면 그건 '그렇다'라는 대답에 비추어 일관성이 없는 행동일 것이다.

또 다른 방법은 구매 사항에 관해 질문하는 것이다. 이는 미국의 인포머셜informecial(광고처럼 보이지 않게 어떤 주제에 관해 상세한 정보를 제공하는 방식의 TV 광고—옮긴이)에서 자주 사용되는 기법이다.

크루즈 세계 일주를 떠난다면 얼마까지 낼 의향이 있습니까?

이러한 질문은 두 가지 효과가 있다. 첫째, 이 질문은 판매원들이 흔히 말하는 '가상 종결'assumptive close을 사용한다. 크루즈 여행을 생각조차 해본 적 없는 사람도 이 질문을 듣는 순간, 일단 크루즈 여행에 동의한 상태로 간주하여 본격적인 가격 협상이 시작된다. 둘째, 이 질문을 들은 리더는 과연 얼마를 내는 것이 좋을지 고민하기 시작한다. 만약 실제 가격이 생각보다 낮으면 이미 더 높은 가격을 낼 '마음을 먹은' 상태이므로 가격에 대한 장벽이 크게 낮아질 것이다.

일관성을 앞세워 리더의 도덕적 사고에 호소할 수도 있다. 언젠가 길에서 동물학대방지협회에서 나왔다며 기부를 '강요'하는 사람을 만났는데, 그 사람이 나에게 던진 첫 질문이 '동물을 사랑하느냐'였다. 많은 사람이 동물을 아끼듯이 나도 '그렇다'라고 대답했다. 하지만 그것은 단순한 질문이 아니라 일관성을 이용하려는 작전이었다. 그는 기다렸다는 듯이 고통을 당하는 동물들을 도와주기 위해 기부금을 낼 의향이 있냐고 물었다. 나는 방금 동물을 사랑한다고 말했기 때문에 기부를 거절하는 것은 마치 약속을 어기는 나쁜 행동이라는 느낌이 들었다.

MPAA(미국영화협회―옮긴이)에서는 불법 다운로드를 반대하는 광고를 제작했는데, 일관성의 원칙을 사용하여 리더가 '하지 말아야' 할 행동을 알려준다.

당신은 자동차를 훔치지 않을 겁니다.

당신은 남의 핸드백을 훔치지 않을 겁니다.

당신은 텔레비전을 훔치지 않을 겁니다.

당신은 영화를 훔치지 않을 겁니다.

영화를 불법 다운로드하는 것은 도둑질입니다.

도둑질은 법을 어기는 행동이죠.

저작권 침해는 명백한 범죄입니다.

또한 기업은 일관성을 강화하고자 온라인에 올라오는 사용 후기에 깊은 관심을 보인다. 물론 사용 후기는 사회적 증거로서 새로운 고객을 유치하는 데 도움이 된다. 하지만 그것이 전부가 아니라 후기를 작성한 고객 본인에게도 브랜드에 강한 확신을 갖게 하는 효과가 있다. 제품에 대한 긍정적인 경험, 재구매 이유 등을 직접 작성하면서 사용자 본인에게 일관성의 원칙을 상기시켜주기 때문이다.

6. 상호성: 주는 만큼 받고 받는 만큼 준다

"나는 노력하고 있는데, 너도 이 정도 성의는 보여야지." 올리가 팀에게 한 말이다. 올리는 여기서 바로 상호성reciprocity의 원칙을 적용했다. 상대방이 호의를 베풀면 그만큼 갚으려 하는 심리를 겨냥한 것이다. 팀이 부지런히 애쓰고 있으므로 올리도 팀을 위해서 어느 정도 달라진 모습을 보여줘야 한다는 얘기다. 그래야 공평한 거니까.

당신이 먼저 상대방에게 가치 있는 것을 제공하면 상대방은 당신에게 뭔가 빚지고 있다는 생각을 하게 된다. 그러면 당신은 상대방의 그 마음을 이용해, 즉 상대방에게 '빚진 것'을 갚기 위해 특정 방식으로 행동하도록 요구할 수 있다.

마케팅에서 소비자에게 무료 샘플 등을 기꺼이 나누어주는 이유는 바로 이러한 상호성의 심리를 자극하기 위해서다. 무료 샘플은 그저 제품 사용 기회를 제공하는 데서 끝나지 않는다. 무료 샘플을 받은 사람이 해당 브랜드 제품을 구매해야 한다는 의무감을 부과하는 효과도 있다. 자선단체가 보낸 우편물에 들어 있는 공짜 볼펜은 오히려 비싼 선물보다 효과가 더 크다. 버리긴 아까워서 가지고 있다 보면 집안 어딘가를 계속 굴러다니는데, 이것을 볼 때마다 기부가 생각나기 때문이다. B2B 기업은 클라이언트가 될지 모르는 사람에게 무료 컨설팅 서비스를 제공하거나 아주 고급스럽게 만든 홍보 책자를 제공한다. 무료 컨설팅은 자사 서비스를 맛보기로 제공하는 것이고, 고급스러운 홍보 책자는 함부로 내버리지 못하고 집에 계속 보관하게 만들려는 전략이다. 이런 전략으로 당장 매출이 발생하지는 않지만 리더의 마음을 '천천히 매료'시켜서 브랜드에 대한 호감을 만드는 효과가 있다.

카피라이팅 자체는 리더에게 무엇을 제공할 수 있을까? 재미있고 창의적이라면 오락으로서의 가치나 감정적 자극, 숨겨진 의미를 찾아내는 만족감을 줄 수 있다. 비록 순간적인 감정이고 피상적이라도 고객에게는 즐거움의 원천이 된다.

좀 더 길고 세부 사항을 많이 담은 광고 카피는 사람들에게 좀 더 실질적인 정보를 제공할 수 있다. 이것이 바로 콘텐츠 마케팅의 원리다. 주제를 소개하거나 방법을 알려주는 형식으로 가치 있는 지식이나 조언을 제공하고, 더불어 자사 브랜드가 리더에게 도움이 되고 전문 지식을 갖추고 있으며 중립적이라는 이미지를 만들 수 있다. 그러다 리더가 구매할 시기가 되면 해당 브랜드를 떠올리게 하려는 전략이다. 전화 몇 통을 하거나 이메일을 보내는 것과 비교하면 20페이지 분량의 글을 쓰는 것이 훨씬 힘든 일이지만 경영 컨설팅과 같은 높은 가치의 서비스를 판매할 때는 리드 하나하나가 나중에 큰 거래의 첫 단추가 될 수 있다.

이 장 처음에 등장했던 올리와 팀의 대화를 다시 생각해보자. 올리는 아마 팀이 조깅을 하는 것이 자신과 전혀 무관한 일이라고 생각했을 것이다. 하지만 팀은 리프레이밍 기법을 잘 사용해서 조깅은 두 사람 모두의 건강에 투자하는 행동이라고 설득했다. 이와 비슷하게 광고 카피에서도 리더에게 뭔가 가치 있는 것을 이미 받지 않았느냐고 설득할 수 있다. 그중 하나는 '100파운드의 가치가 있는 컨설팅 서비스를 무료로 해드립니다'와 같이 서비스나 무료 선물에 가치를 부여하는 것이다. 이 방법이 여의치 않으면 선물의 크기나 가치를 강조해도 된다. 이를테면 '우리 회사의 보험 전문가가 작성한 20페이지 분량의 고객용 가이드'를 제공한다고 광고할 수 있다.

모든 원칙을 연결해 사용하라

지금까지 여섯 가지 설득의 원칙을 하나씩 살펴보았다. 하지만 팀과 올리의 대화에서 알 수 있듯이 한 가지 원칙만 골라서 사용하기보다는 한꺼번에 여러 가지 원칙을 사용하거나 순차적으로 연결해서 사용하면 더 효과적이다. 한 가지 예를 살펴보자.

유언장을 미리 작성해두는 게 매우 중요하다는 말을 한 번쯤 들어보셨을 겁니다. 이미 작성을 마치신 분들도 있을 테지요. 대부분의 금융 전문가들도 유언장 작성을 적극적으로 권고합니다. 당신이 세상을 떠난 후에도 가족들을 잘 돌봐주고 싶다면, 유산 분배를 당장 시작해도 결코 이르지 않습니다. 저희가 유언장 작성에 필요한 모든 점에 관해 도움과 조언을 해드리겠습니다. 귀하가 남기게 될 유산에 비하면 서비스 비용은 아주 작은 부분에 불과합니다. 지금 전화를 걸어 무료 상담을 받아보시기 바랍니다.

자, 그러면 잠깐 멈춰서 이 광고 카피에 어떤 설득의 원칙이 사용되었는지 생각해보자.

첫 번째 문장에는 사회적 증거가 사용되었다. 이미 들어본 적이 있으며 많은 사람이 이미 해당 서비스를 사용 중이라고 알려준다. 두 번째 문장은 호감의 원칙을 사용했다. 리더에게 주변을 둘러보면 이미 유언장을 작성한 사람이 있을 거라고 부드럽게 상기시켜준다. '대부분의 금융 전문가'라는 말은 권위의 원칙을 적용한 것이고 '가족들을 잘 돌봐준다'라는 문구는 유언장 작성이 많은 사람이 추구하는 목표와 비교했을 때 일관성이 있다는 점을 강조한다. '당장 시작해도 결코 이르지 않다'라는 표현은 희소성을 강조하는 것으로, 깊이 생각하지 말고 바로 행동하도록 강권한다. 그리고 유산 총액에 비하면 서비스 비용이 매우 적다고 주장하는데, 이는 '너무 비싸다'라는 이의를 극복하고자 비용을 리프레이밍한 것이다. 끝으로 '무료 상담'은 가치 있는 것을 직접적으로 제시하면서 상호성의 심리를 자극한다.[65]

변화를 원하지 않는 리더를 변화시키려면

2000년에 개봉한 영화 〈보일러 룸〉에서 벤 애플렉이 연기한 짐 영은 광고 전화를 걸어서 동전주를 판매하는 신입 트레이더에게 다음과 같은 격려사를 한다.

> 여러분이 시도하는 모든 통화는 판매와 관련이 있습니다. 통화는 했지만 판매하지 못했다는 말은 틀린 겁니다. 여러분이 고객에게 주식을 팔든지, 아니면 고객이 여러분에게 자신이 왜 주식을 사지 않는지 알려줄 겁니다. 후자의 경우도 하나의 거래로 볼 수 있으니 판매라고 할 수 있죠.

이 말의 핵심은 협상이 양방향으로 이루어진다는 점이다. 우리는 '누군가'를 설득해야 하는데, 이때 상대방은 두 가지 옵션을 갖게 된다. 설득에 따라 행동을 변화시키거나 아니면 기존 상태를 그대로 유지하는 것이다. 심리학자들은 기존의 상태를 그대로 유지하려는 경향을 가리켜 '현상 유지 편향'status quo bias이라고 한다.

제3장을 잠깐 복습해보자. 리더는 어떤 행동을 하고 싶어 하거나 어떤 물건을 원하는 반면, 어떤 행동이나 물건은 없애버리기를 원할 것이다. 이러한 욕구 중 일부가 카피라이터가 제시하는 베네핏과 잘 맞아떨어진다면 카피라이터에게는 매우 반가운 일이다. 하지만 어떤 것은 카피라이터가 극복해야 할 이의objection가 된다. 예를 들어 주방용 세제와 같은 생활필수품을 광고하려는데, 리더가 이미 경쟁사 제품을 사용하고 있다면 어떻게 해야 할까? 카피라이터는 리더가 단 일주일만이라도 경쟁사 제품이 아닌 광고 제품을 써보도록 설득해야 한다.

사실 리더가 느끼는 이의는 대부분 두려움에서 기인한다. 이 두려움은 공포나 비명이 절로 나오는 특정 공포증이 아니라 종일 머릿속에 맴도는 잔소리 같은 불안감이다. 이를테면 남에게 들키거나 인정받지 못하거나 조롱을 당할까 봐 걱정하는 마음, 실수하거나 바가지를 쓸지 모른다는 두려움, 변화에 대한 두려움, 알 수 없는 미래에 대한 두려움 등이다.

그러므로 리더를 설득할 때는 겁을 주거나 강압적으로 가르치려 들기보다 '마음을 편안하게 해주고 안심시켜야' 한다. 리더는 사실 다리를 건너올 준비가 되어 있다. 카피라이터는 리더에게 다리 위로 첫발을 내딛어도 괜찮다고 다독여줘야 한다. 드라마 〈매드맨〉의 등장인물 중 한 명인 돈 드레이퍼는 이런 말을 했다. "행복이란 '당신은 문제 없어요'라고 말해주는 광고판이죠." 어떤 제품을 판매하든 간에 카피라이터는

'항상' 리더의 마음을 편안하게 해주어야 한다.

이제 B2C와 B2B 상황에서 자주 발생하는 이의로는 무엇이 있으며 이를 어떻게 극복하면 좋을지 살펴보자.

이의 제기		극복 방법
B2C 상황	**B2B 상황**	
난 필요 없어.	우리 기업의 필요와 무관한 것 같아.	• 일관성을 앞세워서 이번 구매 결정이 리더의 이전 구매 결정과 관련 있거나 연관성이 있다는 것을 보여준다. • 사회적 증거 및 호감의 원칙을 사용해서 다른 사람들이 제품을 이미 사용하고 있으며 많은 베네핏을 얻고 있다는 것을 강조한다. • '나는 필요 없어'라고 생각하는 고객의 경우, 욕구를 자극하여 '나도 갖고 싶어'라고 생각하게 만든다. • 구매 결정을 내리기 전에 미래를 살짝 맛보게 해준다.
난 이미 갖고 있어.	우리 기업의 필요에 맞는 비슷한 제품을 이미 사용하고 있잖아.	• 경쟁사 제품 또는 이전에 구매한 제품에 비해 어떤 베네핏이 있는지 이해할 수 있도록 구체적인 정보를 제공한다. • 사회적 증거를 사용하여 다른 고객들도 한때 비슷한 생각을 하다가 마음을 바꿨다는 점을 알려준다.
내 능력으로는 감당할 수 없어, 너무 비싸.	우리 예산으로는 어림도 없지, 초기 투자 비용이 너무 커.	• 앵커링 또는 리프레이밍 방법(제13장에서 자세히 살펴본다)을 사용하여 비용을 전혀 다른 관점에서 생각하게 만든다. • 사회적 증거를 사용하여 리더와 비슷한 입장에 있는 사람이나 기업이 제품을 이미 구매했다는 점을 알려준다.

		• 일관성을 앞세워서 A를 구매할 능력이 있다면 B도 당연히 구매할 수 있다는 점을 보여준다.
그게 나한테 도움이 될 거라는 말을 못 믿겠어.	효과가 증명되지 않았잖아, 적합하지 않은 것 같아.	• 고객 추천 글을 사용해서 사회적 증거를 제시한다. • 전문가의 의견이나 추천을 사용해서 권위를 제시한다.
귀찮아.	기회비용과 간접비가 너무 커.	• 상호성의 원칙을 사용한다. 리더를 위해 어떤 일을 해주거나 리더의 손에 무언가를 쥐여준다. 그러면 리더도 호의를 갚아야 한다고 느낄 것이다. • 간단하고 편리하며 시간이 별로 들지 않는다는 점을 직접 보여준다.
나중에 할래.	지금 당장은 투자를 생각할 여유가 없어.	• 희소성의 원칙을 사용하여 시간 압박을 가한다. • 일관성을 앞세워서 지금 당장 구매하면 리더의 다른 목표나 책임을 달성할 수 있음을 보여준다. '귀하/귀사가 A를 하려 한다면 첫 단계는 바로 B를 하는 것입니다'와 같은 논리를 사용할 수 있다. • 사회적 증거를 사용하여 다른 사람이나 기업은 이미 구매했다는 점을 피력한다.

그 밖에도 여러 조사 자료를 통해 리더가 제기할 만한 이의를 구체적으로 예상할 수 있다. 다음 페이지에 소개된 노리위치 어셈블리 하우스Norwich's Assembly House 호텔 광고에도 리더의 두 가지 이의가 반영되어 있다. 첫째, '걸어갈 만한 가치가 있다'는 말은 도심에서 호텔까지 너무 멀다는 이의를 극복하기 위한 표현이다. '편안한 차림'을 강조한 것은

→ 노리치 어셈블리 하우스 호텔은 '너무 멀어'와 '비싼 고급 호텔일 거야'라는 리더의 두 가지 이의를 효과적으로 다루고 있다.
(어셈블리 하우스의 허가를 받아 게재함)

이 호텔이 지나치게 격식을 강요하는 장소가 아니므로 안심하고 오라는 뜻이다.

이처럼 고객이 가진 이의는 반드시 사실에 근거하거나 이성적인 것

314

이 아니다. 알고 보면 어셈블리 하우스는 도심에서 별로 멀지 않으며 정장을 입어야 한다는 규칙을 내세운 적이 한 번도 없다. 그런데도 사람들은 일반적인 편견 때문에 호텔 방문을 꺼렸던 것이다. 사실 사람들이 걱정하는 내용의 대부분은 현실과 다르거나 거리가 멀다.

> 팔리는 카피를 위한 실전 연습
>
> **자기 자신 설득하기**
>
> 꼭 해야 하는데 지금까지 미뤄둔 일이 있는지 생각해보라. 보험금 청구, 옷장 정리 등이 떠오를 것이다. 이제 그 일을 바로 처리하도록 자기 자신을 설득하는 방법을 찾아보자. 이번 장에서 배운 여러 가지 기법을 바로 적용해보기 바란다.

13

과학적으로 사람의 마음을 움직이는 법

카피의 효과를 극대화시키는 아홉 가지 심리 기술

모든 것은
마음에 달려 있다

사람은 진실을 파악하는 데 꽤 서투르다. 사실 인간의 두뇌는 수많은 왜곡, 생략, 편견에 영향을 받기 때문에 우리의 인식은 현실과 상당한 차이를 보인다. 특히 가격, 가능성, 크기 등을 비교할 때 적잖은 오류가 발생한다. 그래도 한 가지 다행인 점은 광고 카피의 효과를 높이는 데 우리의 이러한 '허점'을 유리한 방향으로 사용할 수 있다는 사실이다.

이런 방법 중에서 몇 가지는 리더를 설득하는 게 아니라 생각을 거의 조작하는 수준이라는 느낌을 받을지도 모르겠다. 일단 여기서는 여러 가지 방법을 옵션 차원에서 소개하는 것임을 기억해주길 바란다. 실제 사용하느냐 마느냐는 카피라이터 각자의 몫으로 남겨두겠다.

1. 소유 효과:
무료 샘플이 '무료'가 아닌 이유

이미 가지고 있는 물건을 과대평가하는 경향을 소유 효과endowment effect 라고 한다. 이사 등으로 오래된 짐을 정리하면서 한 번쯤 소유 효과를 경험해봤을 것이다. 몇 년이 지나도록 한 번도 쓰지 않았고 두 번 다시 사지 않을 물건인데도, '내 것'이라는 이유로 버리기 아깝다고 생각하는 심리적 현상이다.

이렇게 집안 물건을 정리하는 상황을 배경으로 다음과 같은 광고 카피를 만들 수 있다.

> 이사할 생각인가요? 공간이 부족해서요?
> 소중한 물건을 다 버리지 마세요.
> 빅 세드Big Shed는 물건을 다시 사용하실 때까지 안전하게 보관해드립니다.

무료 샘플, 제한된 기간 동안 사용 가능한 테스트 버전, 신차 운행 기회, 무료 체험 비디오 게임 등은 모두 소유 효과를 노린 것이다. 사람들은 일단 어떤 것을 경험해보고 그에 대한 애착이 생기면 그것을 자기 것이라고 착각한다. 아직 구매하지 않았지만 그 대상에 관심을 쏟고 시간을 들였기 때문인데, 소비자는 자신의 관심과 시간이 돈만큼 중요한 자원이라고 생각한다. 일단 관심과 시간을 투자하고 나면 그것을 계속 소유하기 위해 돈을 내고 사들일 가능성이 커진다.

2. 손실 회피: 참을 수 없는 손실의 불쾌함

여러 심리학 연구에 따르면, 사람은 같은 가치라도 이득을 얻기보다 가진 것을 잃지 않으려는 경향이 더 강하다. 이를 손실 회피loss aversion라고 부르는데, 새로운 것을 얻는 기쁨보다 손실에 따른 불쾌감을 더 싫어하는 현상이다.[66]

손실 회피 효과를 사용하려면 '당신의', '당신이 가진'과 같은 표현을 자주 사용하면서 여차하면 가진 것을 잃어버리게 될지도 모른다는 느낌을 주면 된다. 일례로 스퀘어스페이스Squarespace의 온라인 광고 카피는 다음과 같다.

> 없어지기 전에 당신만의 도메인을 만드세요.
> 지금 바로 만들어보세요.

이때 '당신만의 도메인'은 리더가 원하던 것이 아닐지 모른다. 사실 도메인을 등록하기 전에는 도메인이 존재하지 않으므로 없어질까 봐 걱정할 이유가 없다. 그런데도 다른 사람이 먼저 선점하면 뭔가 잃게 될 것이라며 잠재적인 위험에 대해 경고하고 있다. '없어지기 전에'라는 말은 시간이 별로 없다는 생각이 들게 한다.

3. 포러 효과:
공감을 끌어내는 가장 강력한 기술

심리학자 버트럼 포러Bartram Forer는 학생들에게 13가지 진술문으로 구성된 개인 프로필을 주고 그것이 자신의 실제 모습과 얼마나 정확한지 점수를 매겨 보라고 요청했다. 사실 학생들이 받은 프로필은 모두 같은 내용이었다. 그런데도 학생들은 정확성에 대해 5점 만점에 평균 4.26점을 주었다고 한다.[67]

학생들이 프로필 내용을 전혀 의심하지 않았던 이유는 진술문이 매우 일반적인 내용이라서 '누구나' 자기 이야기라고 생각할 정도였기 때문이었다. 일부를 소개하자면 아래와 같다.

> 다른 사람이 나를 좋아하고 존중해주기를 바란다.
> 자기 자신을 비판적으로 보는 경향이 있다.
> 종종 내가 옳은 결정을 내리고 옳은 행동을 했는지 강한 의심을 할 때가 있다.

포러에 따르면 가장 일반적인 진술에는 '종종'이라는 표현이 들어 있었다. 사람의 감정은 돌에 새긴 글처럼 고정된 게 아니라서 감정이나 생각이 상황에 따라 달라지기도 하기 때문이다. 인간은 끊임없이 다양한 '감정 상태'의 변화를 겪는다고 해야 더 정확할 것이다. 이처럼 보편적으로 적용되는 성격 특성이 자신의 성격과 일치한다고 믿는 현상을 포러 효과Forer effect라고 한다.

제3장에서 살펴본 것처럼 광고 카피는 리더의 공감을 얻는 것이 핵심이다. 포러 효과에 비추어볼 때, 상대방이 '한 번쯤' 생각해보았거나 느껴보았을 만한 것에 관해 이야기하면 쉽게 공감을 끌어낼 수 있다. 예를 들자면 다음과 같다.

> 종종 우리는 옷을 사놓고 한 번도 입지 않는 경험을 합니다. 이제 온라인 개인 쇼핑 도우미가 옷을 잘못 사서 돈을 낭비하는 실수를 하지 않도록 도와드릴게요.

또는 다음과 같은 광고 카피도 생각해볼 수 있다.

> 노후 자금이 충분한지 한 번씩 걱정되시나요? 간단한 연금 계산기를 사용해서 퇴직 후 예상 수입을 알아보세요.

포러 효과를 유도하려면 '종종', '가끔', '때때로', '이따금', '아마'와 같은 표현을 사용해서 리더가 이미 한 번쯤 생각해보았거나 느껴보았을 만한 점을 공략해야 한다. 이런 표현이 빠지면 광고 카피가 매우 무례하게 느껴질 수 있다. 위 광고 카피에서 이 표현을 빼고 읽어보면 무슨 말인지 금방 이해가 될 것이다.

4. 비용 리프레이밍:
기준이 되는 금액은 얼마인가?

우리는 제8장에서 새로운 관점으로 베네핏을 사용하면 창의적인 효과를 낼 수 있다는 점을 배웠다. 이와 마찬가지로 제품의 비용에도 새로운 관점을 적용하면 전혀 다른 환경에서 제품의 비용을 언급하거나 전혀 다른 관점으로 비용을 생각하게 만들 수 있다. 그러면 "이건 내 능력으로 감당이 안 돼."라든가 "터무니없이 비싼 거 아냐?"와 같은 리더의 거부감을 해결할 수 있다.

광고에서 제품의 가격을 솔직히 밝히면 리더는 그 가격을 아예 구매하지 않았을 때의 '비용', 즉 0원과 비교할 것이다. 그러나 광고에서 다른 수치를 먼저 언급하면 리더는 그 수치 하나하나를 머릿속으로 비교하기 시작한다. 이렇게 리더의 기대치를 특정 범위로 한정하는 것을 '앵커링'이라고 한다. 제품의 실제 가격을 알려주기 전에 그보다 높은 가격을 먼저 언급하면 리더는 제품의 가격을 듣는 순간 가격이 저렴하다고 느낄 것이다.

> 아주 비싼 잔디깎이는 600파운드가 훨씬 넘습니다. 하지만 *메리모*MerryMo 는 훨씬 저렴한 가격인 295파운드에 구매하실 수 있습니다.

무엇이든 '앵커링' 효과를 내는 숫자가 될 수 있다. 제품과 관련이 있으며 터무니없는 거짓말만 아니면 다 괜찮다. 앵커링 효과는 정보를 제공하는 수단이 아니라 리더의 인식을 위로 끌어올리는 역할만 하면 되기 때문이다.

앵커링과 비슷하게 '큰 것만 눈에 보이는 편향'bigness bias도 있다. 작은 수치를 보다 큰 수치 옆에 제시하면 전자가 별로 중요하지 않아 보이는 효과다. B2B 서비스 업체가 서비스 비용을 소개할 때 종종 이런 방법을 사용한다. 정보 보안 컨설턴트 업체의 광고를 한번 살펴보자.

우리 업체가 제공하는 정보 보안 점검 비용은 995파운드에 불과합니다. 정보보호법을 위반하면 엄청난 금액의 벌금을 내야 하고, 기업 평판에 치명적인 타격을 입어 수천 건이 넘는 매출이 사라지게 됩니다. 이런 위험을 모두 막아내고 마음의 평화를 안겨드리는 비용이니 결코 비싸다고 볼 수 없죠.

이 광고를 보면서 리더는 '수천 건'의 매출이 사라지거나 '기업의 평판에 치명적인 타격'을 입을 경우 발생할 재정적 손실을 머릿속으로 계산하게 된다. 이때 계산된 손실액이 995파운드보다 훨씬 크다면 위 광고 카피에 설득될 가능성이 크다. 만약 손실액이 별로 크지 않다면 해당 기업의 사업 규모가 위 보안 서비스를 사용할 정도로 크지 않기 때문일 것이다.

이 밖에도 널리 쓰이는 기법은 리더가 생각하기에 적당한 가격과 실제 제품의 가격을 비교하게 하는 것이다. 이때 리더가 이미 당연하게 지출하는 비용을 공략해도 좋다.

매주 커피 한 잔 값이면 아프리카에 사는 가족이 깨끗한 식수를 마실 수 있습니다.

앞의 광고 카피는 큰 것만 눈에 보이는 경향과 제12장에 소개된 일관성을 적용한 것이다. 큰 것만 눈에 보이는 경향을 공략한 결과 리더는 '매주 내가 지출하는 돈에 비하면 별로 큰 비용이 아니잖아?'라고 생각하게 된다. 또한 일관성에 입각해보면 '이 정도 비용이면 다른 것도 망설이지 않고 지갑을 여는데, 이거라고 해서 망설이거나 거절할 이유가 있을까?'라고 추론하게 된다.

또한 카피라이터는 리더에게 비용과 베네핏을 더 폭넓게, 또는 더 긴 시간 개념에 비추어 생각하도록 권할 수 있다. 회계사들은 이를 '전 생애 비용'whole-life cost, 혹은 '총소유 비용'total cost of ownership이라고 부른다.

*메리모*는 고강도 강철 부품으로 제작되어 오랫동안 사용 가능합니다. 한 번의 투자로 더 많은 잔디를 깎으세요.

이 광고 카피는 잔디깎이를 사용하며 드는 유지보수 비용을 아낄 수 있다고 강조한다. 잔디깎이를 살 때 한 번에 나가는 비용만 생각하지 말고 장기적인 투자로 봐야 한다는 것이다.

전 생애 비용을 아주 작은 부분으로 나누는 방법도 있다. '하루에 얼마'라고 바꿔 말하는 방법은 이미 널리 사용되고 있으며 효과가 매우 좋은 편이다.

하루 2.5파운드면 소형 사무실에도 완벽한 VOIP(인터넷 전화─옮긴이) 시스템을 갖출 수 있습니다. 총 다섯 개의 전화번호를 사용해서 전화를 걸거나 받을 수 있습니다.

마지막으로 다른 비용을 절감하여 제품 구매가를 상쇄할 수 있음을
언급할 수 있다.

인스타핫InstaHot 온수기가 있으면 차 한잔을 끓이는 데 몇 분이 걸리지 않습

니다. 몇 초면 충분하죠. 더 이상 물을 끓이느라 팀원들을 기다리게 하지 마

세요. 평생을 내다보면 인스타핫이 전기요금 절감은 물론이고 생산성도 크

게 높여줄 겁니다.

5. 매몰 비용:
'이왕 돈 쓴 거 좀 더 쓰시죠.'

매몰 비용이란 이미 지출된 비용으로서 되찾을 수 없는 돈을 말한다. 현
실에서는 매몰 비용을 빨리 잊어버리는 것이 나은데도 사람들은 이미
지출된 돈을 몹시 아까워하며 그 마음을 접지 못한다. 그 비용을 잊어버
리는 것이 마치 그 돈을 '낭비'하는 것처럼 느껴지기 때문이다.

공연 티켓을 예매했는데 공연 당일에 몸이 안 좋아서 갈 수 없다면
어떻게 할까? 아마 낸 돈을 '낭비'하지 않으려고 아픈 몸을 억지로 이끌
고 공연을 보러 갈 것이다. 매몰 비용이 너무 아깝기 때문이다. 하지만
그렇게 하면 몸 상태는 더 나빠질 뿐이다. 사실 공연에 가든 안 가든 예
매 비용은 이미 내 손을 떠난 것이며, 공연 당일에 집에서 쉬어야 몸이

더 빨리 회복될 것이다.

이와 비슷하게 사람들이 이미 구매한 제품에서 더 많은 가치를 얻을 수 있는 제품을 홍보할 때 매몰 비용을 사용할 수 있다. 예를 들면 다음과 같다.

값비싼 타일에 이미 투자하셨다고요? 그러면 *타일-오-페인트*Tile-o-Paint로 타일을 새것처럼 만들어보세요. 타일을 새로 까는 것보다 훨씬 저렴하니까요.

6. 리액턴스 효과:
우리 안의 반항 본능

어린아이를 데리고 외출 준비를 해본 사람이라면 리액턴스 효과reactance effect를 이미 경험해봤을 것이다. 아이들은 청개구리처럼 시키는 것과 정확히 반대로 행동한다. 어른이 시키는 대로 하는 것이 자신에게 유리한데도 일단 저항하고 보는 것이다.

정치 캠페인에서 이런 리액턴스 효과가 자주 사용된다. 어떤 정당이 브뤼셀 관료, 자유주의 엘리트, 돈 많은 기업 등에 반대하는 입장을 주요 방침으로 삼았다면 투표를 일종의 '항의' 행위로 바꿀 수 있다. 그렇게 하면 '유권자들은 당신이 이런 짓을 하는 것을 바라지 않습니다'라는 메시지를 전달할 수 있다. 그렇게 투표 행위는 통제권을 되찾으려는 시도가 되는 것이다.

광고에서 소비자가 광고 카피를 믿는 것이 곧 '반항' 행위가 되도록 상황을 설정하면 리액턴스 효과를 노릴 수 있다.

> 믿기 어려우시겠지만 *와이어코*WireCo 브랜드는 현재 여러분이 사용하시는
> 서비스보다 다섯 배나 더 빠릅니다.

리더에게 베네핏을 믿기 어려울 것이라고 말하면, 리더는 되레 한번
믿어보려는 마음이 들 수 있다.

그런가 하면 위 광고보다 좀 더 부드럽고 수동적으로 접근하는 방법
도 있다.

> *에너지코*EnergyCo로 바꾸면 분명 새로운 베네핏을 누릴 수 있죠. 하지만 최
> 종 결정은 여러분의 몫입니다.

이것은 콜투액션을 거꾸로 뒤집은 방식으로, 리더에게 행동을 '안 해
도' 좋다고 알려준다. 하지만 베네핏이 너무도 분명하므로 그 행동을 하
지 않는 것은 그리 현명한 선택이 아니라는 사실을 꼬집는다.

7. 잠입 명령어:
명령인 듯 명령 아닌 명령 같은

앞서 우리는 제5장에서 명령의 힘이 얼마나 강력한지 이미 살펴본 바 있
다. 잠입 명령어embedded command는 신경언어학 프로그래밍Neuro Linguistic

Programing, NLP 기법 중 하나인데, 명령을 눈에 덜 띄는 방식으로 사용하는 것을 말한다.[68]

잠입 명령어는 문장 내에 삽입된 문장 형태로 등장하며 짧은 명령문의 형태를 갖추고 있다. 예를 들면 다음과 같다.

> 오전 9시에서 오후 5시 사이에는 언제든지 쇼룸을 방문할 수 있습니다.

사람의 마음은 구체적인 이미지에 집중하고 나머지를 모두 무시하는 경향이 있다. 이 문장에 제시된 구체적인 이미지는 '쇼룸을 방문'하는 것이다. '할 수 있습니다'라든가 '언제든지'와 같은 표현에서 알 수 있듯이 문장의 분위기는 전혀 강압적이지 않지만, NLP 효과 때문에 리더는 강조된 행동에 온전히 집중하게 된다.

어떤 사람은 NLP 효과를 인정하지 않기도 한다. 그래도 이 방법은 광고 카피의 나머지 부분을 망치지 않으면서 원하는 결과를 거둘 가능성이 큰 방법이므로 시도할 가치가 있다.

8. 이중구속:
구매로 가는 두 가지 길

이중구속double bind이란 양자택일을 요구하는 선택처럼 보이지만 결국에는 둘 다 같은 결과로 이어지는 상황을 말한다. 다음 예시를 살펴보자.

온라인으로 주문하시거나 매장에 방문하셔서 다양한 소파를 직접 보고 구매하시기 바랍니다.

위 카피는 리더에게 두 가지 옵션(온라인 구매와 오프라인 구매)을 안내하는 듯 보이지만 결국 둘 다 최종 구매를 유도하고 있다. 이 광고의 두 가지 옵션에도 '온라인으로 주문한다'와 '매장에 방문한'이라는 잠입 명령어가 사용되었다.

9. 차별성 편향: '더 나은 것'에 대한 욕망

차별성 편향distinction bias은 동시에 여러 가지 옵션이 제시되었을 때 나머지 옵션과 다른 것 하나를 선택하는 경향을 말한다. 특정 옵션에 대해 전혀 불만이 없더라도, 다른 옵션과 비교하는 순간 이전과 다르게 평가를 내리는 경향이다.

한 가지 제품의 베네핏에 대해 논하다가 여러 가지 제품을 상호 비교하는 쪽으로 대화가 이어질 때 이러한 방법을 활용할 수 있다. 해당 제품이 경쟁사 제품이나 대안과 어떤 차이가 있는지 강조하면서 이 제품에 유리한 방향으로 비교 과정을 이끌어가는 것이다. 예를 들면 아래와 같다.

대다수 컨트롤러는 난방을 세 가지 방법으로 설정할 수 있지만, *토스티*

홈ToastyHome의 설정 방법은 무려 다섯 가지나 됩니다.

리더는 설정 방법이 몇 가지여야 적당한지, 또는 설정 방법이 많은 게 정말로 중요한 사안인지 생각해봐야 한다. 그러나 광고 카피에서 이 문제를 양자택일의 사안으로 제시한 다음 두 가지 옵션 중 하나가 훨씬 나쁘다고 하면, 리더는 당연히 둘 중 '더 나은 것'을 선택할 수밖에 없다.

팔리는 카피를 위한 실전 연습

상대방의 심리를 조종해보라

이번 장에 소개된 기법 중 하나를 사용해 다른 사람의 심리를 말로 조종할 수 있는지 알아보자. 심각한 사안을 건드리기보다 점심 메뉴 결정처럼 일상적이고 사소한 문제에 적용해보기 바란다.

14

신뢰할 수 있는 목소리를 만들려면

일관된 브랜드 어조 만들기

보는 순간 알 수 있는
브랜드의 비밀

어떤 사람이 쓰는 말을 보면 우리는 그 사람의 개성을 알 수 있다. 브랜드도 마찬가지다.

어조tone는 광고 카피에 반영되는 것으로 브랜드의 캐릭터를 드러내 준다. 우리가 좋아하는 밴드의 음악 스타일이나 좋아하는 화가의 그림 스타일을 금방 알아보듯이, 브랜드가 말하는 방식과 글 쓰는 방식을 통해 특정 브랜드를 빠르게 인지할 수 있다.

어조는 '일관성', '캐릭터', '가치'를 전달하며 브랜드와 리더를 연결해준다. 뒤에 나오는 다이어그램에서 알 수 있듯이 이 3단계는 서로를 도와주고 지지하는 역할을 한다. 이에 대해 지금부터 자세히 알아보자.

일관성: 같은 이미지와 느낌

우선 다음의 광고 카피에 대해 생각해보자.

> 토스트-오-마틱Toast-o-Matic을 구매해주셔서 정말 감사드립니다! 정말 마음에 드실 거예요. 토스트-오-마틱은 주방에서 오랫동안 당신의 가장 친한 친구가 되어줄 겁니다.
>
> 토스트-오-마틱에 빵 한두 조각을 넣고 액티베이션 레버를 누르세요. 너무 세게 누르지 않도록 주의하세요.
>
> 타이머가 다 되면 토스트가 자동으로 튀어나옵니다. 타이머가 되기 전에 빵을 꺼내고 싶으면 빨간색 취소 버튼을 누르세요.

얼핏 보면 아무 문제 없는 광고라고 생각될 것이다. 어떤 제품이며 어떻게 사용하는지에 대한 설명이 명확히 나와 있다. 하지만 어조는 엉망진창이다.

우선 첫 문단은 활기 넘치고 긍정적이지만 많이 들어본 광고 카피라는 생각이 든다. 두 번째 문단은 예의를 차리고 매우 딱딱한 어조로 말하는데 다소 구식이라는 느낌을 준다. 마지막 문단은 위 두 문단의 중간인데, 격식 없이 편안하게 말하지만 개성이 부족해 보인다.

브랜드의 어조에는 '일관성'이 있어야 한다. 즉, '같은 사람이 말하고

가치
'이 목소리는
신뢰할 수 있다'

캐릭터
'이 목소리가 마음에 든다.'

일관성
'이건 내가 아는 목소리구나.'

→ 어조에 따른 의사소통의 3단계에서 각 단계는 상위 단계를 지지해준다.

있다'는 느낌을 줘야 한다. 그래야 리더가 머릿속에 브랜드가 어떤 것인지 명확하고 안정적으로 그림을 그릴 수 있기 때문이다. 어조가 일관성을 가지면 브랜드가 말을 할 때 사람들은 '이건 내가 아는 목소리구나'라고 생각하게 된다. 어조에 일관성이 없으면 사람들은 이를 기억하지도, 알아보지도 못할 것이다.

일관성은 여러 가지 제품, 광고, 캠페인, 마케팅 채널에 적용되는 시간이 흘러도 변하지 않는 것이다. 마케팅은 시간이 흐르면 달라지지만 브랜드의 어조는 거의 변하지 않는다. 장기적인 전략적 브랜드 글쓰기와 전술적이고 프로젝트 단위로 진행되는 카피라이팅이 근본적으로 다른 이유가 바로 여기에 있다.

비주얼 브랜드 정체성과 일맥상통하는 부분도 있다. 브랜드는 일관된 심벌symbol, 글자체, 색상, 이미지를 사용하는데, 이는 어떤 제품을 생산하든 간에 같은 '이미지와 느낌'을 주려는 의도다. '맥도날드'라는 단어를 들으면 빨간 배경에 노란색 'M' 글자를 떠올리는 것처럼 말이다. 어조도 광고 카피에서 이와 비슷한 효과를 낸다.

어떤 마케터는 어조를 브랜드의 '언어적 부분'verbal identity이라고 부른다. 언어로 된 부분이 시각적 요소만큼 중요하며 언어로 된 부분은 그저 말하는 방식에서 끝나지 않고 실제로 브랜드의 '일부분'이라는 뜻이므로, 언어적 부분이라는 표현이 어조보다 더 정확한 표현인 것 같다. 하지만 어조가 이미 널리 쓰이는 표현이므로 이 책에서는 어조라는 단어를 사용하도록 하겠다.

일부 브랜드는 주차장의 간판, 콜센터 직원이 사용하는 인사말에 이르기까지 '모든' 광고 카피에서 일관된 어조를 사용한다. 이 정도로 일관성을 유지하는 것은 카피라이터, 아니 마케팅팀이 전부 다 투입되어도 감당하기 어려운 대규모 비즈니스 프로젝트에 해당한다. 그만큼 어렵고 힘든 일이지만 브랜드를 접하는 모든 사람에게 '우리 브랜드는 한가지 목소리로 말합니다'라는 강력한 메시지를 전달할 수 있다.

캐릭터: 리더가 호감을 느끼는 목소리

사람들의 기억에 있지만 별로 사랑받지 못하는 브랜드는 그저 머릿속의 잡동사니에 불과하다. 하지만 일단 어조에 일관성이 있으면, 어조를 사용해서 리더가 좋아할 만한 독특한 개성을 표현할 수 있다. 다시 말해서 일관성은 '캐릭터'를 표현하는 토대가 될 수 있다.

지금까지 살펴본 것처럼 효율적인 광고 카피는 독창적인 아이디어와 매력적인 글쓰기를 통해 제품에 강력한 차별성을 부여하고 사람들이 제품에 호감을 느끼도록 만든다. 어조도 한층 더 높은 수준에서 이러한 효과를 낼 수 있다. 브랜드가 하는 모든 이야기가 리더에게 매우 색다른 느낌을 줄 수 있다는 뜻이다. '이건 내가 아는 목소리구나'라고 생각하는 데서 끝나지 않고 '이 목소리가 마음에 든다'라든가 '이 목소리가 나에게 말을 건네고 있어'라고 생각하는 것이다.

특정 브랜드의 캐릭터에 호감이 생기면 그 브랜드의 마케팅 메시지를 좀 더 열린 태도로 대하게 된다. 마케팅 메시지를 기대하거나 일부러 찾아보는 경우도 있다. 이런 기대감이나 호감은 브랜드를 선택할 때 누리는 또 다른 무형의 베네핏이다. 사람들이 좋아하는 브랜드는 그들이 듣고 싶은 말을 해주거나 하고 싶은 말을 대신 해준다. 그래서 사람들은 브랜드에 관심을 갖고 애정을 쏟으며, 마치 자신을 쓰다듬는 주인의 손길에 기분 좋게 그르렁거리는 고양이처럼 브랜드에 호감을 드러내는 온갖 반응을 쏟아낸다.

하지만 모든 사람이 특정 영화나 노래를 좋아하지 않듯이 모든 사람이 특정 브랜드를 좋아하는 일은 별로 없다. 따라서 사람들이 좋아할 만한 브랜드를 만드는 것은 보편적으로 인기가 많은 브랜드를 만드는 일과는 다르다. 제3장에서 살펴봤듯이 먼저 타깃이 되는 대상을 정한 다음, 그들의 마음을 사로잡을 수 있는 브랜드 목소리를 창출해야 한다.

가치: 브랜드의 약속이 변함없다는 확신

사람들이 좋아하는 브랜드는 그 자체로도 물론 훌륭하지만 여전히 즐거움의 영역에 머물러 있을 뿐 그 이상으로 가지 못한다. 피라미드의 꼭대기에 도달하기 위해서는 한 단계가 더 남아 있는데, 바로 '가치'다.

제12장에서 살펴보았듯이 일관성과 좋아하는 마음은 상당한 설득력을 발휘할 수 있다. 그래서 일관되게 사랑받을 만한 브랜드로 성공하면 '가치'를 논할 수 있다. '이건 내가 아는 목소리구나'라거나 '이 목소리가 마음에 든다'고 생각하는 데서 끝나지 않고 '이 목소리는 신뢰할 수 있다'라고 생각하게 되는 것이다. 그렇게 사람들에게 가치 있고 신뢰할 만하다는 평가를 받는 브랜드는 깊이가 있고 오래 지속되는 셀링 파워selling power를 갖게 된다.

초창기 브랜드는 단순한 '간판'이었다. 일례로 영국의 맥주 회사인 바스Bass는 1855년부터 술병에 빨간 삼각형을 넣기 시작했다. 맥주를 마시는 사람들이 이 삼각형을 보면 바스 고유의 맛을 떠올리게 만들기 위한 전략이었다. 심지어 글을 읽을 줄 모르는 고객도 바스가 전하려는 메시지를 이해할 수 있었다. 세월이 흐르면서 브랜드는 간판의 역할을 뛰어넘어 점점 더 복잡미묘한 의미를 갖게 되었다. 여기에는 '우수한 품질'만으로는 이목을 끄는 것이 힘들어진 탓도 있다. 그래도 기본 아이디어는 변하지 않았는데, 특정 종류의 '가치'를 약속하는 것이다. 여기에 더해 어조는 시간이나 장소, 제품의 종류에 관계없이 브랜드의 약속이 항상 변함없다는 확신을 갖게 해주었다.

주택house이 집home과 다른 개념인 것처럼, 로고나 슬로건은 브랜드와 다르다. 브랜드는 사람들이 생각하는 것이며 이러한 고객의 인지가 곧 상업적 영향력으로 이어진다. 애플이 새 아이폰을 출시할 때, 얼마 전에 생긴 스타트업처럼 처음부터 대대적인 프로모션을 할 필요가 없는 것과 같다. 브랜드의 기존 파워가 있기 때문에 애플이 말하면 사람들은 자동으로 귀를 기울인다.

좀 더 명확하게 설명하자면 브랜드에 대한 사람들의 인식은 어조에 만 좌우되지 않는다. 그보다는 실질적인 제품 경험이 어조보다 더 큰 영향을 주며, 마케팅과 프로모션 등도 중요한 요소로 작용한다. 그렇긴 해도 적절한 어조는 브랜드 경험을 몇 마디 말로 표현하여 사람들이 새로운 브랜드를 한번 사용해보거나 기존의 브랜드에 충성하게 만드는 힘이 있다.

브랜드가
한 명의 사람이라면

우리가 평소에 하는 말에 각자의 개성이 묻어나오듯이 브랜드가 사용하는 단어에도 브랜드의 캐릭터가 드러난다. 따라서 어조를 정하기 전에 브랜드의 캐릭터를 먼저 파악해야 한다.

브랜드를 한 명의 사람이라고 상상해보자. 그리고 다음과 같은 질문을 던져보자.

- 어떤 사람인가?
- 이 사람에게는 무엇이 중요한가?

- 자기 일을 어떻게 처리하는가?
- 주변 친구는 어떤 사람인가?
- 어떤 옷을 입는가?
- 어떤 차를 타고 다니는가?
- 어디에 사는가? 어떤 집에 사는가?
- 관심사나 취미는 무엇인가?
- 좋아하는 음식, 영화, 책, 음악은 무엇인가?

위의 질문들은 몇 가지 제안사항에 불과할 뿐이니 더 많은 질문을 던져보기 바란다. 아무리 사소한 것이라도 유의미한 정보를 수집할 수만 있다면 무엇이든 좋다. 커스터드 크림보다 다이제스티브를 더 좋아하는가? 그럴 수 있다. 이런 사소한 점 하나가 그 사람에 대해 생각보다 많은 사실들을 알려주기도 한다.

위 질문에 대한 답을 정리해서 브랜드의 캐릭터를 요약해보라. 프리미엄 핸드메이드 정원 도구를 만드는 가상의 브랜드 '그린 리프'의 캐릭터에 대해 함께 생각해보자.

정원용 도구를 만드는 그린리프Greenleaf는 어떤 브랜드일까요?

우리는 정원 가꾸는 일을 정말 좋아합니다. 그래서 잡초를 뽑거나 잎을 정리하는 지루한 작업도 즐겁게 할 수 있죠. 다른 사람에게도 정원 가꾸기의 매력을 알려주고 싶습니다. 날씨가 어떻든 상관없이 늘 정원에 나가서 손에 흙을 묻히며 시간을 보내면 마음이 편안해집니다. 이 일을 하면 영혼이 가득 채워지는 느낌이 듭니다. 따뜻한 점퍼를 입고 큰 머그컵에 따스한 차를 담아

서 나가보세요. 더없는 행복을 느끼실 수 있을 겁니다.

이렇게 의미 있는 일은 이왕이면 제대로 해야 좋죠. 보기에도 예쁘고 정교하게 잘 만들어진 도구를 사용하면 금상첨화일 겁니다.

우리는 정직하고 믿을 만한 브랜드입니다. 여러분이 힘들 때 가장 먼저 생각나는 친한 친구 같은 존재죠. 우리는 유행이나 패션에 민감하지 않으며 오래도록 지속되는 것을 중요하게 여깁니다.

인간적인 특성을 파고들어라

우리의 목표는 브랜드에 사람의 목소리를 입히는 것이다. 따라서 브랜드 캐릭터를 연구할 때는 마케팅 용어나 업계 유행어가 아니라 브랜드의 인간적 특성에 집중한다.

하지만 많은 기업이 사람들에게 전하는 메시지를 보면 실제로 브랜드를 돋보이게 하는 효과가 그리 크지 않은 것 같다. 예를 들어 자기네 회사가 '혁신적'이라거나 '해결책을 제공'한다고 자부하는 기업들을 많이 본다. 사업에 남다른 '열정'을 가지고 있다고 주장하는 기업도 많다. 물론 다 맞는 말이다. 하지만 모두가 비슷한 말을 하면 결국 다 비슷비슷하게 보이기 마련이다.

앞서 제10장에서 살펴본 것처럼 추상적이고 애매모호한 표현보다는 구체적인 표현이 낫다. '무엇'을 그리고 '어떻게'에 집중하는 것이다. 혁신적이라면 구체적으로 어떤 혁신을 추구하고 있는가? 남다른 열정을 가지고 있다면 그 출발점은 어디인가? 어떤 해결책을 가지고 있으며 어떤 문제에 관한 해결책인가? 그 해결책은 구체적으로 어떤 도움을 주는가? 일례로 '혁신적인' 세제 회사라면 '우리는 사람들이 꺼리는 일을 좀 더 쉽게 처리하도록 도와드립니다'라든가 '깨끗하게 변한 집을 보고 모두가 깜짝 놀랄 거예요'라고 주장할 것이다. 이런 감성적인 표현은 사람들의 마음에 좀 더 호소력 있게 다가가며 혁신에 숨겨진 기업의 야심이나 목표를 잘 드러내준다. 그리고 '도움이 되는', '깜짝 놀라는', '기쁨'처럼 남들과 차별을 이루는 가치를 강조할 수 있다.

인간적인 특성을 파고드는 제일 좋은 방법은 그곳에서 일하는 실제 사람들과 대화를 나누는 것이다. 중소기업의 경우 회사 자체가 창립자의 개성을 그대로 담고 있어서 창립자와 몇 마디 이야기를 나누면 기업의 캐릭터를 금방 이해하게 된다. 대기업은 이렇게 특정인의 개성을 반영하는 경우가 드물지만 그래도 매우 현실적인 인물과 닮은 경우가 많다. 부서 회의 스타일, 구내식당의 분위기, 사무실 인테리어, 사람들이 입고 다니는 옷에서 그런 점들이 잘 드러난다. 회사에서 시간을 보내면 '그곳에서 일이 어떻게 돌아가는지' 금방 파악할 수 있을 것이다.

브랜드의 진정성을 드러내라

어조는 허구가 아니다. 리더가 제품을 구매하거나 사용한 경험, 기업과 함께 일한 경험을 그대로 반영해야 한다. 그렇지 않으면 진정성이 떨어져 사람들의 마음을 사로잡을 수 없으며 해당 어조를 사용하는 사람들이 그 어조를 지속적으로 사용할 수 없다.

종종 기업은 어조를 통해 기업의 야망을 드러내기도 한다. 독특한 유머 감각과 낙관적인 어조를 내세운 이노센트 드링크처럼 되고자 하는 기업이 많다. 하지만 그 어조는 이노센트 드링크 설립자와 브랜드 마케터가 수년간 노력한 끝에 브랜드의 개성을 그대로 반영하여 개발한 것이다. 다른 브랜드가 이 기업에서 배울 점이 있긴 하지만 기업의 어조를 무턱대고 모방해서는 실패로 끝날 확률이 크다.

브랜드 마케팅의 대가 BJ 커닝햄BJ Cunningham이 피너클Pinnacle이라는 보험사에 어떤 컨설팅 서비스를 제공했는지 살펴보자. 요즘 대다수 금융 서비스 기업은 브랜드 마케팅에 좀 더 부드러운 어조를 사용하려 한다. 하지만 피너클의 직원들은 보험금을 좀처럼 지급하지 않는 점을 비꼬아서 자기네 회사를 '냉소함의 최고봉'이라고 부르곤 했다. 하지만 커닝햄은 이것이 바로 그 회사의 장점이라고 생각했다. 보험 청구를 전부

innocent drinks ✓
@innocent

Following

일요일을 즐겁게 보내기 위한 방법:
1. 스낵을 준비한다.
2. 제일 편한 곳으로 간다.
3. 드러눕는다.
4. 월요일이 될 때까지 누워 있는다.

10:49 AM - 10 Sep 2017

230 Retweets 835 Likes

💬 24   🔁 230   ♡ 835   ✉

→ 이노센트 드링크만의 독특한 어조를 드러내주는 게시물. 다른 브랜드에서 종종 따라하지만 결코 이
노센트 드링크와 비슷한 효과를 내지 못한다. 누구나 쉽게 사용할 수 있는 어조가 아니다.

받아줄 정도로 물러터진 보험사라면 결국 보험료가 높아질 텐데, 누가
그런 보험사를 신뢰하겠냐는 것이 그의 논리였다. [69]

그의 말에서 우리는 '나쁜' 특성에도 항상 좋은 면이 있다는 교훈을
얻을 수 있다. 냉소적인 것이 아니라 '엄격한' 것이다. 지루한 것이 아니
라 '믿을 만한' 것이다. 구식이 아니라 '안정적으로 자리 잡은' 것이다.
독창성이 없는 것이 아니라 '개선할 점을 잘 찾는' 장점이 있는 것이다.

브랜드가 어떤 가치를 가진 척을 한다고 해도 사람들은 거기에 쉽게
현혹되지 않는다. 실제로 그 브랜드가 표방하는 가치를 믿고 브랜드를
선택한다. '정직함이 최선의 정책'이라는 옛말처럼 기업은 자신만의 캐

릭터를 만들고, 그것을 토대로 어조를 결정해야 한다.

캐릭터에서 가치로

다음 단계는 브랜드 캐릭터를 농축시켜서 브랜드 가치로 바꾸는 것이다. 브랜드 가치는 브랜드의 핵심을 간단명료하게 진술한 것으로서 브랜드가 존재하는 이유, 브랜드가 상징하는 것, 고객에게 도움을 주는 방법 등을 담은 요약본이라 할 수 있다.

어떤 브랜드는 자신의 가치를 명확히 파악하고 있으며 브랜드 아이덴티티 문서brand identity document에도 이미 그러한 가치를 정확히 반영한다. 그런가 하면 브랜드 가치에 대한 개념이 모호하고, 문서로 만들어진 자료가 하나도 없는 브랜드도 있다. 브랜드 가치를 아예 생각조차 해보지 않은 브랜드도 있다. 어느 쪽이든 간에 어조를 결정하기에 앞서 브랜드 가치를 명확히 파악해야 한다.

앞서 예로 든 '그린리프 정원용 도구'를 다시 생각해보자. 이 브랜드의 가치는 다음과 같이 정리할 수 있다.

야외용 정원	가꾸기를 좋아하는	실용적인
품질이 우수한	열심히 일하는	진심이 담긴
헌신적인	손으로 하는 일	집에서 편하게 하는
손기술이 좋은	부지런한	믿을 만한

이렇게 가능한 많은 표현을 적어보면 도움이 된다. 일단 많이 적은 후에 적절히 다듬어서 사용하면 된다.

'헌신적인'과 같은 표현은 매우 일반적이다. 틀린 말은 아니지만 너도나도 다 사용하는 표현이라 차별성이 떨어지므로 이 표현은 잠시 보류하기로 한다. '품질이 우수한'은 위생과 관련이 있다. 기업에는 매우 중요한 가치일지 모르나 정작 고객에게는 큰 의미가 없다. 어느 고객이 품질 나쁜 제품에 관심을 가지겠는가? '품질이 우수한'이라는 표현은 고객의 마음을 크게 움직이는 효과가 없다. 따라서 이러한 표현도 제외하기로 한다. '야외용'이나 '정원 가꾸기를 좋아하는'과 같은 표현은 의미상 중첩된다. '실용적인'과 '집에서 편하게 하는'도 사실 비슷한 뜻이므로 이런 표현들은 둘 중 하나만 사용하도록 한다.

이런 과정을 거치면 그린리프의 브랜드 가치는 '정원 가꾸기를 좋아하는', '믿을 만한', '집에서 편하게 하는', '손으로 하는 일' 이렇게 네 개로 줄어든다. 이 표현들을 사용하여 브랜드를 다음과 같이 설명할 수 있다.

정원 가꾸기를 좋아하는	믿을 만한
정원을 가꾸면 정신과 마음이 풍요로워집니다. 정원에 나가서 손으로 흙을 만지는 일은 언제나 힘이 되죠. 다른 사람도 이 기분을 느껴보기 바랍니다.	비가 오나 눈이 오나 우리는 늘 그 자리를 지킵니다. 힘든 시기에 의지할 수 있는 친구처럼 말이죠. 정원도 항상 당신의 손길을 기다리고 있습니다.
집에서 편하게 하는	손으로 하는 일
집에 머물면 마음이 편안합니다. 가족들과 함께 집에 있으면 모든 것이 좋고 행복합니다.	우리는 손으로 하는 일을 좋아합니다. 특히 어려운 일을 쉽게 만들어주는 도구를 제작하며 기쁨을 얻습니다.

브랜드를 정의할 때 많은 가치가 필요하지는 않다. 오히려 가치가 너무 많으면 했던 말을 또 하거나 앞뒤가 안 맞는 주장을 펼칠 위험이 있다. 다섯 가지 정도로도 브랜드의 고유한 가치나 독창성을 충분히 어필할 수 있으니 적절히 다듬어 사용하도록 하라.

여기까지 왔다면 브랜드의 가치를 외부에 공개하거나 마케팅에 사용할 준비가 되었을 것이다. 물론 어떤 가치인가에 따라 제약이 생길 수도 있다. 예를 들어 브랜드 가치 중 하나가 '겸허'나 '절제'라면 브랜드에 대해 질리도록 길게 말하는 것은 브랜드 가치와 맞지 않는다. 브랜드 가치는 굳이 말로 표현하지 '않는' 것으로도 드러날 수 있다.

가치에서 어조로

브랜드 가치를 찾았다면 이를 어떻게 어조로 바꿀지 고심해야 할 차례다. 가치를 기반으로 브랜드를 있는 그대로 글에 표현해야 한다.

아래 도표에 몇 가지 생각해볼 만한 특성을 양자택일 방식으로 제시해보았다. 이 중에서 관련이 있는 것을 골라 사용하면 된다. 하지만 현실에서는 양자택일이라기보다 좀 더 가깝거나 먼 정도일 것이다.

이 브랜드는 왼쪽과 오른쪽 중 어느 편에 더 가까운가?	
진지한	유치하고 우스꽝스러운

격식이 없는	격식을 차리는
존중심이 있는	불손한
열정적인	냉소적인
낙관적인	침울한
따스한	무심한
최신 정보에 정통한	고루하고 구식인
급진적인	전통적인
실용적인	낭만적인
저속하고 천박한	세련된
현실적인	공상에 빠진
열광하는	느긋하고 태평스러운
권위가 있는	반항적인
시끄러운	말이 거의 없는
솔직담백한	내숭 떠는
명령조의	아첨하고 부추기는
건전한	퇴폐적인
대화체의	문학적인

이 책에서는 가능한 단순한 표현을 사용하려고 했지만 어조를 논할 때는 정확한 의미를 전달하기 위해 평소에 잘 안 쓰는 단어를 사용할 수

밖에 없다. 터키석의 연한 청록색turquoise을 표현해야 하는데 '파란색이 감도는 녹색'이라고 하거나 '녹색이 감도는 파란색'이라고 해서는 의미를 제대로 전달할 수 없다. 일례로 제8장의 〈이코노미스트〉 광고(172쪽)가 웃기거나 냉소적이거나 아이디어가 참신하다고 생각할지 모른다. 하지만 내가 보기에 그 광고를 '한마디'로 표현한다면 '냉소적'sardonic이라고 해야 적절하다.

브랜드를 실제 사람처럼 생각하면서 브랜드 캐릭터를 토대로 어조를 표현해볼 수 있다. 나이와 성별, 어느 시기에 사는 사람인지를 생각해보는 것이다. 물론 이것이 광고 카피 작업을 시작하기에 충분한 가이드가 되진 못하지만 적어도 정확한 방향을 제시해줄 수는 있다.

나이	• 브랜드는 얼마나 오래되었는가? • 어린아이, 십 대 청소년, 젊은이, 중년, 노년 중 어디에 해당하는가?
성별	• 브랜드는 여성적인가, 남성적인가? 둘 다 아니거나 양쪽 특성을 모두 가졌는가?
지역	• 특정 국가 또는 지역에서 만들어진 브랜드인가? 영어를 모국어로 사용하는가?[70]
시대	• 어느 시대 또는 지역에서 비롯된 브랜드인가?

그런데 때론 이렇게 노력하는 것이 오히려 브랜드의 광고 카피 작업을 더 어렵게 만드는 요소가 되기도 한다. 예를 들어 카피라이터가 영국인이라면, 미국식 영어를 듣고 본 일이 많을 것이다. 그래도 미국

인이 고개를 끄덕일 정도로 미국식 영어로 광고 카피를 작성하는 것은 전혀 다른 문제다. 차도 옆 인도를 가리킬 때 'sidewalk'가 아니라 'pavement'라고 해야 하는데, 이런 표현에 신경쓰지 않으면 영국인이 만든 광고 카피라는 것을 금방 들키고 만다.

리더에게도 비슷한 상황이 발생할 수 있다. 미묘하거나 복잡하거나 암시적인 어조를 사용하면 접근성이 떨어질 가능성이 크다. 예를 들어 영어로 프랑스 브랜드의 광고 카피를 작성할 때, 프랑스어 표현의 일부분을 생략하면 전혀 알아들을 수 없는 표현이 된다. 리더가 이해하지 못하는 광고 카피를 제시하는 것은 리더에게 무례를 범하는 행동이다.

누군가는 이 책의 앞부분에서 살펴본 일반적인 제안 중 몇 가지를 일부러 무시하거나 거꾸로 해보려는 마음이 들지도 모르겠다. 무작위로 한다기보다 특정한 목적을 가지고 그렇게 하는 것이다. 일례로 화려하게 꾸민 스타일을 원한다면, 제11장에서 제시한 대로 간명하면서도 효과적인 스타일은 버려야 할 것이다. 예술적이거나 문학적 요소가 강한 브랜드를 광고할 때는 제10장에서 논한 대화식 언어는 적합하지 않을 것이다. 만약 이러한 변형을 시도할 때는 독특한 스타일로 더 많은 주의를 끄는 것이 그 독특함으로 접근성이 다소 희생되는 것을 감당할 가치가 있는지 확인해야 한다. 스타일과 내용이 적절한 균형을 이뤄야 리더에게 메시지를 전달할 수 있고 '동시에' 전달 방식에 대해 좋은 인상을 줄 수 있다.

카피라이터는 어조에 대한 대력적인 설명으로는 만족하지 못한다. 실제로 광고 카피를 작성하는 방법에 대한 구체적인 가이드라인이 있다면 더욱 도움이 될 것이다. 예를 들자면 다음과 같다.

길이	• 광고의 제목, 문장, 문단 등의 길이에 관한 가이드라인이 있는가?
형식	• 브랜드에서 주로 사용하는 문단의 형식이 있는가? 예를 들어 가운뎃점으로 관련 사항을 나열하는가? 소제목을 사용하는가?
속도와 흐름	• 브랜드는 어떤 속도로 이야기하는가? • 긴장감이 없고 나른한 느낌을 주는가? 아니면 간결하고 딱 부러지는 표현을 지향하는가?
어법	• 해당 브랜드는 어법을 철저히 지키는가? 때때로 어법을 의도적으로 파괴하는가? • 해당 브랜드에서 수동태와 같은 특정 문법의 사용을 회피하는 경향이 있는가?
묘사나 설명	• 브랜드는 사물을 어떻게 묘사하는가? • 형용사와 부사는 몇 개 정도 사용하는가?
자신과 타인을 지칭하는 방법	• 브랜드는 자신을 '우리'라고 하고 리더를 '여러분' 또는 '귀하, 당신'이라고 지칭하는가? 일반적으로 이러한 지칭 방식이 가장 바람직하다. 자세한 점은 제10장을 참조하라.
일상생활에서 쓰는 말	• 브랜드는 유행어나 신조어 등을 거리낌 없이 사용하는가? • 줄임말을 사용하는가?
선호하는 표현이나 전문 용어	• 반드시 사용해야 할 용어나 표현이 있는가? 예를 들어 서비스 사용자를 '클라이언트'라고 지칭하거나 특정 종교 또는 민족을 가리킬 때 정해진 표현을 사용해야 하는가? 해당 분야에서 반드시 정해진 대로 사용해야 하는 용어나 표현이 있는가?
예약어 reserved word	• 따로 의미가 굳어진 전문 용어가 있는가? 일례로 금융 부문에서 '자문'이라는 단어는 법적 용어로 사용된다.
금지어	• 브랜드에서 절대 허용하지 않는 표현이 있는가? 일례로 성적 정체성에 관한 단어는 주의해야 한다. 또한 병에 걸린 사람을 '환자'나 '고통받는 사람'이라고 표현하는 것이 허용되지 않을 수 있다.

그 밖의 기준	• 《시카고 스타일 매뉴얼》Chicago Manual of Style,[71] 《하버드 스타일》Harvard reference style,[72] 《하트의 규칙》Hart's Rules[73]과 같은 외부 표준을 적용하는가?(세 가지 모두 대학교에서 발간한 고유의 출처 및 철자 표기 양식을 뜻한다. 《하트의 규칙》은 옥스퍼드 대학교에서 발간한 것이다. ―옮긴이)

'그린리프 정원용 도구'의 경우, 브랜드 가치를 기본 구조로 삼아서 다음과 같이 브랜드 어조를 설명할 수 있다.

우리는 따뜻하고 실용적이며 현실적인 어조를 사용합니다.

영국 시골 지역에서 만들어진 브랜드지만 정원을 아끼는 전 세계 사람들의 마음을 브랜드에 담았습니다.

정원 가꾸는 일에 매우 열정적인 30대 또는 40대 여성으로서, 자신의 정원을 사람들에게 기꺼이 보여주면서 정원 가꾸기에 대한 가치관과 경험을 알려주는 사람의 목소리를 사용합니다.

가치	광고 카피에 가치를 반영하는 방법
정원 가꾸기를 좋아하는	• 야외 활동, 계절별 활동, 날씨, 주변에 보이는 것, 소리, 냄새 등에 대한 경험을 이야기한다. • 정원 가꾸는 활동을 가능한 긍정적으로 표현한다. 이를테면 '잡초를 뽑는다'가 아니라 '꽃밭을 깨끗이 정돈한다'라고 표현한다. 또한 누구나 할 수 있는 즐거운 활동이라는 이미지를 주도록 한다. • 폄하하지 않도록 조심하고, 포괄적으로 표현하여 도심지에서 아주 작은 정원을 가꾸는 사람들도 광고에 관심을 갖고 제품의 가치를 알아보도록 도와주어야 한다.

믿을 만한	• 각 도구의 용도가 무엇인지 명확하게 설명한다. 이를테면 '[도구]는 [작업]에 사용되는데, [효과]에 도움이 됩니다'라고 설명한다.
	• 가능하다면 동작을 묘사하는 구체적인 단어를 사용한다. '파내다', '심다', '자르다'와 같은 표현들이 적절하다.
	• 추상명사나 전문 용어는 가능하면 사용하지 않는다.
집에서 편하게 하는	• 가정 활동과 잘 어울리는 감정 용어를 사용한다. 편안함, 안전, 보안, 친숙함, 따스함, 소속감, 함께하는 활동 등이 적절하다.
	• '직장 일로 바쁜 주중 활동'이 아니라 여유롭고 편안한 '주말'에 어울리는 단어를 사용한다. 주중과 주말의 느낌을 대조하는 표현을 사용하여 휴식을 강조한다.
손으로 하는 일	• 수작업, 손을 사용하는 일을 긍정적으로 표현한다. 정원 가꾸는 도구와 함께 사용하는 재료나 일의 과정을 긍정적으로 표현하고 존중하는 태도를 보인다.
	• 가능하다면 도구 제작과 관련된 손기술을 정원 가꾸기에 필요한 손기술과 연결한다.

때론 상황에 맞게 어조도 변해야 한다

일관된 어조를 사용하라는 말은 특정 브랜드의 광고 카피가 모두 같은 분위기를 유지해야 한다는 뜻일까? 물론 브랜드 광고는 언제 어디에서나 같은 사람이 말하는 것처럼 들려야 한다. 그렇지만 실생활에서 우리가 늘 같은 어투만 사용하지는 않는다. '캐릭터'는 변하지 않지만 어조는 상황, 상대방, 당시의 기분에 따라 달라지기 마련이다.

은행에 가서 대출을 받는다고 생각해보자. 처음 은행에 들어서면 직원이 당신을 친절하게 맞이해준다. 하지만 대출 상품을 설명하기 시작하면 직원의 말투는 선생님처럼 변하는데, 고객에게 내용을 이해시키는 것이 중요하기 때문이다. 그리고 대출 조건을 살펴볼 때는 훨씬 더 엄격해진다. 매달 상환 일자를 지키지 않으면 여러 가지 불이익이 발생한다고 말할 때는 방금 전보다 더 딱딱한 어조를 사용하기도 한다. 상담이 모두 끝나고 돌아보면 직원이 전달하려는 내용이나 상황에 맞게 전문가다운 어조와 엄격한 어조, 친근한 어조를 적절하게 섞어서 사용했다고 생각될 것이다.

브랜드도 마찬가지다. 상황에 따라 브랜드가 앞세우는 가치가 달라질 수 있고, 그에 따라 어조도 변해야 한다. 브랜드 어조에 대한 정해진 규칙이 있지만 지나치게 얽매이지 말고 상황이나 필요에 맞게 어조에도 조금씩 변화를 주어야 한다.

'그린리프 정원용 도구'를 다시 생각해보자. 주말 매체에 등장한 총천연색 광고에는 '정원 가꾸기를 좋아하는'이나 '집에서 편하게 하는' 같은 문구들이 강조되며 아름다운 정원을 담은 이미지가 등장한다. 그 다음에 고객의 불만에 대한 안내문이 등장하면서 '믿을 만한' 브랜드라는 문구가 등장한다. 겸손하게 고객의 목소리에 귀를 기울이고 불만을 기꺼이 해결해주려는 태도를 강조하는 것이다. 만약 '그린리프'라는 브랜드가 제시하는 모든 광고 카피가 판에 박은 듯 똑같다면 어떨까? 상당히 지루하고 답답한 광고가 될 게 뻔하다. 특히 불만을 제기한 고객이 그러한 답장을 받는다면 고객은 더 화가 나게 되고 광고는 역효과가 날 것이다.

마지막으로 제3장에서 살펴본 공감을 다시 생각해보자. '나'라면 이

뉴스를 어떻게 받아들일 것인가? 모르는 것을 알려주는 방식에 거부감이 들지는 않는가? 어떤 어조로 이야기할 때 편하게 받아들일 수 있는가? 고객의 관점에서 이런 점을 생각해보면 브랜드에 딱 맞는 어조를 결정할 수 있다.

어조에 관한 가이드라인 작성하기

일단 브랜드 어조가 정해지면 브랜드에 관한 글쓰기 가이드라인에 별도의 문서 형식으로 어조 부분이 추가된다. 가이드라인을 보면 광고 카피 작업을 할 때 어떤 어조를 유지, 사용할지 알 수 있다. 일단 가이드라인이 만들어지면, 해당 브랜드의 모든 프로젝트에서 일관된 어조를 유지할 수 있다. 보통 어조에 관한 가이드라인은 브랜드 가치와 시각적 정체성에 관한 가이드라인과 통합되는 경우가 많다.

일반적으로는 클라이언트가 카피라이터에게 어조에 관한 가이드라인을 제공한다. 명확하고 일관된 가이드라인이라면 이를 토대로 광고 카피 작업을 시작하면 된다. 하지만 어조에 대한 가이드라인을 따로 제공하지 않거나, 아예 어조에 대해 생각조차 해본 적이 없다고 말하는 클라이언트도 종종 있다. 그래도 크게 걱정할 필요는 없다. 가이드라인이 없으면 브리프에 충실하게 광고 카피 작업을 하면 되고, 만약 클라이언트가 이전에 사용한 광고 카피에 만족했다면 그와 비슷한 어조를 사용하면 된다.

어떤 경우에는 글을 쓰는 중에 어조가 자연스럽게 만들어지기도 한다. 같은 브랜드의 카피라이팅 프로젝트를 여러 건 진행하다 보면 해당 브랜드의 어조를 어떻게 유지해야 할지 서서히 알게 된다. 처음에는 어조가 정해지지 않았으나 프로젝트를 거듭할수록 '이 브랜드에 어울리는 어조는 바로 이거야'라고 생각하게 되는 것이다. 의식적으로 어조에 관한 규칙을 세우지 않았어도 자연스럽게 정해진 어조를 따르게 된다.

카피라이터가 직접 브랜드의 어조를 정하는 가이드라인을 작성해야 하는 경우도 있다. 이때 가이드라인의 목적에 따라 분량을 결정하면 된다. 본인만 보고 사용할 거라면 아주 간단하게 작성해도 상관없지만 그 가이드라인이 브랜드의 매뉴얼로 자리 잡아서 수많은 사람이 사용하게 되는 상황이라면 수십 장을 넘기게 될 수도 있다. 어조에 대한 가이드라인에는 다음과 같은 사항이 포함되어야 한다.

- 가이드라인이 적용되는 내용 및 대상
- 브랜드 및 캐릭터에 대한 설명
- 브랜드 가치 및 가치의 근간에 대한 설명
- 어조에 대한 보다 자세한 설명
- 어조에 맞추어 카피를 작성하는 방법에 관한 자세하고 기술적인 가이드라인
- 다양한 매체, 출판물, 광고 채널 및 상황에 맞게 어조를 조절하는 방법
- 반드시 지켜야 할 사항과 피해야 할 사항
- 예시 및 간단한 설명

실생활에 사용되는 다섯 가지 어조의 특징

실제 브랜드가 사용하는 다섯 가지 어조를 살펴보면서 각각 어떤 특징이 있는지 알아보자.

온라인 회계 플랫폼 서비스를 제공하는 프리에이전트FreeAgent는 권위를 잃지 않으면서도 친근하고 공감 가는 어조를 사용한다. 또한 유머를 앞세워서 경쟁업체와의 차별성을 선보인다. 프리에이전트 웹사이트를 방문하면 다음과 같은 팝업 창을 볼 수 있다.

2022~2023년도 신고 납부서 제출

지금 2022~2023년도 신고 납부서를 국세청에 제출할 수 있습니다. 마감일인 1월 31일까지 기다릴 필요가 없습니다.

벌써부터 할 필요가 없다고요? 하지만 1월이 되면 늘 후회하며 엄청난 스트레스를 받지 않나요? 세금 신고를 미리 해두면 그런 스트레스를 겪지 않아도 됩니다.

세금 신고를 뒤로 미루는 경향을 꼬집은 이 광고에 다들 쓴웃음을 지을지 모르겠다. 뒤늦게 허둥지둥하는 모습이 적나라하지만 인간적으로 느껴지기에 사람들에게 오래 기억되는 광고라 할 수 있다. 그와 동시에 리더에게 세금 신고와 관련하여 중요한 메시지를 전달함으로써 브랜드 자체의 중요성을 강조하기도 한다.

암 환자 지원 자선단체인 맥밀런Macmillan은 자사의 어조를 매우 자세히 설명하는 문서를 온라인에 공개해두었다. 개인적인 친근함을 보이고personal, 영감을 불러일으키며inspiring, 단도직입적으로 표현하고 straightforward, 적극성active을 보여야 한다. 해당 영단어의 첫 글자를 모으면 PISA가 된다. 또한 상대방을 '환자'로 낙인찍지 않으며 '암에 걸린 사람'이라는 표현을 권장한다. 맥밀런 웹사이트의 '안내'About Us 페이지의 첫 부분은 다음과 같이 시작한다.

> 맥밀런은 암 진단이 여러분의 삶을 송두리째 바꿔놓았다는 것을 잘 압니다. 우리는 여러분이 일상생활을 어느 정도 회복할 수 있도록 최선을 다해 도와드리고자 합니다. 돈 문제에 관한 걱정, 직장 문제, 마음을 털어놓을 친구의 필요성 등 고민거리가 있다면 언제든 우리에게 알려주시기 바랍니다.

많은 기업이 보기에 이러한 안내 페이지는 노인들이 옛 추억을 늘어놓는 것처럼 고리타분하게 보일지 모른다. 하지만 맥밀런은 한 페이지에 불과한 내용이지만 온전히 리더의 입장에 서서 말하며 '우리'나 '여러분'과 같은 단어를 자주 사용한다. PISA를 적용해보면, '알고 있다'라든가 '도와드린다', '마음을 털어놓을'과 같은 단순하면서도 능동적인 표현들을 찾을 수 있다. 기업의 전문 용어나 의학 용어는 전혀 찾아볼 수 없다.

고급 손목시계 브랜드 파텍 필립Patek Philippe은 전혀 다른 생각을 가진 리더를 겨냥해 색다른 어조를 사용한다. 파텍의 어조는 격식을 중시하고 고상하며 동시에 자신감이 넘친다.

파텍 필립은 전문가들이 인정하는 높은 명성과 고급스러움을 자랑합니다. 시계의 품질이 완벽하고 제조사가 이 분야에서 남다른 지식과 기술을 보유하고 있지만 다른 비결도 있습니다.

파텍 필립의 탁월성에는 논쟁의 여지가 없습니다. 1839년 창립 이래로 지금까지 최고의 품질이라는 경영 철학을 절대 포기하지 않았기 때문입니다.

파텍 필립의 모든 것은 열 가지 브랜드 가치에 담겨 있으며 이는 앞으로 수백 년이 지나도 변하지 않을 중요한 가치입니다.

길고 복잡한 문장은 세부 사항에 신경을 많이 쓴다는 이미지를 주는데 이는 시계 브랜드다운 접근법이다. 또한 명사 위주로 구성된 무거운 느낌은 사뭇 번역투처럼 느껴지는데, 오히려 이 브랜드가 스위스에서 온 것임을 드러내는 효과가 있다. 브랜드의 긴 역사와 유산은 파텍 필립 뿐만 아니라 고객들에게도 매우 중요한 브랜드 가치로 여겨진다.

영국의 대표적인 수제 맥주 브루독Brewdog의 광고는 당당하고 활동적이며 눈길을 잡아끄는 강렬한 느낌으로 유명하다. 브랜드를 창립한 젊은이들처럼 우수한 기술을 바탕으로 주관이나 확신이 강하다는 느낌을 준다. 브루독 제품 중에서 '앰플리파이드'Amplified 라인 제품의 웹광고 카피는 다음과 같다.

가장 강한 맛을 원하십니까? 아주 멋진 생각입니다. 강렬한 맛을 자랑하는 앰플리파이드 맥주는 고급스러우면서도 심혈을 기울인 비법에서 탄생했습니다.

사람의 혀가 느낄 수 있는 가장 쓴 맛을 가진 맥주를 찾고 있습니까? 그렇다면 제대로 찾아오셨습니다. 진한 초콜릿과 불에 구운 듯한 느낌, 퇴폐적이라고 할 정도로 강렬한 스코틀랜드 에일 맥주가 당기는 날이라고요? 바로 그 맛을 선사해드리겠습니다.

엘비스 주스, 잭 해머, 하드코어 IPA, 코코아 사이코 등 다양한 종류가 준비되어 있습니다. 믿을 수 없는 강렬함과 향에 완전히 마음을 뺏기게 될 겁니다. 어떤 맥주를 원하든 여기에서 다 찾을 수 있을 겁니다.

브루독 매장 또는 온라인 매장에 오셔서 더 많은 것들을 알아보세요. 천천히 둘러보면서 원하는 맥주를 직접 음미해보세요. 즐거운 시간이 되기 바랍니다.

제품 설명이 상당히 사실적이다. 브루독의 광고 카피는 리더에게 질문이나 명령을 바로 적용해 맥주를 마시는 느낌을 풍부하게 표현하려고 노력한 흔적이 엿보인다. 브루독의 맥주 제조기술에 대한 강한 자신감과 확신도 잘 드러나 있다.

마지막으로 골든 원더Golden Wonder라는 과자 브랜드를 소개하겠다. 골든 원더는 발랄하고 통통 튀며 편안한 어조를 유지한다. 포장 겉면의 광고 카피에는 일상생활에서 사용하는 표현(제10장)이 등장하는데, 두운법을 사용하고 라임(제11장)을 만들어서 품질과 맛을 USP(제2장)로 앞세운다. 다음에서 볼 수 있듯이 느낌표도 자주 사용한다.

골든 원더의 과자는 조리 방식에서 혀를 자극하는 시즈닝까지 풍부한 맛을 보장합니다!

가장 좋은 감자를 엄선하여 껍질을 제거한 다음 해바라기씨 기름에 튀겨서 먹음직스러운 갈색빛이 돌지요.

감자 칩 맛은 단연 일품이죠. 군침 도는 치즈 앤 어니언 맛을 느껴보세요. 마지막 한 조각까지 바삭함이 유지됩니다!

필립 파텍, 브루독, 골든 원더는 저마다 독자적인 방식으로 세 가지 목표를 모두 달성한 것 같다. 우선 동일한 어조로 이야기하기 때문에 브랜드를 금방 알아볼 수 있어서 '일관성'이 드러난다. 또한 브랜드 가치에 기반한 독특한 '캐릭터'가 타깃 리더에게 강하게 어필한다. 또한 어조를 통해 암 치료에서 맥주 제조기법에 이르기까지 다양한 '가치'를 표현하고 있다.[74]

팔리는 카피를 위한 실전 연습

가치와 어조

잘 아는 브랜드를 하나 선택한다. 좋아하는 음료나 잡지, 의류 등 어느 것이든 괜찮다. 그러고 나서 그 브랜드의 가치가 무엇인지 생각해본다. 해당 브랜드는 어떤 광고 카피를 사용하고 있는가? 제품 라벨이나 SNS 메시지처럼 아주 짧을지 모른다. 그 광고 카피는 브랜드의 가치를 잘 보여주는가?

15

내 카피가 그렇게 이상한가요?

클라이언트의 피드백 요청에 현명하게 대처하는 법

클라이언트와 카피라이터는 한배를 탄 사람

카피라이터에게 클라이언트의 피드백을 처리하는 일은 매우 중요하다. 카피라이터가 아무리 자신의 카피가 마음에 든다 해도 클라이언트의 동의를 얻어야 그 카피를 사용할 수 있다. 지금까지 살펴본 광고의 목적을 계속 기억하면서 동시에 클라이언트의 피드백을 이해하고 그에 적절히 대응해야 한다.

피드백에 대처하는 작업은 두 가지로 나뉜다. 하나는 실질적인 측면인데, 브리프의 범위를 벗어나지 않으면서 클라이언트의 마음에 들게 광고 카피를 수정하는 것이다. 감정적인 측면도 중요하다. 광고 카피에 대한 클라이언트의 직설적인 표현이나 지적에 위축되거나 화를 내지 않아야 한다. 만약 카피에 많은 공을 들였거나, 이 정도면 충분히 효과적이며 바로 광고를 내보내도 괜찮다는 확신이 든 상태라면 클라이언트의 지적을 참아내기가 쉽지 않다. 그러나 피드백은 카피라이터라는 '개인'을 겨냥한 것이 아니라 카피라이터의 '작업'에 대한 의견이라는 점을 기억해야 한다. 물론 카피라이터는 카피에 자신의 온 마음과 영혼을 담았겠지만 이제부터는 어느 정도 감정적 거리를 유지해야 한다. 카피라이터와 클라이언트는 한배를 탄 사람이다. 합심해서 문제를 해결하고 광고 카피를 더 좋게 만들어야 한다. 광고 카피를 아끼고 귀하게 여기는 마음은 클라이언트와의 수정 작업이 끝난 후로 미루는 것이 좋다.

피드백을 존중하고 꼼꼼히 읽어라

앞서 제10장에서 우리는 리더의 관점에서 생각하는 방법을 살펴보았다. 피드백을 검토할 때도 이와 비슷한 노력이 필요한데, 이번에는 클라이언트의 관점에서 광고 카피를 보려고 해야 한다.

많은 카피라이터가 종종 클라이언트의 피드백 때문에 마음이 상하거나 혼란을 느끼기도 한다. 하지만 그런 감정에 굴복하지 말고 우선 클라이언트의 말을 잘 들은 뒤 클라이언트가 왜 그렇게 생각하는지 파악해야 한다. 클라이언트가 모든 자원을 사용해서 최선을 다하고 있다는 점을 항상 기억하라. 카피라이터와 마찬가지로 클라이언트도 이 프로젝트를 잘 진행하려는 마음을 가지고 있다. 카피라이터를 괴롭혀봤자 클라이언트에게도 좋은 일 하나 없다. 그러니 클라이언트를 오해하거나 적대시하는 일이 없기 바란다.

클라이언트의 피드백에 감정적이 되는 이유는 예측하기가 어렵다는 점도 한몫한다. 카피라이터는 자신의 카피가 더할 나위 없이 완벽하다고 생각했는데 클라이언트가 대대적인 수정을 요구하기도 하고, 반대로 카피라이터는 자기 결과물이 별로 마음에 들지 않았는데 클라이언트는 매우 흡족해하는 상황도 벌어진다. 그러므로 피드백을 예상하거나 추측하는 데 시간과 에너지를 사용하는 것은 사실 무의미하다. 그러한 예상은 대부분 빗나가기 때문이다. 초안을 클라이언트에게 보냈다면 피드백이 올 때까지 다른 프로젝트에 몰두하거나, 아예 사무실을 벗어나 쉬어라. 연락이 없다고 해서 우울해할 필요도 없다. 다른 업무 때문에 바빠서 빨리 피드백을 보내주지 못하는 건지 누가 알겠는가?

일단 피드백이 오면 충분한 시간적 여유를 갖고 검토해야 한다. 피드백 때문에 화가 나더라도 곧장 이의를 제기하거나 항의해서는 안 된다. 섣부른 행동을 하지 말고 천천히 그리고 꼼꼼하게 피드백을 검토하라. 그러면 클라이언트의 생각을 잘 파악할 수 있다. 클라이언트의 의도를 '잘못' 파악하거나 성급하게 감정적으로 대응하면 분명히 후회하게 된다. 시간을 갖고 피드백을 충분히 파악하는 것이 우선이다. 대응은 그다음에 해도 절대 늦지 않다.

부정성 편향negativity bias은 긍정적 피드백보다 부정적 피드백을 더 중시하는 경향을 말한다. 어느 날 사람들에게 칭찬을 많이 들었는데도 머리 스타일이나 옷차림에 대해 한 마디라도 안 좋은 말을 들으면 여태까지 받았던 칭찬은 기억나지 않고 안 좋은 말만 머리에 맴도는 경험을 해보았을 것이다. 따라서 클라이언트의 피드백 중 긍정적인 부분이 있다면 이를 잊지 않기 위해 의식적으로 노력해야 한다. "정말 좋습니다. 하지만 몇 가지 간단한 수정만 해주시면 좋겠습니다."라는 피드백을 받았다면 전반적으로 긍정적인 피드백을 받았다고 봐야 한다.

카피라이터도, 클라이언트도 주인공이 아니다

카피라이팅 프로젝트는 피드백 단계에서 삼천포로 빠지기 쉽다. 다들 광고 카피에 몰두한 나머지 리더의 존재를 새까맣게 잊어버리기 때문이다. 앞서 계속해서 강조했듯이 카피라이터는 광고 카피를 읽는 최종 대상이 아니다. 물론 클라이언트도 그러하다.

내 마음에 쏙 든다고서 해서 무작정 광고 카피로 사용할 수 없듯이 클라이언트도 자기 마음에 쏙 든다는 이유로 광고 카피를 승인해서는 안 될 것이다. 그보다 카피라이터와 클라이언트는 광고 카피가 브리프에 맞게 구성됐으며 '리더'에게 호소력이 있다는 점에 함께 동의해야 한다. 그래서 어떤 경우에는 카피라이터와 클라이언트 양쪽 모두 광고 카피를 탐탁지 않게 생각하지만 그래도 프로젝트의 목적에 부합하기에 그대로 밀고 나가기도 한다.

피드백에도 같은 원칙이 적용된다. 클라이언트가 요구하는 대로 바꾸고 싶지 않다면 이렇게 자문해보라. "나는 왜 바꾸기 싫은 마음이 드는가? 문구를 바꾸지 않고 그대로 두어야 광고 효과가 높다고 생각하기 때문인가 아니면 그저 내 마음에 쏙 들기 때문인가?"

반대로 클라이언트도 그저 제 마음에 들지 않는다는 이유로 퇴짜를 놓아서는 안 된다. 카피라이터는 클라이언트의 취향에 휘둘리지 말고, 브리프와 리더를 기준으로 클라이언트의 요구에 대해 정당한 이유를 알려달라고 요청해야 한다. 그런 요청을 하기가 다소 껄끄러울 수도 있고 클라이언트가 당신의 요청을 무시할 가능성도 있다. 그렇지만 장기적으로 볼 때, 클라이언트의 개인 취향이나 생각에 따라 마케팅 방향이 좌지우지되는 것은 클라이언트에게도 도움이 되지 않는다는 점을 기억해야 한다.

틀린 방향은
엉뚱한 목적지에 데려다 준다

아무리 실력 좋은 카피라이터라고 해도 주어진 브리프 수준을 능가하는 광고 카피는 쓸 수 없다. 광고 카피를 본격적으로 수정하기 전에 브리프를 기준으로 클라이언트의 피드백을 검토해보기 바란다. 피드백에서 요구하는 변경 사항이 너무 급진적이라서 프로젝트 전체의 방향이 전혀 달라진다면, 두 가지를 생각해볼 수 있다. 브리프가 처음부터 잘못되었거나 프로젝트를 진행하던 도중에 새로운 영감이 떠올라서 뒤늦게 브리프를 전면 수정해야 하는 상황인 것이다.

브리프를 수정한다고 해서 세상이 무너지지는 않으니 지금이라도 브리프를 수정하고 클라이언트에게 새로 정한 방향이 좋다는 승낙을 얻어내라. 방향 전환의 필요성을 언급하지 않고 브리프를 임의로 수정하는 것은 바람직하지 않다. 클라이언트와 먼저 광고의 방향을 명확히 논의하고 방향을 새로 정하도록 하라.

어떤 클라이언트는 자기가 원하는 바를 잘 표현하지 못해 쩔쩔매기도 한다. 이럴 때는 브리프도 무용지물에 가깝다. "일단 눈으로 확인하면 맞는지 아닌지 말해줄 수 있는데, 당장은 표현을 못하겠어요."라는 식이다. 그러면 클라이언트가 고개를 끄덕일 때까지 몇 번이고 광고 카피를 다시 만들어야 할지도 모른다. 아니, 수없이 광고 카피를 고쳐서 보내도 퇴짜를 맞는 상황이 반복될 수 있다.

이런 경우에는 클라이언트에게 직접 예시를 몇 개 보여달라고 요청해보라. 카피라이터가 만든 광고 카피를 보고 좋은지 나쁜지 판단할 수 있다면 다른 사람이 만든 카피도 판단할 수 있을 것이다. 이렇게 하면 시간과 노력을 많이 줄일 수 있을 뿐만 아니라 클라이언트가 원하는 바를 정확히 알아내기가 훨씬 수월하다. 물론 내가 생각한 방향과 조금 다를 수 있다는 점을 염두에 둬야 한다. 혹시 클라이언트가 준 예시들에 일관성이 없다면 클라이언트를 다시 만나서 브리프를 재검토하라. 또는 하나의 광고 카피로 클라이언트가 원하는 바를 달성하거나 모든 사람의 관심을 끄는 것은 역부족이라고 예의 바르게 설명해주도록 한다.

잘못된 피드백을
거절할 용기

초고에 많은 시간과 노력을 투자했다면 피드백을 받아들이기가 쉽지 않을 것이다. 하지만 클라이언트가 요구하는 제안이 브리프와 일맥상통한다면 제안대로 수정하는 것이 광고 카피를 더 개선시키는 방향이다. 적어도 광고 카피가 초안보다 나빠지지는 않을 것이므로 피드백을 수용하는 편이 낫다.

하지만 피드백을 상세히 검토한 끝에 이를 거절해야 할 때도 있는데 바로 다음과 같은 경우다.

- 원칙적으로 틀린 경우: 클라이언트의 피드백을 따를 경우 철자, 문법, 어휘 용례가 틀리게 되는데 일부러 그런 실수를 의도한 것이 아니라면 피드백을 따르지 않는 편이 낫다. 인터넷 등에서 피드백이 틀린 이유를 보여주는 권위 있는 출처를 찾아서 클라이언트에게 제시하면 피드백을 거절하는 이유를 이해할 것이다.
- 브리프와 맞지 않는 경우: 이미 살펴봤듯 브리프와 맞지 않는 변경을 요구한다면, 이를 거절하거나 브리프 전체를 다시 검토한다.
- 광고 카피를 망치는 경우: 클라이언트의 피드백이 브리프의 취지에 맞아도 광고 카피를 망치는 경우가 있다. 예를 들어 은유가 통하지 않게 만들거나 글의 리듬에 방해가 되거나 설득 전략이나 심리 전략에 방해가 될 수 있다. 자기 브랜드 광고를 자주 제작해보지 않은 클라이언트는 브랜드 어조에 맞지 않는 요구를 하는

경우도 있다. 이럴 때는 클라이언트의 요구가 적절하지 않은 이유를 설명해주되 재치 있고 조심스럽게 이야기해야 한다.

- 지나친 요구를 하는 경우: 광고 카피를 여러 번 보고 나면 표현에 익숙해진 나머지 자꾸 뭔가를 추가하면 좋겠다고 생각하기 쉽다. 이런 생각에 빠진 클라이언트가 광고 카피에 기능이나 베네핏, 세부 사항을 더 넣어서 고객에게 더 강하게 어필하자고 제안할지 모른다. 물론 의도는 광고 카피의 효과를 높이려는 것이지만 그게 오히려 더 해가 될 가능성도 있다. 그럴 때는 광고를 처음 접하는 리더의 관점에서 카피를 보라고 권유하면서 단순 명확한 광고 카피의 효과를 강조해야 한다.

클라이언트의 피드백을 거부할 생각이라면 클라이언트에게 당신이 그렇게 결정한 이유를 분명히 알려줘야 한다. 그래도 클라이언트가 계속 반대한다면 강경한 입장을 견지할지, 한발 양보할지 정해야 한다. 클라이언트는 단지 반대 의견을 낼 사람이 필요하거나 쓸모없는 조언을 얻으려고 카피라이터에게 돈을 주고 일을 맡긴 것이 아니다. 쉼표의 위치 하나 틀린 것을 두고 사생결단을 낼 듯이 화를 내는 카피라이터가 있는가 하면, 전반적인 큰 그림에 문제가 없으면 얼마든지 양보하는 카피라이터도 있다. 둘 중 어느 쪽이 될지는 각자의 선택이다.

가장 좋은 카피는 '당신만의 카피'다!

이제 책을 마무리할 때가 된 것 같다. 이 책의 내용이 여러분에게 많은 도움이 되었기를 바란다.

그런데 책을 다 읽은 독자라면 내용에서 일관성이 다소 부족하다는 느낌을 받았을지도 모르겠다. 예를 들어 제10장에서는 사람들이 평소에 사용하는 말, 즉 간단하고 구체적인 표현을 사용하라고 알려준다. 하지만 제8장에 소개한 기네스 광고는 대화가 아니라 한 편의 시처럼 보인다. 제8장에서는 창의적인 광고일수록 기억에 더 오래 남고 효과가 크다고 알려주는 반면, 제10장에서는 일상에서 쓰는 친숙한 표현이 리더의 마음을 끄는 데 가장 효과적이라고 이야기한다. 또 제14장에서는 매우 색다른 시도를 한 브랜드를 여럿 소개했다. 아마 이런 예시들은 이 책에서 제안한 광고 방식을 전혀 따르지 않는 듯 보일 것이다.

과연 어느 쪽이 옳은 걸까?

결정은 각자의 몫이다. 나도 이 책을 최대한 간단명료하게 쓰려고 노력했지만 카피라이팅에서 모든 경우에 적용되는 '단 한 가지 원칙'은 존재하지 않는 것 같다.

새로운 카피라이팅 작업을 시작할 때는 클라이언트와 제품, 프로젝트에 맞는 방법을 직접 찾아야 한다. 그리고 광고 카피의 내용이나 표현 방식, 리더가 누구인지를 고려해야 한다. 브랜드의 가치와 인지도를 알리는 데 집중해야 할 때도 있고 결과를 중시하는 판매사원처럼 행동해야 할 때도 있다. 그리고 카피라이팅을 일종의 예술 행위처럼 생각해야 할 때도, 행동과학의 하위 분야로 바라봐야 할 때도 있다. 멋진 어휘를 지키거나 특별한 아이디어를 찾으려다 본래의 목적에서 벗어날지도 모른다. 긴 문장을 선호하는 카피라이터가 있는가 하면, 가능한 한 압축적으로 표현하는 것을 중시하는 사람도 있다. 특정 분야의 전문가로 변신해야 할 때도 있고 모든 분야의 기본적인 사항을 두루 섭렵한 수준에서 만족해야 할 때도 있다. 앞으로는 인공지능 기술을 업무에 활용해야 할지도 모른다. 물론 눈부신 기술 발전에도 여전히 사람이 손수 글을 쓰는 편이 낫다고 여기는 사람도 있다.

이런 사항을 하나하나 정하다 보면 어느새 자신만의 길을 개척하게 되고, 자신감도 커질 것이다. 시간이 어느 정도 지나면 자신이 어떤 카피라이터로 성장해야 할지 깨달으며 스스로 틀을 만들게 될 것이다. 그리고 한참 후에 뒤를 돌아보면 자신이 눈부신 성장을 했다는 사실에 감격할지 모른다.

이제 여러분 앞에 빈 페이지와 필기구를 놓아드린다. 이 빈 페이지를 어떻게 채울지는 오롯이 여러분의 몫이다.

직접 채워 보세요

감사의 말

원고를 교정해준 조안나 티드볼, 케빈 밀스, 리즈 존스에게 감사 인사를 전합니다. 그리고 이 책을 아낌없이 지원해준 레이프 켄달, 케이트 툰, 데이브 트롯에게도 고마움을 전하고 싶습니다.

예쁜 삽화를 그려준 올리와 레베카, 그리고 멋진 디자인을 완성해준 카린에게 인사를 전합니다.

오래전부터 지금까지 내 작업을 후원해주고 광고 기술을 발전시키도록 물심양면으로 도와준 모든 클라이언트에게 고개 숙여 감사드립니다.

또한 SNS에서 만난 친구들에게도 인사를 전합니다. 그들의 놀라운 열정과 유머 감각, 남다른 통찰력에 박수를 보냅니다. 그리고 카피라이팅과 다양한 사례에 대해 의견을 준 것도 고맙게 생각합니다.

마지막으로 이 책 초반부에 사용된 다리의 비유를 알려준 어머니와 대학교 홍보 책자의 예시를 만들어주신 아버지를 빼놓을 수 없네요. 그리고 항상 나를 감싸주고 응원해준 카렌, 아델, 프레디에게도 고맙다고 말하고 싶습니다.

주

들어가며

1   Steve Harrison, 《Changing the World Is the Only Fit Work for a Grown Man》, Adworld Press, 2012, p.52.

01_ 무엇을 팔 것인가

2   'tinyurl.com/curseknowledge'를 보라.

02_ 무엇을 내세워 팔 것인가

3   미국의 세일즈 거장 엘머 휠러Elmer Wheeler가 1940년대에 한 말이다. 원래는 소시지가 아니라 스테이크였다.

4   알디Aldi(독일의 할인형 슈퍼마켓 체인—옮긴이)나 리들을 찾는 고객 세 명 중 한 명은 '중산층 이상'의 경제력을 갖추고 있다. *The Telegraph*, 2015. 03. 15.

03_ 누구를 겨냥해 팔 것인가

5   이것은 스티븐 코비의 저서 《성공하는 사람들의 7가지 습관》(Simon & Schuster, 2004)에 나오는 다섯 번째 습관이다.

6 Clayton M. Christensen, Taddy Hall, Karen Dillon, David S. Duncan, "'Know Your Customers', Jobs to Be Done", *Harvard Business Review*, September 2016(tinyurl.com/customersjobs).

7 'https://tinyurl.com/4pkcxvn5'를 보라.

8 Sarah Richard, 《Content Design》, Content Design London, 2017, pp.91 – 108

9 Olga M. Klimecki, Susanne Leiberg, Matthieu Ricard, Tania Singer, "Differential pattern of functional brain plasticity after compassion and empathy training", *Social Cognitive and Affective Neuroscience*, vol. 9(6), 2014, pp.873 – 879.

10 좀 더 정확히 설명하자면 아나이스 닌의 소설 《미노타우로스의 유혹》The Seduction of the Minotaur(SkyBlue Press, 2010)에 이 표현을 정확히 이해하게 도와주는 인물이 등장한다. 그러나 작가는 이 표현을 유대인의 탈무드에서 가져온 것이라고 덧붙였다.

11 사람들이 왜 이런 심리를 갖게 되는지 이해하려면 다음의 자료를 참조하라. Richard Shotton, "The margarine test: why marketers must look at what people do rather than what they say", *The Drum*, 14 November 2017.

12 젊은 세대가 주변 사람들과 어울리는 동시에 자신의 개성을 표출하고 싶어한다는 점은 다음의 연구 결과에서 확인할 수 있다. Elodie Gentina, Raphaëlle Butori, Gregory M. Rose, Aysen Bakir, "How national culture impacts teenage shopping behavior: Comparing French and American consumers", *Journal of Business Research*, 2013.

13 잉글랜드 중산층 출신의 흥미로운 페르소나를 자세히 알고 싶다면 《The Middle Class Handbook》, Not Actual Size, 2010을 참조하라.

14 대니얼 카너먼, 《생각에 관한 생각》, Penguin, 2012, p.158ff.

05_ 눈길을 사로잡는 한 문장이면 충분하다

15   데이비드 오길비, 《광고 불변의 법칙》, Prion, 2014, p.71.

06_ 홀린 듯 끝까지 읽게 되는 카피의 비밀

16   Eugene Schwartz, 《Breakthrough Advertising》, Bottom Line Books, 2004.

17   George A. Miller, "The Magical Number Seven, Plus or Minus Two: Some Limits on Our Capacity for Processing Information", *Psychological Review*, 1956.

18   시각 자료, 특히 그림의 효과를 더 알고 싶다면 다음의 자료를 참조하라. Dan Roam, 《The Back of the Napkin: Solving Problems and Selling Ideas with Pictures》, Marshall Cavendish Business, 2009.

08_ 기억에 남는 광고는 어떻게 만들어지는가

19   Steve Harrison, 《How to Do Better Creative Work》, Pearson Education, 2009.

20   'https://tinyurl.com/bdecux3c'에서 인터뷰를 보라.

21   베릴 맥컬론, 데이비드 스튜어트, 그렉 퀸튼, 닉 애즈버리, 《어? 스마일 인 더 마인드》, Phaidon, 2016.

22   창의성에 대해 더 많이 알고 싶다면 다음의 책을 참고하라. Luke Sullivan, 《Hey, Whipple, Just Squeeze This: A Guide to Creating Great Ads》, John Wiley, 2016; Dave Trott, 《One Plus One Equals Three》, Pan Macmillan, 2016.

23   제임스 웹 영, 《아이디어 생산법》, Stellar Editions, 2016.

24 창의성을 자극할 새로운 관점에 대해 더 많은 정보를 얻고 싶다면 Alan Fletcher, 《The Art of Looking Sideways》, Phaidon, 2001을 추천한다.

25 'MOT'는 자동차가 운행 가능한 상태인지 알아보기 위해 영국 정부가 실시하는 일종의 점검 테스트다.

26 'https://tinyurl.com/4d8vzxvr'에서 해당 영상을 볼 수 있다.

27 Paul Burke, "No laughing matter: why advertising isn't funny anymore", *Campaign*, 11 May 2017.

28 이 캠페인에 대해 더 알고 싶다면 'https://tinyurl.com/mu58uehu'을 참고하기 바란다.

29 미국 영어에서는 아마 비슷한 의미로 'skank'라는 단어를 사용할 것이다.

30 광고를 비롯한 다양한 분야에서 이처럼 재치 있게 경쟁사를 압도한 사례를 더 살펴보려면 Dave Trott, 《Predatory Thinking》, Pan Macmillan, 2013을 읽어보기 바란다.

31 Nick Asbury, "How to write an award-winning* annual report", *Creative Review*, 6 September 2016.

32 'tinyurl.com/sorryspent'에서 해당 광고 영상을 직접 확인할 수 있다. 광고에 나오는 터무니없는 싼 선물은 실제로 존재하는 것으로서 원한다면 구매 가능한 제품이었다.

33 'tinyurl.com/asdatweet'에서 해당 게시글을 보라.

34 'tinyurl.com/royaljordanian'에서 해당 게시글을 보라.

35 훌륭한 광고 문구와 해당 문구에 대한 카피라이터의 논평을 모아놓은 책을 원한다면 《The Copy Book: How some of best advertising writers in the world write their advertising》, Taschen, 2011을 참조하라. 또한 Swipe-Worthy의 웹사이트 swiped.co에서는 다양한 광고 및 세일즈 레터와 주석을 살펴볼 수 있다. 핀터레스트Pinterest에서도 전문가들이 엄선한 우수한 광고 문구를 제공한다.

09_ 생각이 막다른 길에 다다랐을 때

36 Gideon Amichay, 《No, No, No, No, No, Yes: Insights From a Creative Journey》, NO, NO, NO, NO, NO, YES LLC, 2014.

10_ 이 광고는 대화인가? 통보인가?

37 www.see-a-voice.org/marketing-ad/effective-communication/readability/

38 literacytrust.org.uk/parents-and-families/adult-literacy/

39 Viktor Shklovsky, 〈Art as Technique〉, 《Theory of Prose》, Dalkey Archive Press, 1993.

40 'tinyurl.com/davidlloydclubs'에서 해당 광고를 확인할 수 있다.

41 《George Orwell: Essays》, Penguin Classics, 2000.

42 이솝 우화 중에서 '여우와 신포도'나 '양치기 소년'을 참조할 수 있다.

43 잘 알려진 표현에 숨겨진 의미, 이야기, 신화를 활용하는 방법을 더 알고 싶다면 Dr. Ebenezer Cobham Brewer, 《Brewer's Dictionary of Phrase & Fable》, Chambers, 2013을 참조하라.

44 Hyunjin Song, Norbert Schwarz, "If it's easy to read, it's easy to do, pretty, good, and true", *The Psychologist*, vol. 23, February 2010, pp.108-111.

45 Keith Oatley, 《Such Stuff as Dreams: The Psychology of Fiction》, Wiley, 2011.

46 전체 내용은 'https://www.innocentdrinks.co.uk/a-bit-about-us'에서 확인할 수 있다

47 효과적인 이야기를 만드는 방법을 더 알고 싶다면 내 블로그를 참조하기 바란다. abccopywriting.com/goodstory.

11_ 모든 초고는 쓰레기다

48 2013년 카피라이팅 컨퍼런스에서 데이브 트롯이 했던 기조연설을 참조하기 바란다. tinyurl.com/davetrott.

49 Daniel M. Oppenheimer, "Consequences of erudite vernacular utilized irrespective of necessity: problems with using long words needlessly", *Applied Cognitive Psychology*, vol. 20(2).

50 Sarah Richards, 《Content Design》, Content Design London, 2017, p.37.

51 단순하게 표현하는 방법에 대해 더 알고 싶다면 다음의 책을 참조하라. Ernest Gowers, Rebecca Gowers, 《Plain Words》, Penguin, 2015; William Strunk Jr., E.B. White, 《The Elements of Style》, Pearson, 1999.

52 Dominik Imseng, 《Ugly Is Only Skin-Deep: The Story of the Ads That Changed the World》, Matador, 2016, p.58.

53 'tinyurl.com/govuk25'의 블로그 포스팅을 보라.

54 이 책은 가독성 지수가 68이고 독서 연령은 12.4세다.

55 Dave Trott, "Ladder to Nowhere", *Campaign*, 10 August 2017.

56 더 많은 점을 간단히 알아보고 싶다면 'tinyurl.com/tonybrignull'을 확인하기 바란다.

57 마이크로카피에 대해 더 알고 싶다면 크리스토퍼 존슨의 《마이크로스타일》이나 로이 피터 클라크Roy Peter Clark의 《짧게 쓰는 방법》How to Write Short: Word Craft for Fast Times을 추천한다.

58 주의집중 시간이 짧아졌다는 통계치는 널리 인용되지만 실제로 이를 뒷받침하는 증거는 거의 없다. 2017년 3월 10일자 BBC 기사인 사이먼 메이빈의 '주의집중 시간에 관한 잘못된 상식 타파하기'busting the attention span myth를 참고하기 바란다. tinyurl.com/attentionmyth.

59 데이비드 오길비, 《광고 불변의 법칙》, Prion, 2014, p.88.

60 Marcela Perrone Bertolotti et al., "How Silent Is Silent Reading? Intracerebral Evidence for Top–Down Activation of Temporal Voice Areas during Reading", *Journal of Neuroscience* 5 December 2012, vol. 32(49), pp.17554 – 17562.

61 Matthew S. McGlone, Jessica Tofighbakhsh, "Birds of a Feather Flock Conjointly (?): Rhyme as Reason in Aphorisms", *Psychological Science*, 1 September 2000; Richard Shotton, "Is Rhyme Past Its Prime?", *The Drum*, 22 July 2017.

62 맞춤법에 대해 자세히 알고 싶다면 다음의 책을 참조하라. Lynne Truss, 《Eats, Shoots and Leaves》, Fourth Estate, 2009; 《New Hart's Rules: The Oxford Style Guide》, OUP, 2014.

12_ 절대 거절할 수 없는 제안을 하라

63 로버트 치알디니, 《설득의 심리학》, Harper Business, 2006.

64 오웨인 서비스Owain Service와 로리 갤러거Rory Gallagher, 《아주 작은 생각의 힘》, Michael O'Mara Books, 2017.

65 광고 문구를 넘어서 설득력 있는 글쓰기에 대해 더 알고 싶다면 다음의 책을 참조하라. Lindsay Camp, 《Can I Change Your Mind?》, A&C Black, 2007.

13_ 과학적으로 사람의 마음을 움직이는 법

66 대니얼 카너먼, 《생각에 관한 생각》 Penguin, 2012, pp.282 – 286와 그 외의 다른 책을 보라.

67 Bertram R. Forer, 〈The fallacy of personal validation: a classroom demonstration of gullibility〉, *The Journal of Abnormal and Social Psychology*(American Psychological Association), vol.44(1), 1959, pp.118–223.

68 Steve Bavister, Amanda Vickers, 《Teach Yourself NLP》, Hodder Education, 2004, p.195.

14_ 신뢰할 수 있는 목소리를 만들려면

69 BJ 커닝햄은 솔직한 브랜딩에 관한 급진적인 실험인 '죽음의 담배'를 창시한 장본인이다. 자세한 프로필은 'tinyurl.com/bjprofile'을 참조하기 바란다.

70 의도적으로 외국어에서 번역한 느낌을 주려는 브랜드 예시가 필요하다면 제8장에 소개한 하이포스위스 광고를 참조하기 바란다.

71 'chicagomanualofstyle.org'를 보라.

72 'tinyurl.com/harvardrefs'에서 위키피디아 글을 보라.

73 《New Hart's Rules: The Oxford Style Guide》, OUP, 2014.

74 어조를 만들고 사용하는 방법에 관한 구체적인 가이드라인이 필요하다면 다음의 책을 참조하라. Liz Doig, 《Brand Language: Tone of Voice the Wordtree》, Wordtree & Me Ltd, 2014.